产品经理
全项目全工作详解

詹曦 著

PRODUCT MANAGER
FULL PROJECT FULL DETAILS OF THE WORK

自学3个月，让您从零建立完善的产品经理思维体系和工作方法，华丽转行
完全掌握此书所有知识
最少能达到1年以上产品经理工作能力

知识产权出版社
全国百佳图书出版单位

图书在版编目(CIP)数据

产品经理全项目全工作详解 / 詹曦著 . —北京:知识产权出版社,2018.3
ISBN 978-7-5130-5441-6

Ⅰ.①产… Ⅱ.①詹… Ⅲ.①互联网络 – 应用 – 企业管理 – 产品管理 Ⅳ.①F273.2-39

中国版本图书馆 CIP 数据核字(2018)第 036609 号

内容提要

本书是兼具教材性质和工具性质的图书。既能为广大零基础用户提供从零到一体系化的职业培训,也能为那些已经从事产品经理工作的朋友提供工作方法的具体指导。

责任编辑: 李石华　　　　　　　**责任出版:** 孙婷婷

产品经理全项目全工作详解
CHANPIN JINGLI QUAN XIANGMU QUAN GONGZUO XIANGJIE
詹 曦 著

出版发行: 知识产权出版社有限责任公司		**网　　址:** http://www.ipph.cn	
电　　话: 010-82004826		http://www.laichushu.com	
社　　址: 北京市海淀区气象路50号院		**邮　　编:** 100081	
责编电话: 010-82000860 转 8072		**责编邮箱:** 303220466@qq.com	
发行电话: 010-82000860 转 8101		**发行传真:** 010-82000893	
印　　刷: 北京中献拓方科技发展有限公司		**经　　销:** 各大网上书店、新华书店及相关专业书店	
开　　本: 787mm×1092mm　1/16		**印　　张:** 19	
版　　次: 2018 年 3 月第 1 版		**印　　次:** 2018 年 3 月第 1 次印刷	
字　　数: 300 千字		**定　　价:** 55.00 元	

ISBN 978-7-5130-5441-6

前　　言

自 2005 年大学毕业，从事互联网方面的工作已有 14 个年头。经历了从 UI 设计到前端工程师的历练，最终转行到产品经理岗位工作超过 10 年。在互联网发展浪潮中，自己不但是见证者，也是这场大变革的参与者。

时至今日，互联网依然在快速发展变化之中，每一位身处其中的从业者也都按照各自脉络不断发展精进。

伴随着李克强总理"大众创业、万众创新"的号召，互联网公司如雨后春笋，产品经理岗位也成为各个公司的标配。岗位需求大、人才缺口大、薪水高的现状吸引了各行业的朋友通过不同途径进行学习，达到转行的目的。

但是互联网产品经理这个岗位发展历史短，又加上不同行业的产品设计都有其独特性。因此并没有形成像 UI 设计、前端工程师这样体系化、规范化的培训模式，造成大家对这个岗位的认识也是含糊不清。

在生活中自己也经常扮演宣传员的角色，向周围想转行的朋友解释什么是互联网产品经理，该如何一步步的学习。

2016 年开始规划写一本书，系统地从思维方式到工作方法的不同纬度全面讲解产品经理。

这本书除了对自己多年工作做一个总结，也为那些立志转行产品经理的朋友提供一个尽可能全面规范的教材。

夜色已深，看着案头，上百页几十万字的书稿，感慨万千。相对于互联网飞速发展的状态，我的书也仅是历史发展长河中那一点萤虫之光。

　　谨希望自己绵薄之力，能为产品经理岗位系统化、规范化培训做一些微不足道的贡献。

2018 年 3 月

目 录

第 1 章　初识产品经理

1.1　产品经理起源

产品经理（Product Manager）的概念最早是宝洁公司（Procter & Gamble）在 1923 年提出的。

宝洁公司的麦克爱尔洛埃是世界上第一位产品经理。当时，宝洁推出了新的香皂品牌"佳美"，麦克爱尔洛埃就是"佳美"的销售负责人，虽然他非常努力，但"佳美"一直销路不畅。麦克爱尔洛埃经仔细分析后得出结论，出现这一局面的重要因素就是，"佳美"的广告及市场销售手段和宝洁公司另一款非常成功的肥皂产品——"象牙"过于类似了。

用他的话就是说太过于"象牙"皂化的思维，不同程度上成了"象牙"皂的翻版。也就是同质化过强，差异化没有。由这一点可以看出来，从历史到现在，我们产品经理的工作改变的只是表面上的，核心本质没有变化。那就是拿捏准确用户需求，做好产品差异化。

"象牙"皂是宝洁公司的重要产品之一，自 1879 年诞生以来，"象牙"皂通过印刷广告等形式，已成为消费者心目中的名牌产品，销售业绩一直很好。佳美和象牙香皂都是针对同一市场的产品，因此势必造成的后果就是同门相残。

同时麦克爱尔洛埃发现，由几个人负责同类产品的广告和销售，不仅造成了人力与广告费用的浪费，更重要的是容易带给顾客顾此失彼的印象。于是，他提出"一个人负责一个品牌"的构想，品牌经理应能够把销售经理的大部分工作接过来，使销售经理能将主要精力放在销售产品的工作上。麦克爱尔洛埃的"品牌管理"法得到了以醉心于改革创新而闻名的宝洁公司总裁杜普利的赞同。从此，宝洁公司的市场营销的理念和市场运作方法开始发生了改变，以"品牌经理"（产品经理）为核心的营销管理体系逐步建立。

佳美和象牙品牌必须在市场上相互竞争，寻找各自的差异化，精准化用户群体，赢取市场……

从产品经理岗位的由来看，很明显产品经理的核心就是"一个人负责一个品牌"，品牌经理把销售经理的用户调研、市场调研、需求定位、产品定位等大部分工作接手过来，使销售经理能将主要精力放在销售产品的工作上。

大概是 1990 年，微软公司创设了产品经理（Product Manager）这一"现代"角色。28 年后的今天，产品经理需要哪些必备技能？

1.2　产品经理工作内容

产品经理最终的成果可以说就是原型。我们通过前期大量的调研分析类的工作，最后都汇集成一套原型——PC 原型或移动端原型呈现给我们的开发团队小伙伴，呈现给我们的老板或者上司。

但是如何能绘制出合格甚至优秀的原型，需要掌握以下知识，分别是用户调研、市场调研、竞品分析、需求管理、产品设计、平台构架设计、流程逻辑梳理、用户体验、项目管理、数据分析、优化迭代和用户心理学。

只有全部掌握才能作出符合用户需求、符合公司商业价值的优秀互联网产品。缺一不可。快乐学产品（www.kuailexue.net）产品经理课堂全科班课程就是以这 12 项专业知识技能为主轴，把每一项展开深入讲解。

零基础的同学也不要被烦琐的知识体系给吓到，我们先看一下产品经理职位的成长道路。

最初级的就是产品助理，主要工作是完成上面交代的各种工作，工作有写文档、画流程和原型，到中级产品经理开始负责一条子产品线，主要工作依然是调研、文档、流程和原型，产品总监就有明显的变化了，可能会参与制定公司的整体战略规划、管理团队等。

那么在助理阶段，很明显的特点就是要熟练全面地掌握各种软件。这个阶段你无需把握市场脉络、制定战略规划，只需要能快速地上手完成领导交办的各项任务。因此，软件的使用就是一个核心的衡量标准。所以零基础的同学第一步就是熟练掌握软件，比如能用 PS 修图、能做 PPT、能用 Excel 整理需求池、能用 Excel 做数据分析漏斗模型、会用 Axure 画原型、会用 Xmind 绘制思维导图、会用 Visio 绘制流程图。

具有一定的逻辑能力，这个能力锻炼就是多临摹别人的产品，照着别人产品的逻辑流程，并绘制成图。

说了这么多，在实际工作中，需求究竟是怎么一步一步变成原型，最后变成用户手中的产品的呢？我们通过实际案例来深入学习。

进入公司后第一步就是做工作交接，接手上一个离职产品经理的工作。然后梳理需求池，把最紧迫的需求给拿出来，进入工作流程。

首先肯定是进行各种调研和分析，有了数据支撑的调研和分析之后，确定架构逻辑，开始绘制任务流程图。然后根据任务流程图合并需求功能点流传的各个阶段，绘制出业务流程图，然后绘制纸面原型，最后直面原型和你的团队以及上司都沟通无误的时候，就要开始正式用软件绘制原型。原型完成后上项目评审会，通过了就进去开发阶段，如果不通过，就继续修改完善。

那么这个过程就是大家普遍经历的工作场景。进入一个公司，接手需求池然后从一个需求点入手，开始工作。

说了工作，那么如何判断个人条件性格方面到底适合不适合做产品经理这个工作呢？

总结了三点，给大家做自我评估。如果全达到了，那么恭喜你，你非常适合做产品经理这个工作。如果不能全做到，就要考虑自己能不能克服。如果不能克服，那么即便你做了产品经理的工作，你的成长道路也会充满阻碍和压力。

1. 忍耐力

产品经理一定要有忍耐力，特别是经验不足、工作没两年的朋友们。如图 1-1 所示产品经理要跳楼，楼下的技术开发欢呼雀跃，纷纷喊着快跳，此时产品经理的心里是崩溃的（见图 1-1）。

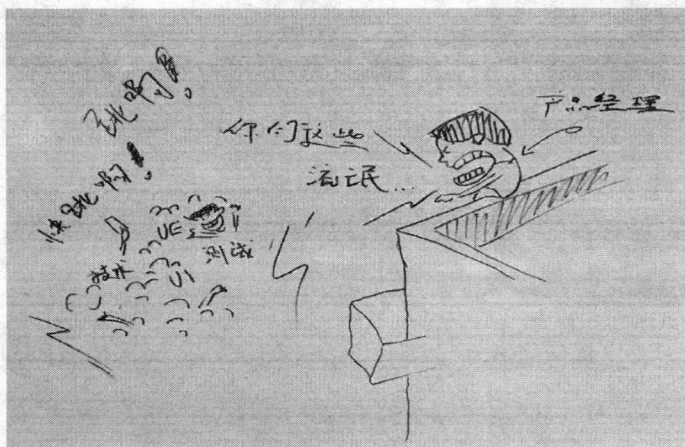

图 1-1　产品经理要跳楼，团队成员的兴奋溢于言表

现实中也是这样。我们往往在需求评审的时候成为众矢之的，被大家群起而攻之。如果此时你没有忍耐力，和大家翻脸吵架，那么基本上往后的工作会越来越难。你想大家都不搭理你了，你还怎么推进项目，怎么管理项目。

其实，开需求会时被大家发难，并不是大家对你这个人有什么看法，更多时候，大家仅仅是就事论事，因为大家也想把这个需求的逻辑性搞清楚。你想如果带着病的需求仓促进入开发，那最终的结果往往是耗费了人力财力，做了无用功。所以如果经验少，逻辑能力不强，自己做的需求方案肯定会有很多不合理、说不通的地方，这个时候被大家吐槽或者指正，我们应该秉持虚心接受、努力学习完善的态度。

不要为了忍耐而忍耐，而要抱着大家是帮助我成长和完善的心态去忍耐。这样时间久了，自己的心胸变得豁达，工作能力也显著提高，公司朋友也多了，你会发现工作起来越来越轻松。

2. 学习能力

学习能力的关键点是，每次开会，你要能清楚的定位大家都在吐槽什么、矛盾点在哪里，不要被撕逼了一天，还不知道大家都在吐槽什么、为什么吐槽。因为只有精准的定位矛盾点，我们才能知道自己还差在哪里，学习起来才有目标和针对性。

所以学习能力有两个关键点要把握，第一是精准定位自己的弱点。第二是高效率学习，能一天学明白的，绝对不要用两三天甚至一周、一个月时间，东看一点西看一点。结果忙忙碌碌学习一个月也没学出个所以然，那就要好好的自我反省一下了。

3. 情商

情商很重要，但是和自身成长有很大关系，并不是学什么一套理论就能会的。总的来说就是脸皮要厚，姿态要低，人要大方，乐于助人。

情商高的产品经理和整个项目团队打成一片，工作压力小，顺风顺水。有问题大家都愿意帮助你。情商低的产品经理，除了上班开会和项目团队打个招呼，其余时间感觉是老死不相往来。这样结果就是，大家也不愿意搭理你，有问题也不愿意和你交流。如果交流渠道不顺畅了，那么这个项目肯定进展的拖拖拉拉。

如果你是一个工作经验不足、资历很浅的产品经理，处理不好关系，大家都会怀着恨不得看你笑话的心理，就像图中要跳楼的产品经理，面对的都是起哄架秧子的主，那你真的要自省一下自己为人处世哪里出现了问题。

所以如果你实在不理解怎么做，教你一个笨方法，就是多拉着大家一起吃饭，多主动掏钱请大家吃饭。别说他们都不理我，感觉我叫他们吃饭他们也肯定不会去。

这里讲一个我自己的例子。我曾经在一个有十年以上发展的公司任产品总监，周围的技术总监都是在公司工作了七八年的人。刚去公司没有人把你放在眼里，虽然你有资历，但是在他们眼里你就是新人。我的办法就是每天中午必须拉着技术骨干，请他们吃饭。第一次叫你不来，我就每天不停的拉着你请你（我从来没有遇到拉四次以上还不给面子的），用不到一个月时间就把技术团队拿下。

所以如果你人际关系实在做的不好，不妨试一试这个笨方法。

1.3　产品经理需要具备的能力

（1）一个成功的产品经理，首先是一个优秀的心理学家，要懂得用户心理，分析用户需求。

（2）一个成功的产品经理还要具有一个成熟商人的敏锐市场洞察能力，能看准现在的市场在哪里，能预判未来的市场走向。共享单车的火爆、今日头条的崛起、快手的风行都是最好的例子。

（3）一个成功的产品经理还要是一个社会学家，拥有洞察社会趋势、大众行为风向的能力。快手的蹿红，是因为技术发展，资费下降，大屏智能手机普及，大众经过几年在互联网发表自己言论观点的行为习惯培养，以及00后成为宣扬自我展示自己的主力军，所有这些条件最终酝酿的新需求点被快手引爆了。

（4）一个成功的产品经理还应该有项目管理能力，包括团队合作的经验和能力，可以让产品经理在产品的团队比较好的处理团队内部的人员关系和团队的其他情况。与团队成员保持良性的沟通，不但是智力的考验更是情商的考验。

（5）一个成功的产品经理的个人能力包括他的领导能力、个人的技能能力以及个人的亲和力。

（6）一个成功的产品经理还应该有基本的技术理解能力。技术能力对于产品经理来说虽然不是必备的技能，但是有技术能力可以让产品经理更好的理解产品的性能和特点。平台框架设计时候不仅能从用户的角度，也能从技术的角度设计架构。懂技术对于项目规划能力、进度管理也会有显著的帮助。但是人的能力毕竟有限，如果你不是从技术口转行过来做产品经理的，就不需要追求自己做技术行家，把专业的事情交给专业的人做就好了。

（7）一个成功的产品经理处理冲突的能力：产品经理应该领导项目组，指导产品从概念设计到市场接受，保证实现设计、收益、市场份额和利润目标，解决项目组的冲突。同时产品经理还应该管理项目，制订项目的计划和预算，确定和管理参与项目的人员和资源，同职能部门之间相协调，跟踪项目进展；产品经理还要负责和管理层进行沟通，提供项目进展状况的报告，准备并且确定状态评审点，作为产品的领导同公司管理层沟通，提供对项目组成员的工作绩效评审等材料。

1.4　产品团队的构成

在互联网企业中，一个完整的产品团队主要由产品、UI、UE、技术、运营、测试 6 个岗位组成，有的团队还会配备市场、商务、客服等岗位。产品经理在团队中的角色就是这些成员的枢纽。在小型企业里面，产品经理主要和上级领导、设计、技术三类岗位打交道。而在中型公司，产品经理需要打交道的人还有运营、项目经理、市场、商务、客服等。

1.5　产品经理十二项基本工作

①用户画像；②市场分析；③竞品分析；④需求管理；⑤产品策划；⑥平台架构设计；⑦流程逻辑设计；⑧用户体验梳理；⑨项目管理；⑩数据分析；⑪ 优化迭代规划；⑫ 用户心理学。

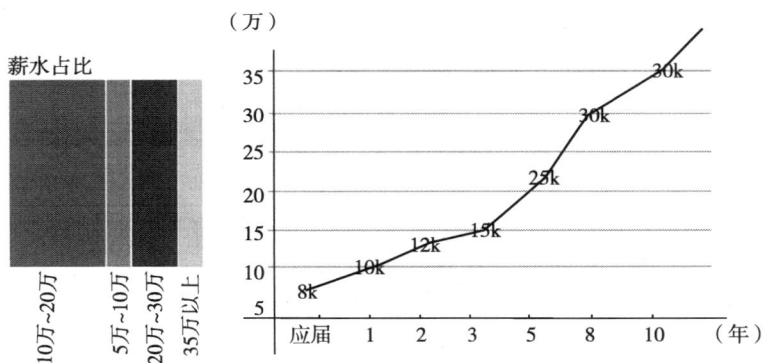

图 1-2　2017 年年底产品经理薪资水平

数据来源：2017 年底抽取拉钩、猎聘、艾瑞 46000 份样本

以上 12 项工作内容不是工作流程的关系，在实际工作中根据情况涉及其中不同的项。2017 年，产品经理薪资水平，如图 1-2 所示。

1.6　产品经理岗位状况

随着李克强总理倡导的"大众创业，万众创新"新政策的提出，越来越多的传统行业互联网化，互联网创业公司数量级出现了井喷式的发展，那么随之而来的就是产品经理职位的缺口越来越大。由于岗位职能的发展和不断细化，产品终端也越来越多，比如前端（前台）后端（后台）、移动端（iOS，Android）数据端都会配备产品经理的岗位（见图1-3）。

缺口大已经是事实，但是企业急缺的是有经验的优质产品经理。所以同学们需要不断地学习和积累，提升自己的价值。随着工作年限的增长和经验积累，我们在这个职场的竞争力会越来越大，薪水会越来越高。

产品助理 —— 产品经理 —— 产品总监 —— 上市公司VP

产品助理 —— 产品经理 —— 产品总监 —— 创业公司核心 —— 创业公司VP

产品助理 —— 产品经理 —— 产品总监 —— 独立产品人 —— 创业公司CEO

图1-3　产品经理成长路径

1.7　三种类型产品经理

（1）功能型：主要是设计功能，通常是产品经理入行的必经之路。需要的技能是各类工具软件、Office办公软件、思维导图、原型设计、作图软件，以及常见的产品模式B2C、C2C、O2O等。掌握用户画像和平台功能结构。

常见的工作就是执行公司产品基础规划和设计，工作职能更像一个具体操作的工匠。这类产品经理的工作需要很强的实际操作能力，并且当公司提出一个需求的时候，对用户角色和产品功能结构是什么样、怎么实现的，能够第一时间在脑海中对产品形态和功能有一个初步的思路，所以也不是轻易能胜任的。

（2）运营型：需要站在产品的全局角度思考去规划和设计产品，并且能独立完成一系列策划工作，还需要考虑后续的运营和扩展。所以运营型产品经理需要考虑产品实现、考虑产品市场和考虑运营策略。正所谓产品运营不分家，产品决定运营的广度，运营决定产品的深度。需要的知识有懂产品、懂用户体验、懂市场、懂运营等。充分了解市场和运营，可以帮助产品经理规划设计出更符合实际需要的产品，有效避免"闭门造车"。

（3）管理型：偏向于行政意义上的产品经理，比如产品总监。管理型产品经理对公司的整个产品线进行管理、沟通，协调公司资源，对接产品和业务。所以需要很强的战略思维和决策能力。通常在大公司会有很多产品线，需要有这样的职位去掌控全局。

所以管理型产品经理不仅要具备功能型产品经理和运营型产品经理的经验技能，还要具备很强的团队和项目管理能力。

1.8　产品经理自我学习和修养

（1）主动学习：不要做伸手党。心理学家安德斯·艾利克森（Anders Ericsson）研究发现，决定伟大水平和一般水平的关键因素不是天赋也不是经验，而是"刻意训练"的程度。这就是为什么优秀的人越来越优秀，普通的人永远普通。

（2）务实不浮夸：随着互联网快速发展，工作和社会环境会导致从业者产生浮夸的心态。但是产品经理这个岗位最需要踏踏实实，从点滴做起。就像写代码，少一个字符就会出 bug，但是太多了，代码浮肿，系统容易崩溃。

（3）面对委屈挫折：因为产品经理是没有权利的 CEO，要协调整个团队的工作，所以拥有别人支持才能让你更好的完成项目。如何让整个项目团队都支持你工作，是一门学问，但是切记遇事着急翻脸，要善于处理关系化解危机。

（4）善于挖掘思考：每一个节点都思考一下，为什么这样做，还有没有更好的方法。经常这样思考总结，慢慢的就会积累成自己的经验和优势。

1.9　产品经理基本技能

（1）会写：这个很重要。良好的文字逻辑表达能力是产品经理的必须条件，我们要出各种文档，如果写的文档逻辑混乱别人看不懂，往轻了说会增加工作难度，重了说不适合做产品经理。会写就代表这个人有良好的逻辑思维能力，代表思考能力强，也能反映做事井井有条，思路清晰。所以会写不但对你的工作大有帮助，也会对你的人生规划产生很大的影响。

（2）能欣赏：一个产品经理的视觉鉴赏能力的很重要。因为你做的是别人看的产品、用的产品，是要在社会上展示的产品。那么在使用之前的第一印象——视觉就极为重要。虽然这部分由 UI 来设计，但是目标用的心理色彩是什么，你做的产品属性色彩是什么，都需要产品经理的调研报告（PRD 文档里要有 UI 设计需求）。

（3）能画：能手绘原型也能用软件绘制原型。能手绘原型，可以迅速记录灵感闪现的互联网产品架构和逻辑流程。画原型的方法，从临摹开始 à 到改造优化 à，再到自己创造。

（4）了解后台：我们经常做的产品是前台的，但是后台的架构也要有一定认知。最好的方法就是可以通过研究开源程序的后台，帮助我们了解产品后台功能结构。下面的网站就是一个开源的后台管理，大家可以参考学习：

http：//www.b2b-builder.com/demo_3.html

需要掌握的软件有 Axure，Excel，Photoshop，Visio，Xmind，Project，PPT 等。

1.10 产品经理外部环境现状

诸如百度、阿里巴巴、腾讯这样的大公司，会把产品经理的作用和功能标准化，公司内也有标准的培训成长体系。在这样的大公司工作，优点是你接触的产品都是用户群体庞大的，缺点是你的能力会很单一，抗压能力也很小。

比如一个小公司的产品经理，需要时时考虑产品上线后的用户量。一旦没有用户，轻则产品失败，重则公司倒闭，自己也没有了饭碗。所以小公司的产品经理整体能力比大公司的要强。再比如大公司的产品经理做用户画像，都是系统分析自动生成。而小公司用户调研类的工作、访问提纲、调查问卷等都是由产品经理一点点设计出来并亲自参与调研、梳理、归类、精分。用户画像也是一步步自己亲自操刀制作出来的。所以用户调研、需求挖掘的能力绝对比大公司的更强。

中小企业以及初来乍到的小创业公司产品经理的弱点是，大部分依然在继续炮制单向度的产品经理，他们存在之首要目的就是为了填补公司内部某些方面的空缺，更多的是老板说什么他们做什么，更多以老板驱动而不是产品驱动。

在中小公司，我们要避免成为偏才型产品经理。有很多才华横溢的产品经理因为公司的原因成为了偏才，要么是产品原型设计或者用户体验方面的专家，要么是项目管理型专家，要不然就是用户需求调研专家或者用户获取方面的领袖，有的甚至是给工程师端茶倒水买比萨。

最优秀的产品经理从事上述所有事项，他们本质上是手中负责的产品的 CEO，是产品的负责人，要动用方方面面的知识以及工具来确保一项工程的每一个方面都保持在正确的轨道上。

就我个人经历而言，成为产品经理所必需的技能是可以学来的，但是如果没有正确的心态，在如何打造一个蒸蒸日上的、能够带来收益的产品上，他们将永远不会具有一个直觉上的观念。

1.11　产品心态概念

什么是产品心态，是每一个产品经理必须了如指掌的。

产品心态即知道何时从无拘无束的创造性阶段进入循规蹈矩的执行阶段，能够理解并领悟美好憧憬和商业模型之间的认知距离。就像拿着一把很大的刷子，在空白的画布上大笔一挥就可以设计创造新的事物，与此同时也能够利用数据和分析方法回过头从细节来审视。

产品心态意味着产品经理有宏观的产品格局，同时也可以从微观的用户和产品层面设计极好的用户体验，懂市场，懂得用数据分析、灰度发布、A/B 测试找出最佳的网页架构。他们可以实现病毒式增长，同时也可以合理的架构引导，把用户转化为收费客户。

所以产品心态是一种平衡的艺术。具有产品心态的人知道何时保持创造性，何时让数据引导自己。他们知道如何将野心勃勃、创造性的想法付诸头脑风暴，何时把自己的思维收回来，把焦点收紧放到最细微的细节上。他们身兼数职并且知道什么时候演绎什么角色。这就是一个出色产品经理以及成功的企业家的标志。

产品经理就是未来的 CEO，所以一个优秀的产品经理必须时时刻刻站在你是老板的角度考虑问题，才能从大局着手设计手中的产品。一旦投身到产品经理这个岗位，你就不再是一个普通的打工者，而是一个拿着老板的钱做项目的规划者，你的思维有的时候甚至决定了公司的走向。所以当你决定要从事产品经理这个行业的时候，就要准备好做一个不是老板的老板角色。

第 2 章　需求

2.1　经济学家对需求的定义

经济学家这样定义需求：在一定的时期，一个经济主体对一件商品或服务的效用，通常跟他的收入有关。通俗地讲就是你开发的商品或者服务，能否满足潜在用户或者使用上的或者享受上的目的，并且一定是你的潜在用户经济可以承受的。

比如，一块西铁城手表价格 5000 元，那么它既能满足用户看时间的目的，同时又能满足用户一定的商务目的，但是不能满足用户彰显身份的目的。所以如果用户需要以彰显身份为目的，那么就会去买劳力士。那么 5000 元的西铁城手表就不是这个用户的需求。

所以需求涵盖了使用价值、一定时期和经济承受力 3 个方面。

使用价值：这个是先决条件，我们开发的产品一定要能够满足用户的某一项需求，否则就没有任何商业价值，所以使用价值是先决条件。

一定时期：一定时期是指，我们在界定目标用户的时候是有一个框架的。这个框架以用户的年龄、收入、职业、家庭、社会关系、行为习惯等作为分析维度。所以这个框架是有时间特性的。打个比方，做游戏开发的公司的主要用户群体一定不是跳广场舞的大妈。用户由于年龄的增加、工作压力、家庭压力等因素会慢慢跳出我们界定的这个用户群体框架。

经济承受力：同样的，我们开发一款产品，满足用户使用价值是先决条件，但是重要经济承受因素也是我们要考虑的。在全网免费盛行的时代，对于收费变现更需要隐藏的很深，做到润物细无声。

思考题：

客户的需求是随着时间的推移不断变化的，我们需要不停地追赶用户的需求变化，迭代自己的商品吗？如果你的答案是否定的，请说明原因，如果你的答案是肯定的也请说明原因，或者你在扩展出新的解答。

这个问题也是大家以后面试的时候经常遇到的问题。

刚需的定义，刚需是指"目标客户"对该需求的真实性、迫切性和无可替代性。

只有真实的、迫切的和无可替代的单一利益点，才能降低目标顾客的选择成本。这就需要在设计产品时，必须切实掌握消费者对需求的真实性、迫切性和无可替代性。很多互联网产品之所以上市后死得很快，很重要的原因就是开发的产品是消费者所不敏感的，既没有抓到痛点，也不是用户迫切要解决的问题，或者用户即便自己不能解决也有别的替代方案。

刚需或者痛点会在同学们今后的工作中不断地被自己或者周围人提及。那么大家都在说刚需的时候，怎么能快速鉴别是真的刚需还是伪需求，需要我们后天不停的磨炼自己。方法无外乎多做用户调研、竞品分析、市场分析。一定要让自己多听多看多思考，思考别人成功的地方同时也要总结那些失败的案例。积累再积累，你才能从小白变成行家，由量变到质变没有捷径可以走！

2.2 心理学家对需求的定义

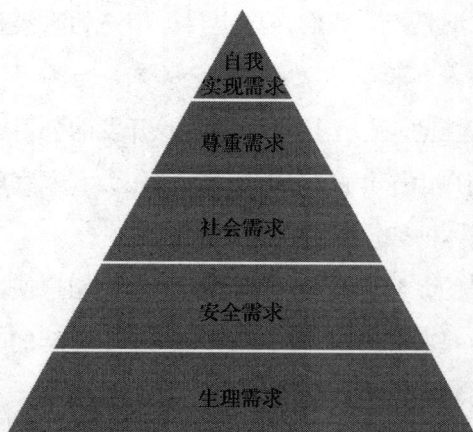

图 2-1 马斯洛夫需求金字塔

通俗地理解，假如一个人同时缺乏食物、安全、爱和尊重，通常对食物的需求量是最强烈的，其他需要则显得不那么重要（见图 2-1）。此时人的意识几乎全被饥饿占据，所有能量都被用来获取食物。在这种极端情况下，人生的全部意义就是吃，其他什么都不重要。只有当人从生理需要的控制下解放出来时，才可能出现更高级的、社会化程度更高的需要，如安全的需要。

第一层：生理需求							
呼吸	水	食物	睡眠	生理	分泌	性	交流

任何一项得不到满足，人类个人的生理机能都无法正常运转。换而言之，人类的生命就会因此受到威胁。从这个意义上讲，生理需要是推动人们行动的首要动力。同时，生理需求也是创业项目聚集的地方，特点是高频次，低消费，用户基数庞大，技术难度小，实现简单，竞争压力小。

典型 App 产品：大众点评、美团外卖……

第二层：安全需求						
人身安全	健康保障	资源所有性	财产所有性	工作职位	家庭安全	

整个有机体是一个追求安全的机制。人的感受器官，工作和生活都是在寻求安全打造让自己安全的环境。甚至可以把科学和哲学家的创造性工作都看成是满足人类安全需求的社会生产活动组成部分。当个体的这种安全需求一旦满足之后，也就不再成为激励因素了。

典型 App 产品：360、手机安全专家……

第三层：社会需求							
亲情	爱情	友情					

每个人都希望得到互相的关心和照顾。感情上的需要比生理上的需求来得更细致，它和一个人的生理特征、经理、教育、宗教信仰都有关系。

典型 App 产品：微信、QQ、陌陌……

第四层：尊重需求			
自我尊重	信息	成就	获得别人的尊重

人人都希望自己有稳定的社会地位。要求个人的能力和成就获得社会的认可，周围朋友、同事、亲属的认可。尊重的需求又可以分为内部和外部。内部尊重指一个人希望在各种不同情境中有实力、能胜任、充满信心，能独立自主。内部尊重就是人的自尊。外部尊重是指一个人希望有地位、有威信、受到别人的尊重、认可、信赖和高度评价。

典型 App 产品：快手。在功能上点赞、分享都可以让用户获得尊重的心理诉求。

第五层：自我实现需求					
道德	创造力	自觉性	问题解决能力	公正度	接受或改变现实能力

自我实现是最高层次的个人需求。是实现个人理想、抱负，发挥个人能力到最大程度，能掌握改变自己工作、生活的能力。达到自我实现境界的人，接受自己也能接受他人，解决问题能力增强，自觉性提高，善于独立处事，要求不受打扰的独处，完成与自己能力相称的一切事情的需要。

请同学们列举出几个基于自我实现的 App 产品。

2.3　如何运用经济学家和心理学家的需求定义

对于需求的寻找把握，绝不能教条地学了一个什么理论然后就觉得自己一通百通。当今社会，经济繁荣，花样繁多的商品充斥着生活的每一个角落。需求也隐藏在这纷纷扰扰之中。试想一下，无论谁只要听到这个理论，就感觉一下能明白用户，就能看清抓住需求，进而能轻松开发出可以卖钱的产品，那满大街还不都成了老板和富豪了吗？

所以如果认为学个理论就天下无敌，你不光是大错特错。

需求永远在和我们产品经理玩捉迷藏，最后胜利的一定是有深厚的理论沉淀，有丰富的生活阅历，有多次的失败教训，被工作、生活磨炼出来的你。

那么，现阶段同学们需要掌握记牢的有以下几个关键点。

（1）你在为用户解决什么他们不能解决的问题（后续我们会学习如何发现用户痛点）？

（2）用户在使用你的产品或者服务解决自己痛点的时候，能不能达到很爽的体验？

（3）你的解决方案能不能一直做到无可替代，或者同类最优秀？

（4）解决用户痛点之后，你的产品的可扩展性和正向发展性有多强？

记住这些关键点，然后不停的在工作项目中求证、总结，最后升华成自己的思维方式，这才是正确的一步步认识需求、掌握需求、发现需求的成长之路。

第 3 章　互联网思维基础

3.1　概述

互联网思维这个词语，从 2013 年提出到现在持续不断的演化。越来越多的互联网从业者在互联网思维的模式下去开展自己的工作，那么什么是互联网思维呢？我们今天开始循序渐进地去给大家讲解互联网思维到底指什么，产品经理需要具备什么样的知识和想法才具备互联网思维并运用到工作当中，以及互联网思维是如何体现到我们产品形态上的。

3.2　百度指数

产品经理需要借助的第一个工具是百度指数。它可以通过输入关键词去分析整体趋势的变化。比如我们输入产品经理、互联网思维、前端工程师。

通过曲线可以看到不同时间段这些关键词的搜索热度（见图 3-1）。可以看到互联网思维是从 2013 年年底开始被不断提及的。我们看产品经理这个词从 2011 年开始不断地波动上涨，到 2014 年 1 月 5 日，产品经理和互联网思维交叉在一起，不断上涨。那个时候其实是一个创业的高峰。通过曲线图可以分析出来，产品经理从业的热度越来越高，同时互联网思维的运用在工作的过程中越来越广泛。互联网发展越来越迅速，产品经理从事着越来越与互联网相关的工作。

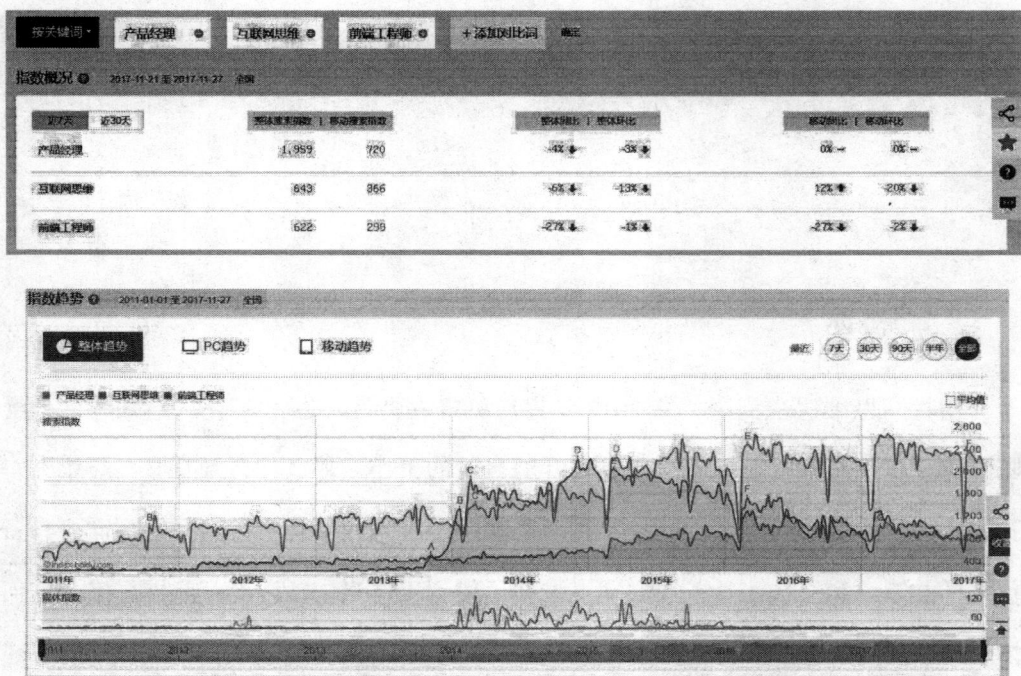

图 3-1　百度指数产品经理、互联网思维、前端工程师趋势图

（图片来源：百度指数）

图 3-2 是 2017 年 8 月 17 日搜索短视频、UGC、绿色、产品经理橙色、社交玫瑰红色的指数曲线，大家试着分析一下。

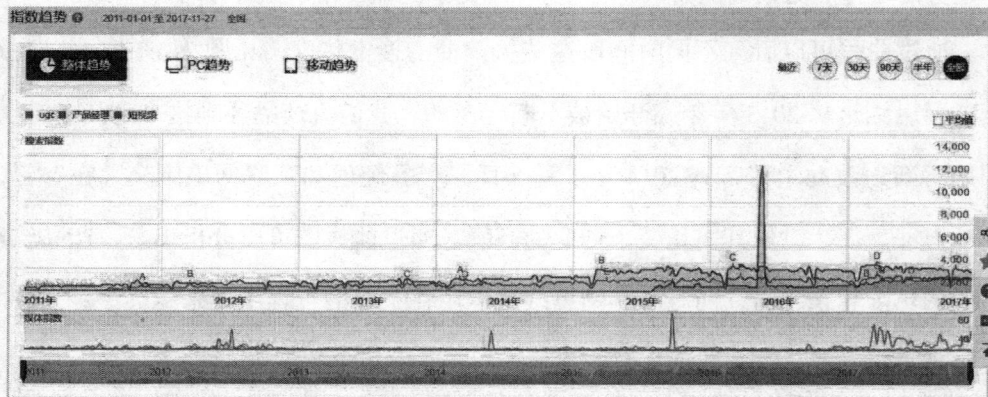

图 3-2　百度指数 UGC、产品经理、短视频趋势图

（图片来源：百度指数）

百度指数还可以通过哪些人在搜索、哪些地域是热点搜索的区域等为我们的分析提供比较有衡量价值的参考。所以百度指数通过大数据分析，可以为产品经理更好地分析市场。

3.3 互联网思维的形成

互联网思维的概念最早是由百度李彦宏在 2011 年经常提及的，到 2013 年年底雷军也反复提及。互联网思维会把流量做一个分拆，它在整个互联网活动中是至关重要的模块，是首当其冲要考虑的一个问题。把它拆分为流量的获取和流量的变现两个维度。

小米雷军这样说。

①专注：少即是多，大道至简；②极致：做到自己能力的极限；③口碑：超越用户预期；④快：天下武功唯快不破。因为在信息电子化、传播瞬间化的时代，我们如果不能快速的把自己的想法变成现实，或者在产品优化上慢慢腾腾，那么我们很快会被别人学习和超越。所以快，是互联网产品的一个重要指标。

360 周鸿祎这么说。

①流量获取＋流量变现的商业模式；②用户至上，体验为王；③互联网赚钱模式。

无外乎利用互联网卖东西，基金、理财、金融、商品虚拟服务、打折券等，或者利用沉淀的大量用户，卖广告，再或者卖增值服务，比如网游的装备等。

根据多年的工作和项目经验，我对互联网产品的总结是。从技术角度看，信息的数字化；从态度上来讲，就是开放和包容；数据层面，分析和共享；架构流程方面，简单快捷。

我们在审视一款互联网产品的时候，都可以通过这几点去探究它到底是真互联网产品还是伪互联网产品。伪互联网产品，说白了就是套着互联网的壳，干着传统的事情。

一个真正的互联网产品，要有足够的包容性，秉持开放的态度去广纳你的目标用户群体。同时尽可能的从用户、内容、产品 3 个层面做工作，并通过数据分析的方式让用户手中的 App 达到人机合一的目的。你开发的产品不仅仅要满足单一的用户需求点，而要寻找围绕在满足用户需求点后，我们该如何深入优化迭代我们的产品，挖掘更大的发展空间，不断赋予产品更多的使用价值，从而提高用户的频度和黏性，最终的目的是让你开发的互联网产品成为某一个固定目标用户群体的日常生活中无法离开的一款应用。

只有达到这样不可抛弃性的结果，才是一款成功的、具有互联网思维属性的产品。否则的话，用户用你的产品只是为了买一件商品或者满足一个服务，用一下之后就不再使用，如此这般和传统的商店又有什么区别呢？

3.4　物联网

人的生产生活中包含两个内容，第一个是信息流，第二个是物流，这个物流不是指我们在电商买个东西，货运公司给我们寄的东西，第一个层面是指信息流改变物的形态，比如过去的信件传递，现在的 Emai 传递，过去的照片，现在的电子照片，过去的现金，现在的电子支付，过去的书本纸张，现在的电子书等。第二个层面从物与物之间的联系去定义，即互联网在影响我们物质之间的关系，也改变了信息传输的成本和时间。

未来是一个物联网的状态，这个物又指现实中的物体。包括物与物之间的关系，以及物与人之间的关系。现在我们是互联网，主要是信息的传递交流。未来随着信息互联的发展，将直接影响物与物之间的联系和发展。

未来没有传统企业和互联网企业之分，每一家企业既是传统企业，也是互联网公司。

美国早在 2000 年就提了物联网这个概念，当时叫传感网。其定义是：通过射频识别、红外感应器、全球定位系统、激光扫描器等信息传感设备，按约定的协议，把任何物品通过物联网域名相连接，进行信息交换和通信，以实现智能化识别、定位、跟踪、监控和管理的一种网络概念。

物联网 (Internet of Things) 是一个基于互联网、传统电信网等信息承载体，让所有能够被独立寻址的"普通物理对象"实现互联互通的网络。它具有普通对象设备化、自治终端互联化和普适服务智能化 3 个重要特征。把所有物品通过信息传感设备与互联网连接起来，进行信息交换，即物物相联，以实现智能化识别和管理。

共享单车与物联网：共享单车所采用的是比较常见的物联网应用架构：云—用户—终端。虽然物联网的架构并不止这一种，但我们目前用到的绝大多数服务都是这种。

扫码开锁即可解锁骑车，是共享单车的特点。说到智能锁，这里就必须要提到物联网了。共享单车的物联网原理主要是采用了"手机端—云端—单车端"的架构。

手机端：我们通过手机端的 App 可以查看附近的单车，充值、预约开锁等；

云端"服务器端"：是整个共享单车系统的控制台，它可以与所有的单车进行数据通信，收集信息指令，响应用户和管理员的操作；

单车端：单车端是收集信息与执行命令的一端，比如卫星定位、开锁等。而整个物联网最具象的体现就是它的锁。共享单车的智能锁内部集成了 GPS 系统并带有 SIM 卡，它能够将车辆所在位置和电子锁的状态传输给云端。这个 SIM 卡与我们常用的电话卡不同，它属于物联网 SIM 卡，物联网卡是通过装置在各类物体上的 SIM 卡、传感器、二维码等，经过接口与无线网络连接，可以实现人与物体和物体与物体间的沟通和对话。

互联网信息数字化，使得非具象产品的平台化成为了现实。我们可以跳出传统的思维去思考。

我们要从传统的思维方式，比如生产一个具体的商品、一件衣服满足人遮蔽身体和保暖的需求或者提供按摩服务去满足用户放松身体的需求延伸开来，把思维打开，在更加宽泛的层面去设计产品架构。这里指利用互联网技术造就的传播社会化特点，在更深层次发散思维。比如一件衣服不再是一件衣服，可能具有传感器，能感知你的心理活动、喜好，能在你街上行走的时候去自动匹配和你性格特点相适应的异性。

所以我们讲的跳出传统的概念就是指技术的发展，可以更深层次的把人的种种信息数字化呈现出来并且加以分析。我们延伸的主要就是集中在这一块。

3.5　互联网产品的平台化

互联网系统思维模式包含角色和位置以及关系和系统规则。作为 PM，我们的职责就是来定义这样四个角色的互联网闭环应该怎么搭建。

角色指参与整个系统运转的各个节点。位置指各个角色在整个系统平台所处的位置。比如打车平台，司机处在整个平台闭环的服务提供端，用户处在整个平台闭环的接受服务端，公司处在整个闭环的提供交互平台和规则端。

产品经理是需要去制定这个规则的。这个规则可大可小，大的方面能影响到整个企业的变化，小的方面能细化到一个功能点。互联网公司更多是一个平台化的形式，它自己不会产生商品和服务，而是由更多其他角色来提供这部分东西。产品经理就是制定一个规则去让各个角色之间有机的发生反应，这个反应可能是正向的，也可能是反向的。

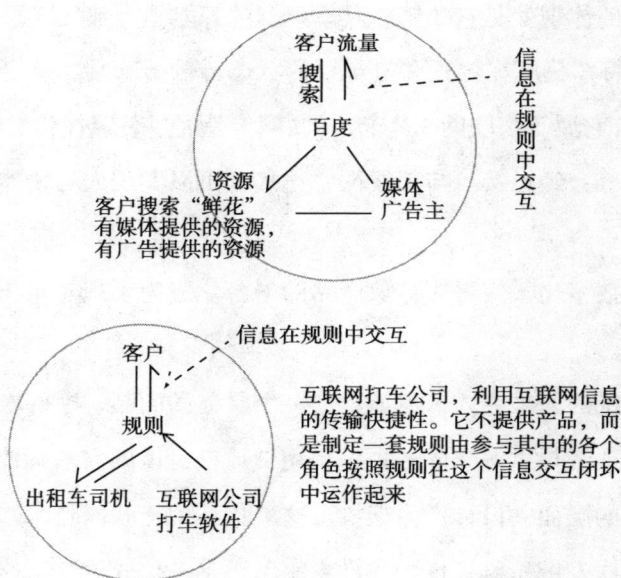

图 3-3　互联网平台用户、角色、位置、关系模型

规则的成败，直接关系一个产品设计的成败，如图 3-3 所示。

互联网思维与具体行业公司无关，它只是一种思维方式。比如，百度在整个过程中不提供任何内容和广告，都是由互动双方提供这些资源，百度只是做了一个信息资源交互互联的规则。

　　我们从方法、思维、技术、规则关系等层面，从不同维度给大家详细讲解了互联网思维的由来和概念。知识多且零碎，希望大家把以上知识点烂熟于心，吸收转化为自己的东西，才能真正为你所用。

第 4 章　互联网思维要点详解

4.1　互联网思维综述

互联网思维发展到现在，经过从业人员不断的打磨提炼，最终形成了大家比较认可的 4 大类 9 个细节点的理论。

用户类：用户思维、社会化思维、流量思维。

流程架构类：简约思维（架构层面）、极致思维（用户体验层面）。

数据类：迭代思维、大数据思维。

宏观类：平台思维、跨界思维。

（1）得到屌丝者得天下。是指抓住特定人群的心理需求，顺势而为。比如抓住屌丝人群的存在感、认同感、成就感去做衍生。快手、微信、小米就是很好地运用了屌丝理论去做的产品。

（2）兜售参与感。

（3）做了什么功能、满足什么需求很重要，用户在达成目的过程中得到了什么体验也很重要。前者是用户会不会去使用，后者是用户使用完后会不会抛弃你。两个重要性同等，不分先后。前者是考验用户画像、用户要求调研类的工作能力，后者关于架构逻辑流程设计类工作能力。

（4）用户体验至上。屌丝需要参与感、归属感、存在感和成就感、其实都是参与感的细节体现。我们要周边的普通大众和用户参与到我们的产品开发过程中来，要听取他们的意见，了解他们的感受需求，获得他们的反馈。

CTB 模式：是互联网 +、工业 4.0、个性化定制、柔性化生产、线上线下相结合的互联网解决方案。例如服装的定制化生产，海尔的定制化冰箱。 还有小米手机从设计到生产，以及优化和改进过程，都是和客户紧密的有机信息互联。

粉丝 Fans：一方面产品经理站在用户思维的角度去规划设计我们的产品，另一方面这个过程中我们也要赢得自己的粉丝，调动粉丝的主动性，让其主动地去推动产品宣传推广。现在品牌越来越多的需要粉丝。这里粉丝还要和用户做一个区别。

互联网用户类型分为游客、客户、会员、粉丝。

游客，忠诚度几乎没有，在意的是免费使用的价值。

客户，忠诚度一般，在意使用价值和服务。

会员，忠诚度高，在意使用价值、服务和参与感。

粉丝，忠诚度最高，更多的是把自身的情感属性融合到我们的产品当中，试图通过自身的影响力去左右产品的特性。

在这个过程中就产生了主动性。最直观的例子就是，明星的粉丝就希望通过自身的引导去改变明星的喜好。这个原理特点和产品是如出一辙的。所以如何把游客变成粉丝的路径就是，满足使用价值，给予良好的服务，积极创造用户参与感，及时响应用户的建议，按照用户诉求合理的迭代产品属性。

所以我们的转化路径应该是：游客→客户→会员→粉丝

忠诚度最低的游客恰恰是我们要首先重视的群体。游客泛指享受了产品的浅层次免费使用价值需求的用户。

游客是首先接触我们产品的人群，所以重要性也是最强的。我们的客户、会员、粉丝都是从游客这个大盘子里转化出来的。所以我们做产品的第一步就是，是否能吸引获取到足够多的游客。换句话说就是你的网站流量要足够大，尽可能往最大化去做吸引流量的架构设计，才有继续的发展空间。

怎么界定我们的用户群体呢？

虽然我们讲到用户要最大化，但是也要有个合理的维度去界定用户群体边界。只有这个边界合理了，我们才可以有针对性地去按照他们能够"欣然接受"的方式设计框架，从而吸引到大量"用户"访问和使用你的网站。

如下面表格的以英语网站为例子，以用户的人口特征和学习属性两个维度去界定用户边界。如果只关注最直接客户群体设计架构，那么会漏掉很多用户，也意味着失去很多扩大曝光率的机会。所以我们的架构应该尽可能多的大面积涵盖。具体操作方法可以参考下表做用户界定的扩散。

以产品的功能属性去界定边界	
直接用户	间接用户
大学生、自考生、职称评定	培训老师、学生家长、外语学校学生

以用户人口属性界定边界	
直接用户	间接用户
25 岁左右	可以扩大年龄边界到即将跳出使用你产品的年龄界限
职业	扩大到和用户职业相关的上下两级
家庭关系	以用户为中心扩大社会关系，纳入目标用户范围
月入两万	扩大薪水范围到上下倍数
爱好运动	与该用户活动范围维度可以接触到的人员

客户是指在成为我们的游客浅层次的享受免费服务用户后，被我们转化，愿意出钱的这部分群体。成为我们客户后，我们要做的就是以最佳的"用户体验"和最优秀的"服务"去打动他们，把这部分客户再次转化为我们的会员。

同质化产品竞争是如今几乎所有公司都面临的一个问题。如果不快速地把客户转化为会员，他们的跳出率会很高。这部分用户忠诚度不高，体验新鲜的产品也是他们喜欢做的事情。所以只有把他们转化为会员，才能保证他们不停地浏览你的网站，使用你的产品。

粉丝：①忠诚度最高；②满足了产品的使用价值，同时赋予了自己的主人翁精神；③重要性。

产品粉丝是我们固定的用户群体。营造声势、扩大曝光率是扩散产品的催化剂，同时也是我们迭代产品的基础。互联网产品要充分发挥网络的优势和粉丝互动，运用正向的激励方式，把会员转化成粉丝，最终让产品单一使用者升格成为产品的设计创造者。只有让用户觉得自己与这个平台和产品的成长息息相关了，他们才会死心塌地地跟着你，无私奉献地给你提意见。粉丝就是你最佳的产品体验员，也是产品正向优化迭代的数据基础。

通过十几年的经验和观察，我对于用户的划分也提出了新的方法。除了刚才讲的粉丝理论，还可以通过以下 3 个方面去分类用户，然后设计相适应的产品架构。

第一类，具有主动创造型的用户。

第二类，围观浏览和积极参与型用户。

第三类，旁观，懒惰型用户。

下面我们通过现在火热的 UGC 类产品详细阐述一下，技术的发展、社会的发展、物质的发展是如何一步步把用户需求培养起来，最终被激发出来形成巨大的市场的。

4.1.1　历史层面

电脑最早以家用奢饰品的特点出现在普通家庭中。在 20 世纪 90 年代初期，以 CPU 型号命名计算机。那个年代，80 后还是十三四岁的孩子，只有家里条件很好的才能买得起电脑，有了电脑也就是玩游戏或者学习一些 Word 软件。

我们的父母出生在 50 年代，性格特点是集体观念强，个人不太愿意主动在公开社交场合表达和大家意见相左的个人观点，并且他们最大的社交场所其实也就是在单位。那个年代，大家都习惯在生产生活中根据国家政策决定自己的甚至下一代的生活和工作方式。思想比较统一也比较僵化。传播新闻和思想的只有主流媒体。

随着人们生活水平的提高，电脑日益成为大众用得起的商品。80 后的记忆被红色警戒、魔兽世界、CS 等一批经典游戏占据。

新浪网的网络日志业务于 2005 年上线，也就是说，从 2005 年开始中国大众才有正式的在公众场合发声的平台。那个时候，博客是被公知和大 V 占据的一个宣传渠道，更多的 80 后用户只是在博客上记录自己的生活日志。这种网上写博客的形式慢慢打开了禁锢中国大众思想的闸门。新浪微博于 2009 年 8 月 14 日开始内测，9 月 25 日正式添加了 @ 功能以及私信功能，此外还提供"评论"和"转发"功能，供用户交流。有了微博后，信息的多元化多点传播雏形架构正式形成。

4.1.2 技术发展

2010 年 6 月 8 日凌晨 1 点，苹果全球开发者大会（WWDC 10）在旧金山会展中心正式开幕。苹果 CEO 史蒂夫·乔布斯在会场上发布了全新的 iPhone 第四代手机，同时代智能手机还有 N72、黑莓 8900 等。

大屏幕智能手机的真正普及也就在 2009 年后。技术的进步、智能手机的普及，改变了人们使用网络平台的地域界限，交流变成了随时随地可以进行的事情。网络速度的提高以及信息资费的下降也促进了人们更加广泛的用手机上网再加上和成熟的发表自己观点的平台微博结合起来之后，也就真正的改变了人们的行为习惯。大家在接受政府资讯的同时也在获得，接受更多大众的观点。

信息的交流也从单线的从上往下传播变成了多线平行交流的传播方式，这个时候应运而生了一个词就是病毒式的扩散传播。

4.1.3 人的行为变化

发展到这个阶段，互联网用户的行为习惯，特别是 80 后也已经适应并且成为互联网应用的中坚力量。他们性格属性，因受到父母和社会的影响，工作环境社会氛围，以及责任和团队意识更强，个性化偏弱。都影响着他们自我个性展现，发表个人观点的意愿。

这个阶段处在萌芽期，但是已经开始为后来 UGC 类产品的发展培养着用户行为习惯（见图 4-1）。

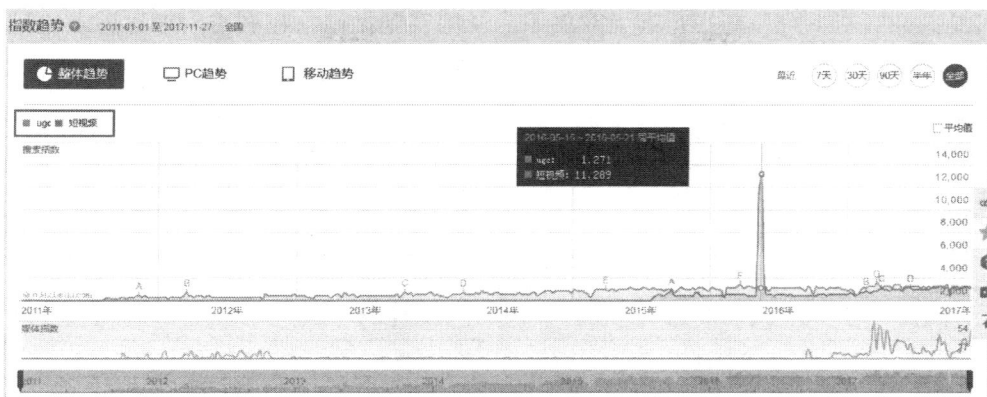

图 4-1　UGC 和短视频趋势图

（图片来源：百度趋势）

4.1.4　爆发前的最后沉淀

大家看百度指数 UGC 类是在 2011 中后期年后突然蹿红，说明 2009—2011 年 3 年时间，经历了用户的培养和行为习惯的培养之后，在 2011 年 8 月 14 日出现了爆发。在 2011 年 UGC 类产品火爆发展的时候，00 后还是十一二三岁的孩子，他们虽然不是互联网用户主力军，但是也在潜移默化的受着影响。又经过四五年的成长培养，到 2015 年 8 月 16 日短视频爆发。

从技术上来讲，手机更先进，屏幕更大，网速更快也更便宜，更重要的是在平台发表内容并吸引用户关注，从而体验另一种的成就感的用户行为习惯被激发出来。

另一个原因是，不用打字，无需用户有多好的文字功底，仅仅是随手录一段视频就可以传播，并且获得很多关注，成为网红。这就造成了大量性格独立的 00 后成为 UGC 短视频的主力，他们在平台体验着在生活中体验不到的一种被关注和尊重的感受。

从心理学角度来讲，任何一个人都想自己的意见被采纳，或者被认可，都想让自己成为一个受尊重的人。但是以前社会活动比较固化，除了单位范围、家庭范围和朋友范围，再没有其他可以扩散主观思想的地方，这些因素都压制了人的自我观点的表达。

随着技术发展、智能手机摄像功能完善，无论老幼都能熟练使用智能手机，收入提高加资费下降、能用得起无线网络。从博客到微博，在网络上表达诉求的行为习惯被一点点培养出来。让人们认识到，我还可以让远在千里之外不认识的人接受采纳我的意见。最后需求培养出来，就像膨胀的气球一样。谁先开发一款能扎破气球的工具，谁就获得了市场的先机，也就是同时具有积累原始用户的优势。

快手的前身叫"GIF 快手"，诞生于 2011 年 3 月，最初是一款用来制作、分享GIF 图片的手机应用。2012 年 11 月，快手从纯粹的工具应用转型为短视频社区，用于用户记录和分享生活的平台。随着智能手机的普及和移动流量成本的下降，快手在 2015 年以后迎来爆发（见图 4-2）。

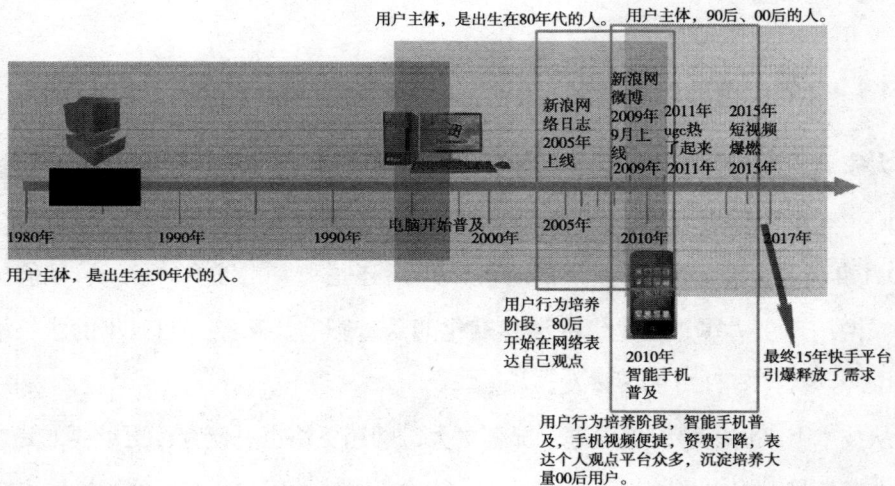

图 4-2　技术、经济、社会的发展培养用户行为习惯

我们看快手的发展历程也能探究到它在 2011 年开始通过 GIF 图沉淀用户，2012年转为短视频，但是并没有成为爆款。因为 2012 年的用户主体还是 80 后或 90 后。手机技术、网络资费以及行为更大胆更个性的 00 后还在酝酿中。一直到 2015 年所有条件都成熟了，突然之间一下在 2015 年 8 月 16 日需求爆发。

所以，一个合格的优秀的产品经理一定具有会生活，能感受所有事物、会观察大众、会分析人们的行为，能通过社会环境、技术演变、人们行为习惯等多个方面的能力，分析判断用户的需求走向。

归根结底，用户的需求一定是随着技术的发展而不断的演变和被培养。我们虽然不能像上帝那样创造需求，但是我们可以磨炼自己一双发现需求的慧眼，能看透隐藏在千变万化幻像下最真实的用户需求。

4.2 简约思维

专注，少即是多，简约即是美。让客户一目了然，很快能知道我们的产品能为用户带来什么样的价值，这点很重要。比如快乐学产品网站（www.kuailexue.net），它的目标用户是零基础用户，这就需要网站一切的内容都是要快速，让浏览者能看到核心。即产品经理是什么工作，需要学习什么知识，多久能学会。

因为在互联网的发展过程中，信息流的高效爆炸性的特点不允许你娓娓道来。我们面对的用户群体他们又有太多的选择，他为每一个选择停留的时间非常短暂，耐心少，选择中的性格特点是急躁。在产品层面，用户从一款产品转移到另一款产品的成本是 0，速度是毫秒（见图 4-3）。而在传统商业模式中，用户需要一家一家走一家一家的转，每一个商家进去出来都需要几分钟时间（见图 4-4）。

图 4-3 互联网电商用户挑选商家时间成本为零毫秒

（图片来源：京东截图）

¥369.00	¥199.00	¥199.00	¥199.00

图 4-4 传统商业，用户转移需要时间成本

如果不能迅速的切中要点，抓住用户的心理需求，快速让用户记住品牌的概念，那么我们设计的产品架构就是一个失败的架构。所以对我们产品经理来说就是专注的去做减法，做到在简约中向用户传递最核心的内容，迅速抓住用户的眼球。

越简单的东西越容易传播。互联网的优势就是在做信息流，架构简洁，功能完善是对产品经理最高的要求。简约即是美，功能做加法（在迭代中，赋予产品更多的使用价值），平台架构做减法，能一个点传播内容的绝不通过两个点传播一个具体内容。

产品外观，是否美观简洁。界面，是否简洁靓丽。内容，是否简洁合理紧扣主题。简约能给客户留下非常广阔的想象空间，就如同中国画的留白。

对应百度的改版，大家可以看到主功能区的干扰都被优化掉了，这样用户在搜索的时候，不会被按钮干扰到。因为百度在调研后得出，用户搜索框打字的时候行为主观性最强，不需要外部的引导或者干扰（见图 4-5）。

图 4-5　百度新老版本对比

4.3　极致思维

要求产品经理能够把产品和服务做到极致，把用户体验做到极致，甚至超越用户的预期。因为在互联网中产品竞争的激烈性，只有保证第一才能不被淘汰。可以这样说，只有第一没有第二。只有做到了极致才能满足用户的芳心，产生竞争力。

极致思维主要有以下几个法则。

（1）痛点：用户需求必须是刚需，是用户必须急需解决的问题。

（2）痒点：工作和生活中有别扭之处，既乏力，无法自我解决又别扭欲罢不能。

（3）兴奋点：给用户带来 WOW 效应的刺激，产生兴奋点。

产品经理基本都是通过这 3 个法则去开展工作。

极致还有让用户在体验产品过程中，认知产品，甚至高出其预期。用户是非常乐于参与到产品体验过程中的。

极致体验这个目标，需要产品经理花大量时间和精力去了解用户的使用习惯和使用行为。套用一句话就是让用户一直爽，是其核心思想。比如，微信的公共号现在已经隐藏得很深了，就是为了减少对用户的干扰。所以有一句话这样说，做了什么功能满足什么需求很重要，用户在达成目的的过程中得到了什么体验也很重要。前者是用户会不会去使用，后者是用户使用完会不会抛弃你。两个重要性同等，不分先后。前者是考验用户画像、用户需求调研类的工作能力，后者考验关于架构逻辑、流程设计类工作能力。

模型关键词：who what how。即目标人群是谁，针对目标人群我们去兜售产品属性和参与感，如何实现呢，在每一个细节点上，要全程以用户体验为产品导向目标。

（1）我们的需求要抓的准，产品要从痛点（刚需）出发，抓牢痛点。然后通过痒点给刚需（痛点）附加更多价值，最后抓的紧，也就是通过兴奋点让客户有 WOW 的发自肺腑的感叹。

（2）产品经理要把自己逼的狠一点，要去突破自己能力极限的事情。

（3）管理要盯得紧。因为产品经理是决策这个产品发展的负责人，所以产品经理要做很重要的管理工作。

服务即营销。服务环节虽然不是产品可以覆盖的一部分，但是我们也要做到极致。海底捞就是一个服务做得好的企业。他的服务理念受到很多人的推崇。另外，天猫的阿芙精油也是服务做到极致的范例。细节一，它的客服 24 小时无缝服务。他们使用的是中间绘有小红帽的笔记本，因为用这样的硬件设施切换窗口会非常快，可以让客户节省几秒钟的时间。另一个阿芙精油还设有 ZFO 首席惊喜官。它每天会在来访的留言者里面去寻找，发现可能潜在营销的客户，然后询问地址，寄出一份包裹。为可能存在的忠实粉丝创造惊喜，提高口碑和体验。

4.4　迭代思维

以人为核心，不断迭代循序渐进的一种开发方式。在整个开发过程中产品允许出现不足，不断地修正，在持续的迭代中完善产品。

着眼微创新，要求产品经理做产品要从具体的用户需求入手，贴近用户最根本体验。在用户参与和反馈中不断完善产品，能让用户在使用产品中体验友好、极致，最好可以做到四两拨千斤的效果。寻求一种单点的突破，形成一个微创新，那么最后众多的微创新会让我们的产品形成质变。

那么，我们如何能抓住这个能让用户感觉良好的"细微"的点呢？

（1）要看客户反馈，明白用户讨厌烦恼什么问题。

（2）要看数据，看跳出率、转化率等，看用户卡在什么地方。

（3）忠实用户的调研。

（4）快速迭代，速度比质量更重要（已经完成第一版本的冷启动，如果是初版还没有完成冷启动，质量也很重要），用户需求快速变化。基于互联网的快速性和时效性，互联网产品也需要快速适应这样的特性。因为我们的产品不可能一次性满足用户所有的需求，况且用户的需求也是在不断变化的，这就需要我们紧跟用户需求变化，所以要快速迭代我们的产品以适应用户。

那互联网这个快速迭代思维在传统行业里面能不能做到呢？比如香皂、洗衣粉、牙膏等对于传统行业的产品经理如何运用迭代思维，其实是需要大家构建出产品、服务与目标用户群体，这样一个良性沟通、响应、迭代的机制。在这个传统行业里，我们需要不是频率，而是效果，客户回馈问题的效果好不好，企业接收反馈的效果好不好，以及最终改进的效果好不好，这样一种有效的沟通闭环机制。

4.5　流量思维

（1）免费是为了更好的收费。现在免费战略基本成了首要的策略，免费人人都能做，人人都能想到。那么免费我把它分为有效免费和无效免费两种结果，这里面就引出一个问题。

免费的目标客户群体的锁定，免费客户的转化比例。如何避免无效免费，那么以上主要是针对线下的。如果是线上的，那么我们考核的核心首要的应该是流量，其次是才是转化。因此现有流量是重要前期工作。所以免费就变成了如何扩大面，扩大应用群体，把目标群体边界尽可能扩大。这其实刚好和传统走的是两个极端。

（2）坚持到质变的临界点。在互联网运营中，只要用户活跃度达到一定的程度，那么这个产品就会开始产生质变。这种质变会为公司、产品带来新的机会，以及更大的价值。

4.6　社会化思维

社会化思维是关于传播链和关键链的一种思维方式，每一个用户都是社会群体的节点（见图 4-6）。

图 4-6　社会化思维模型

利用社会化的群体进行口碑营销，重塑企业产品和用户的沟通关系。比如，小米在微博上有 30 多名微博信息人员，他们每天 24 小时在互联网上去处理 2000 多条的私信，还会有 @ 小米的信息以及评论的，一共有四万到五万条之多。通过这样不断反馈微博上的互动，使小米的形象非常丰满。

产品经理要注意一点，口碑营销不是自夸自擂，也不是自说自话，一定是站在用户的角度，以用户的方式去和用户沟通。即理解用户的关心，关心用户的关心。

利用社会化网络，众包协作，重塑组织管理和商业运作模式。即大家在群体架构中，相互影响相互协同协作。比如，维基百科就是典型的众包协作模式。

4.7 大数据思维

一切都可以数据化。我们的产品经理或者企业管理层对数据的认识，以及对产品，对公司的资产，关键竞争力的理解。

（1）数据资产成为核心竞争力。

人口属性：比如我们注册京东，会有姓名、电话、邮箱、联系地址之类的数据……

用户行为：指浏览电商网站，我们看了哪些商品，在那些商品上停留的时间……

社会关系：分享过给谁，通过谁支付的，以及商品最终流通目标……

举例：淘宝 2004 年开始做这个数据沉淀。它现在可以定位到五道口某某咖啡馆 20~30 岁的用户个体，有针对性的投放广告。所以有一个良好的数据架构，最终会成为最核心的竞争力。

（2）大数据驱动运营管理。

我们的运营是要以数据为支撑。大数据思维的核心是对数据的挖掘和预测能力，为产品的发展奠定一个扎实的数据基础。

举例：银泰网在它的店面布置了很多无线热点，当客户进入银泰之后，可以通过 Wi-Fi 链接。这样后台就可以看到信息，通过客户的年龄结构，购买的记录去分析客户，包括在商场内的行走路线，在某一个商品前停留的时间等，去分析客户并做相应的推广。

4.8 平台思维方式

互联网的平台思维，指的是一种开方，共享共赢的一种思维。互联网的核心是一种信息流，所以是伴随着开放、共享的一种思路。用平台的模式最容易产生某个行业某个领域的巨头。 在全球最大的 100 家企业中有超过 60 家企业的主要收入来源的商业模式都是这种平台性质的商业模式，包括苹果、谷歌这样的公司。

我们可以构建多方共赢的平台生态圈。需要考虑这个平台中的各个角色，各种规则、各种位置以及它们之间的关系。未来企业之间的竞争、公司之间的竞争，一定是平台性质生态圈的竞争。单一的平台是不具备系统化的竞争力的，所以我们可以看到百度、阿里、腾讯这些行业中的巨头一直在围绕着电商、搜索和社交在完成打造自己的平台生态圈（见表 4-1）。

所以构建一个多方共赢的平台生态圈，可以使产品乃至公司的竞争力更加强大。

我们也要善用现有的平台资源。在我们所在的公司还没有能力和资源去构建自己的平台生态圈的时候，我们应该考虑怎么利用现有的平台，建立我们自己的事业。

表 4-1　BAT 三家平台化布局

项目	分项	阿里巴巴	腾讯	百度
引流入口	地图	高德地图	搜狗地图	百度地图
	搜索	淘宝、天猫	搜搜	百度
	社交	新浪、来往	微信、QQ	
转化	团购	美团、聚划算	QQ 团购，高朋网	糯米、百度团购
	电商	淘宝、天猫	易迅、QQ 网购	百度汇
	生活信息	淘点点、口碑网、丁丁网	大众点评	
	打车	快的打车	滴滴打车	
	旅行	淘宝旅行	携程网	去哪儿网
支付	支付工具	支付宝	微信支付	百度钱包
合作商家	合作商家	银泰、美宜佳	王府井百度、新世界百货、海底捞等	地图上的餐饮、酒店商家等
场景	涉及场景	餐饮、服装、百货、便利店、打车、电影、旅游、生活服务、生鲜	餐饮、服务、百货、电影、打车、旅游	餐饮、电影、打车、酒店

4.9　跨界思维

随着互联网的发展，传统行业和互联网行业的边界变得越来越模糊。跨界思维的核心有三点。

（1）寻找低效点，打破利益分配格局。

（2）携"用户"以令诸侯。

（3）敢于自我颠覆，主动跨界。

所谓的跨界思维，大家一定要把第一天课程讲的经济学家和心理学家总结的用户需求概念理解透彻，然后根据不同的层面和维度去分析你的产品如何跨越自己思维模式的鸿沟，发散出更多的架构模式和发展方向。

第 5 章　市场分析

5.1　市场分析概述

市场分析能力是产品经理最重要的基本功，它决定着一个产品经理未来的成长之路。如果市场分析能力强，未来职业发展就会一步步成长为产品团队的领导者，最后迈入产品总监的行列。如果市场分析能力弱，甚至在做市场分析的过程中总是出现偏差，后果轻则项目评审阶段就不通过，重则公司投入人力和资金，结果因为市场方向把握出现问题，导致公司巨大的损失。

所以一个产品经理最基本也是最重要的业务能力就是市场分析。

5.2　市场分析方法

跟踪行业报告是市场分析最根本的方法，像CNNIC中国互联网中心（见图5–1）、虎啸网（见图5–2）、数据分析网等平台经常会发一些行业发展趋势之类的报告，我们要经常去关注去解读。切记不要到了工作需要的时候才去看去分析，而应该经常去关注、搜集、分析、积累，做到心中时时有市场。

图 5–1　CNNIC 行业报告

（图片来源：中国互联网络信息中心）

图 5-2　虎啸网行业报告

（图片来源：虎啸网）

5.3　市场分析要点

（1）某行业整体市场价值有多大。

（2）用户基数有多少。

（3）大家的盈利商业模式都是什么。

（4）多少公司在做。

（5）每家公司的盈亏情况。

（6）重点公司的主营业务、商业模式和客户群体以及弱点。

（7）未来行业发展潜力和风险情况。

那么市场分析报告绝对不是去网上下载一份分析报告这么简单的事情。如果老板让你做市场分析，你仅仅是去网上下载了一份行业报告给他看，你要么被骂，要么直接被炒了鱿鱼，因为这些行业报告老板可以自己去网上浏览。

让产品经理去做市场分析报告，我们一定要以自己的产品作为出发点。我们的用户需求是什么，我们的产品功能架构功能点承载了哪些用户的哪些需求，市场的大趋势是什么，用户基数，盘子有多大，大家都用什么技术抓哪些用户需求点，明年的市场走势是什么，哪些技术影响了用户的行为习惯、发展走向等。所以市场分析报告一定是以我们自身产品为出发点去综合分析行业报告、市场报告后，从宏观上找出自己产品的发展方向，微观上定位出未来功能框架的发展规划。

第6章　商业模式画布

利用商业模式布，可以更好地和老板、上司、团队进行沟通。作为互联网产品经理，商业模式是非常基础和重要的一项工作。通过对商业模式的梳理、学习及实践，我们可以更好地扩展产品的方方面面，去深入理解洞察产品的细节点。协调和综合各方的资源，综合考量完善产品形态，为产品的后续发展打好基础。

画布：用来描述商业模式，可视化商业模式，评估商业模式以及改变商业模式的通用语言。

商业模式：用以描述企业如何创造价值，传递价值和获取价值过程的方式。

商业模式画布有以下9个要点。

（1）用户细分。

* 以用户为中心。

* 我们正在为谁创造价值。

* 谁是我们最重要的客户。

（2）价值主张 / 用户需求。

* 我们应该向客户传递什么样的价值。

* 我们正在帮助客户解决哪一类的难题。

* 我们正在满足哪些客户的需求。

* 我们正在提供给细分用户群体哪些系列产品和服务。

（3）渠道沟通。

* 通过哪些渠道可以接触我们的细分用户群体。

* 接触具体方法、渠道如何整合？

* 哪些渠道最有效，哪些渠道成本效益最好？

（4）客户关系。

* 每个用户细分群体希望与我们建立和保持何种关系？

* 哪些关系我们已经建立了？

* 这些关系成本如何？

* 如何把它们与平台商业模式部分进行整合？

（5）收入来源。

* 什么样的产品使用价值能让用户愿意付费？

* 他们现在付费买什么？

* 他们是如何支付费用的？

* 他们更愿意如何支付费用？

* 每个月收入来源占收入的比例是多少？

（6）核心资源。

* 我们的价值主张需要什么样的核心资源（核心竞争力）？

* 我们的渠道需要什么样的核心资源？

* 我们用户关系的建立，需要什么核心资源？

（7）关键业务。哪些关键业务，能完成我们的价值主张？

（8）重要合作／合作伙伴。

* 谁是我们的重要伙伴？

* 谁是我们的重要供应商？

* 我们正从伙伴那里获取哪些核心资源？

* 合作伙伴都执行哪些关键业务？

（9）成本结构。

* 什么是我们商业模式中最重要的固有成本？

* 哪些核心资源花费最多？

* 哪些关键业务花费最多？

第 7 章　互联网五常规商业模式

7.1　互联网商业模式

互联网商业模式，指某一款产品所能创造的价值，它包括经济上的价值和社会公益上的价值两个方面。

狭义上来讲，就是如何赚钱。广义上的产品角度来讲，互联网商业模式指能满足用户某种需求就是产品创造的价值，不仅仅是指经济层面，还指社会和文化层面的价值。

例如不少开源组织，尽管它们自身并不盈利，但是其创造了大量的社会价值，虽然这其中并没有钱的味道，但是仍然叫商业价值。

互联网商业模式大体可以分为 5 种，如表 7–1 所示。

表 7–1　互联网常见商业模式

无处不在的广告、搜索广告	文字、图片、视频、多媒体、竞价广告……
线上，线下佣金	分成、服务费……
虚拟货币、物品	游戏道具、QQ 秀、虚拟币……
数据、信息	音乐下载、电影下载、网盘……
开放的 API	开放平台……

第一种商业模式——广告。因为互联网所能覆盖的用户比传统媒体覆盖的数量级别要大得多，表现形式可以多种多样。比如网络上有汽车保险计算器，这其实也是一种广告，但是藏的非常深，用户第一眼看上去不会觉得这是广告，这就已经打破传统媒体的广告形式了。还有就是互动小游戏等突破传统的广告形式，并且可以基于数据做到精准投放。

其他形式还包括文字广告、图片广告、视频广告、多媒体广告（单向性）。

互联网广告与传统媒体相比，覆盖的量级很大，传播形式多样，精准定位。移动端和 PC 端这个是很相似的。

移动端广告栏位形式：

（1）Banner 广告。Banner 广告（条幅广告）是目前最普遍的一种广告模式，通常以横幅形式出现在手机屏幕的上方。开发者在应用中加入一个或多个"互动广告位"代码，即可自动播放平台提供的各种广告，获得额外的广告收益。

（2）启动屏广告。手机用户启动 App 后，首先展示的广告形式。

（3）插屏广告。插屏，移动广告的一种常见形式，具有强烈的视觉冲击效果，是目前移动广告平台主流的广告形式之一。在应用开启、暂停、退出时以半屏或全屏的形式弹出，展示时机巧妙避开用户对应用的正常体验，减少对用户的干扰。

（4）推荐广告。是一种在 Android 手机通知栏显示的广告形式。其特点是不占用广告位，广告点击率高，极少误点击，不费用户流量，比传统的广告形式收入有大幅提升。开发者也可通过手动调用 API 获取推送广告。

（5）视频广告。以 FLNSH 或录制的小视频为传播载体。

互联网广告的形式由 CPC，CPM，CPA，CPS 去衡量它的投入产出比。在了解这些概念之前我们先讲一下关键绩效指标 (Key Performance Indicator，KPI)，是通过对组织内部流程的输入端、输出端的关键参数进行设置、取样、计算、分析，衡量流程绩效的一种目标式量化管理指标，是把企业的战略目标分解为可操作的工作目标的维度，是企业绩效管理的基础。KPI 可以使部门主管明确部门的主要责任，并以此为基础，明确部门人员的业绩衡量指标。建立明确的、切实可行的 KPI 体系，是做好绩效管理的关键。关键绩效指标是用于衡量工作人员工作绩效表现的量化指标，是绩效计划的重要组成部分。

针对不同的工作岗位，KPI 指标也有区别。

KPI 符合一个重要的管理原理——"二八原理"。在一个企业的价值创造过程中，存在着"二八"定律，即 20% 的骨干人员创造企业 80% 的价值；而且在每一位员工身上"二八原理"同样适用，即 80% 的工作任务是由 20% 的关键行为完成的。

因此，必须抓住 20% 的关键行为，对之进行分析和衡量，这样就能抓住业绩评价的重心。

所以这个 20% 的 KPI 指标的建立是关键点。

（1）CPC（每次点击付费广告，Cost Per Click）。这是网络中最常见的一种广告形式，当用户点击某个网站上的 CPC 广告后，这个站的站长就会获得相应的收入。

（2）CPM（每千人成本，Cost Per Mille）。网络上广告收费最科学的办法是按照有多少人看到过广告来收费，按访问人次收费已经成为网络广告的惯例。千人成本，指的是广告投放过程中，听到或者看到某广告的每一人平均分担到多少广告成本，传统媒介多采用这种计价方式。

在网上广告，CPM 取决于"印象"尺度，通常理解为一个人的眼睛在一段固定的时间内注视一个广告的次数。比如，一个广告横幅的单价是 1 元 /CPM，意味着每 1000 人次看到这个 Banner 就收 1 元，依此类推，10000 人次访问的主页就是 10 元。

至于每 CPM 的收费究竟是多少，要根据主页的热门程度即浏览人数，划分价格等级，采取固定费率。国际惯例是每 CPM 收费由 5 至 200 美元不等。

（3）CPA（每行动成本，Cost Per Action）。计价方式是指按广告投放实际效果，即按回应的有效问卷或定单来计费，而不限广告投放量。CPA 广告也是网络中最常见的一种广告形式，当用户点击某个网站上的 CPA 广告后，完成下载或注册，个人 / 站长获得收益。

（4）CPS（实际安装并收费本，Cost Per Sales）。是以销售额来测定广告费，以销售收入百分比来提成的广告费用，是一种佣金模式。目前有很多家网络联盟平台都采取这种佣金模式，像多麦 CPS 联盟。有了流量才能带来成交，有丰富的优质商品才能引来用户访问及购买。通过这种低价格、多位置、高精度的 CPS 推广方式，提高商品曝光率、增加目标用户的触达。进入 CPS 推广页面，该页面除展示广告商品以外，还将展示同类别的 CPS 商品，通过提供丰富的商品，提高用户选定目标商品的概率。为有引流需求的卖家提供一个团结协作，增加商品曝光率、进而提升转化率的机会。

搜索广告：竞价广告，是在百度自己的位置上投放。

用户在搜索引擎里输入一个关键词，可以很明确的传递出他的诉求，他关注什么，他想了解什么。

* 特点是覆盖面广，可以达到覆盖百分之九十以上的网民。

* 收费是按照点击效果 CPC。

* 精准判断用户需求。

联盟广告：CPC 点击效果付费，网盟推广打破百度自己的范围，可以投放到更多的、更广阔的产品线上，已经脱离百度自己的位置。这就是为什么联盟广告可以看到有百度的小 Logo（见图 7-1、图 7-2）。

这个百度联盟，也是基于用户搜索的关键词来去决定把广告投放在哪些页面的。

第二种商业模式——线上—线下佣金。分成——服务费它本身会有一个定价。京东也好，当当也好，亚马逊也好，他们在销售的时候都会有分成，即通过平台销售出去产品会有相应的分成，百分之五，或者百分之十，按照出货价去做佣金的分成。美团也是这样的销售模式。

图 7-1 联盟广告

（图片来源：百度联盟广告）

图 7-2　多麦官网

（图片来源：多麦网）

这个与电商类或者团购的紧密联系。比如在京东买书，因为书是由出版社发行的，它本身会有一个定价。京东也好，当当也好，亚马逊也好，他们在销售的时候会有相应的分成。即通过平台销售出去产品会有一个分成。百分之五或者百分之十，按照出货价去做佣金的分成，美团也是这样的销售模式。

第三种商业模式虚拟货币 / 虚拟物品的增值服务。如游戏道具、QQ 秀、虚拟币。

第四种商业模式数据信息等营销服务。如音乐下载、百度文库、图库等。

比如，百度音乐会给客户提供基本需求，再对有更高需求的用户进行收费服务。比如图片网站，一般已给下载小图片，需要大图片的话，需要付费。

第五种商业模式开放 API。开放接口开放平台是近些年发展比较快的一种商业模式。可以吸引开发者加入更多的产品开发中，能够相互补充帮助产品更好更快的发展。

7.2　浅没免费

互联网产品发展到现在，除了以上讲的常规模式，免费的商业打法越来越成为商家使用的普遍方法。360周鸿祎曾经说过，未来我的产品一定是免费的。这个从CEO的角度，从一个产品经理的角度去理解会不会靠谱呢。我们透过现象看本质，他只是透过某一个产品的功能点上去做免费，但是不意味着他在其他的功能点上都是免费的。

免费一定要是噱头，但是盈利将是根本。抓住经营的本质，就是获取最多的关注、最多的人气、最大的影响力，那么盈利就是水到渠成的事情。现在小黄车和OFO大战。基本上小黄车也是不停的策划各种免费骑行活动，这么做的目的就是尽可能大的获取用户。因为共享单车从发展到现在已经从社会单项认可，变成社会有认可和反对同时并存。呼吁政府管理和限制其发展的声音越来越大。处在这么一个未来局势不明朗的情况下，唯有先获取最大的用户，增加手里和对手甚至是政府的谈判筹码，成为企业最迫切的任务。

在互联网时代，各种产品平台看似千差万别，其实我们都不是局限在产品这个层面去思考问题。除了产品，我们还在发散完体总结归纳新概念，拿些足以吸引人眼球的东西去做开发，获取足够多的流量。这就是互联网时代的创业它和传统的创业的区别就在这里。

传统行业是以刚需为引导开发商品。互联网时代刚需不再是指看得到的、真实存在的东西。比如屌丝文化的兴起、快手的蹿红就是很好的例子。发视频的刚需在哪里？不能吃不能穿不能用，但是能获得心理满足感和众人的追捧，让屌丝也能因为屁股下面放一个炮仗炸自己屁股而获得大量的关注。那么在互联网时代，信息数字化急速传播，天南海北的人瞬间交互成为可能。所以，刚需的定义就不再局限于吃穿住行这些看得见摸得着的事物。

在互联网信息交互的快捷便利无成本概念下，找对一个概念，迎合一批受众，合理开发利用都可以成功。这就是传统实体创业和互联网思维下的创业根本区别。一个是唯物、绝对的唯物主义，一个是唯物加上唯心主义的结合。

最后再强调一下，信息咨询、免费传播、抓住受众、获取流量、做好迭代、经营粉丝、发动大众、互联网的包容性决定了互联网思维去创业的产品的开阔和包容性。闭则死，开则生……

第8章 竞品分析

产品经理必做的工作之一就是竞品分析。通过学习关注行业内竞品公司产品的发展变化，关注你所负责的产品周围同类相关产品的发展情况，从而能够总结分析，为你的产品思路提供好的方向和参考。

8.1 什么是竞品分析

通过分析竞争对手的功能架构、运营策略，细分用户群体，找出对手的优势和弱点，确定我们功能架构和切入的需求点、市场打发和运营战略，以及其他基本准则非常有用的方法。

（1）系统地对竞争对手的优势和劣势进行分析和评价。

（2）目的。①确定我们的项目方向；②帮助自身产品实现市场定位；③为自身产品设计提供功能可用性，关键技术等方面的参考；④提高自身产品差异化程度。

（3）竞品分析是长时间持续积累，不断挖掘和分析沉淀的过程。

8.2 为什么竞品分析

（1）制定自身产品的长期战略规划、为自己产品各条子产品线的布局、市场占有率提供一条相对客观的参考依据。

（2）随时了解竞争对手的产品和市场动态，如果挖掘数据的渠道可靠稳定，根据相关数据信息可以判断出对方的战略意图和调整方向。

（3）掌握对手资本背景，细分用户群体的需求，包括产品运营策略。

（4）自我快速调整，以保持自身产品在市场的差异性，以及快速提高市场的占有率。

（5）新立项的产品，拍脑袋想出来的很危险，因为没有多少的积累和沉淀。没有形成较为完整的系统化思维和客观稳定的方向。

8.3 竞品分析怎么做

第一，做好 3 个方面。

（1）描述性：我们的产品和竞争的产品差距在哪里？

（2）定性分析：以自身经验，定性分析说明我们和竞品差距在哪里。

（3）定量分析：①以数据说明我们和竞品的差距有多大；②以数据分析竞品的功能价值。

第二，分析维度。

（1）战略定位。

（2）商业模式。

（3）用户群体。

（4）产品功能。

（5）产品界面：①交互方式；②视觉形象。

第三，竞品选择。

（1）直接竞争者：产品相同且满足同一目标群体的需求。

（2）间接竞争者：产品可能不同，但是目标用户群体一致。

（3）潜在竞争者：①横向产业相关者，提供大致类型产品、服务的企业；②纵向产业相关者，上下游企业；③拥有雄厚相关领域资源的企业。

8.4 分析方法

（1）SWOT 分析：从优势、劣势、机会、威胁 4 个维度进行分析，称为 SWOT 分析。

进行 SWOT 分析的时候必须对公司的优势与劣势有客观的认识。

进行 SWOT 分析的时候必须区分公司的现状与前景。

进行 SWOT 分析的时候必须考虑全面。

进行 SWOT 分析的时候必须与竞争对手进行比较，比如优于或是劣于竞争对手。

保持 SWOT 分析法的简洁化，避免复杂化与过度分析。

SWOT 分析法因人而异。

SWOT 分析具体操作 —— 以电商网站为例（见表 8-1、图 8-1、表 8-2、图 8-2）。

我们的网站 www.xxxx.com

"×××"网是国内首家电商平台，致力于打造全国首选网络零售商圈。平台业务跨越 C2C\B2C 两大部分。20XX 年 × 月 × 日，"×××"网正式上线运营。互联网出版许可证：新出网证（京）字 00X 号 京 ICP 备 ×××××××× 号。

表 8-1　自己公司 SWOT 分析 权重 1~5

我们优势	我们劣势	我们机遇	我们威胁
1. 知名度高 权重3 酌情添加一句话说明……	1. 水货、假货 权重5 打击了消费者信息，同时也影响了真品卖家的销售。	1. 政府扶持 权重5 酌情添加一句话说明……	1. 竞品多 权重1 酌情添加一句话说明……
2. 企业形象好 权重2 酌情添加一句话说明……	2. 基础服务 权重2 评价体系和物流是我们网站的软肋，以及信誉的炒作	2. 全民创业 权重5 酌情添加一句话说明……	2. 微信支付强势 权重2 酌情添加一句话说明……
3. 资源丰富 权重1 酌情添加一句话说明……	3. 模式已复制 权重1 竞争环境恶略，电子商务模式的易复制性	3. 国外金融危机 权重2 酌情添加一句话说明……	3. 法律不完善 权重1 酌情添加一句话说明……
4. 便捷购物流程 权重2 酌情添加一句话说明……	4. 商家资源流失 权重1 商家壮大后自立门户，成立自己的电商平台		
得分 =8	得分 =9	得分 =12	得分 =4

△根据我们自己情况，把每一条维度给列举出来。注意坐标轴不限于10，根据实际情况设置坐标轴。权重最重的在5分，最轻的在1分。给每一项维度打分，然后绘制圆。

△根据公司实际情况，选择要不要做每一条的简要说明。为了报告的详细性和准确性，建议添加。

· 日均访问量

· 在线商品数

· 单日交易峰值

· 平均每分钟 商品件 / 分钟

· 我们占市场份额

· 进驻商家总数

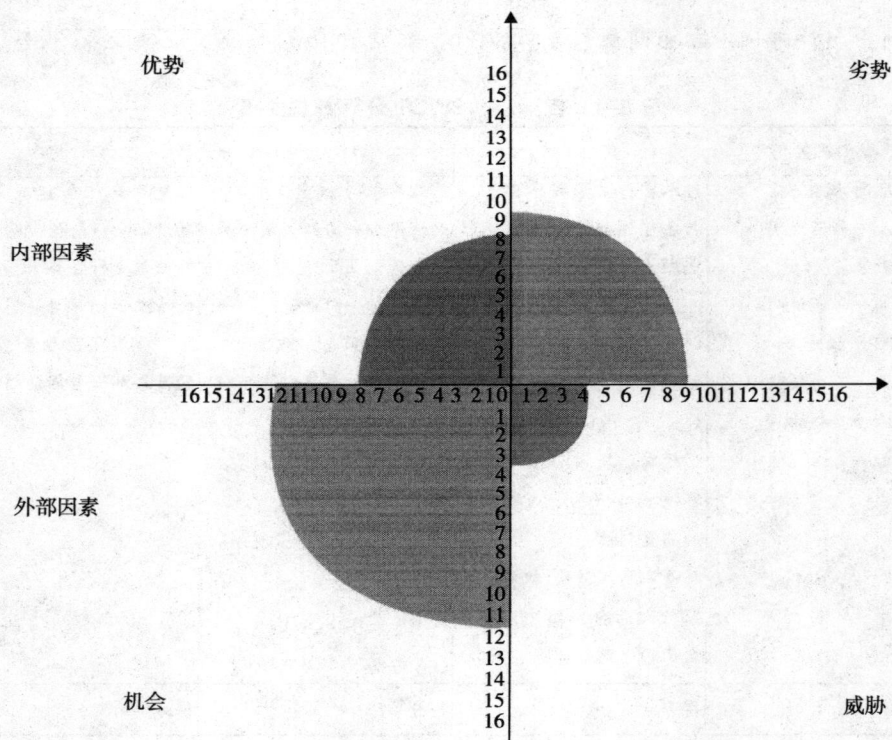

图 8-1　自己公司 SWOT 分析

表 8-2 ×××竞品公司 SWOT 分析 权重 1~5

我们优势	我们劣势	我们机遇	我们威胁
1. 知名度高 权重 3 酌情添加一句话说明……	1. 水货、假货 权重 1 打击了消费者信息, 同时也影响了真品卖家的销售。	1. 政府扶持 权重 1 全民创业, 并未涉及到业务涵盖的范围	1. 竞品多 权重 1 酌情添加一句话说明……
2. 企业形象好 权重 5 酌情添加一句话说明……	2. 基础服务 权重 3 评价体系和物流是我们网站的软肋, 以及信誉的炒作	2. 全民创业 权重 1 酌情添加一句话说明……	2. 微信支付强势 权重 2 酌情添加一句话说明……
3. 资源丰富 权重 1 更多入驻的是企业, 并非个人商品品质可以保证	3. 模式已复制 权重 1 竞争环境并不恶略, 自建的物流系统, 一般企业没有资金能力复制	3. 国外金融危机 权重 3 酌情添加一句话说明……	3. 法律不完善 权重 1 酌情添加一句话说明……
4. 物流迅速 权重 4 自己有完善的物流系统	4. 商家资源流失 权重 2 商家壮大后自立门户, 成立自己的电商平台		4. 垂直类电商崛起 权重 5
得分 =13	得分 =7	得分 =4	得分 =8

△根据我们自己情况, 把每一条维度给列举出来。注意坐标轴不限于 10, 根据实际情况设置坐标轴。权重最重的在 5 分, 最轻的在 1 分。给每一项维度打分, 然后绘制圆。

△根据公司实际情况, 选择要不要做每一条的简要说明。为了报告的详细性和准确性, 建议添加。

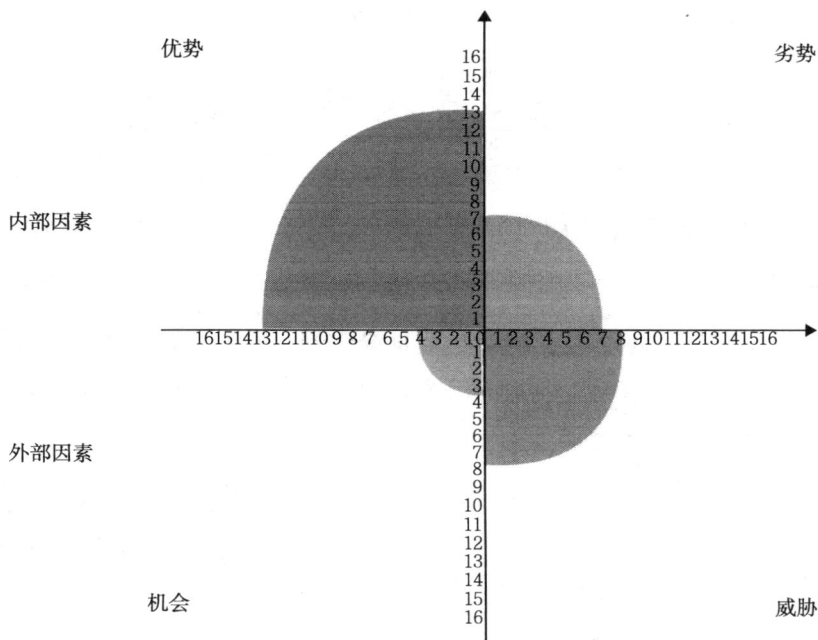

图 8-2 ×××竞品公司 SWOT 分析

我们分析结果以及竞品网站的分析结果最后都通过图形的形式分别展现出来,

可以直观地看到我们和竞品网站在 4 个区间里面的区别（图 8-4）。

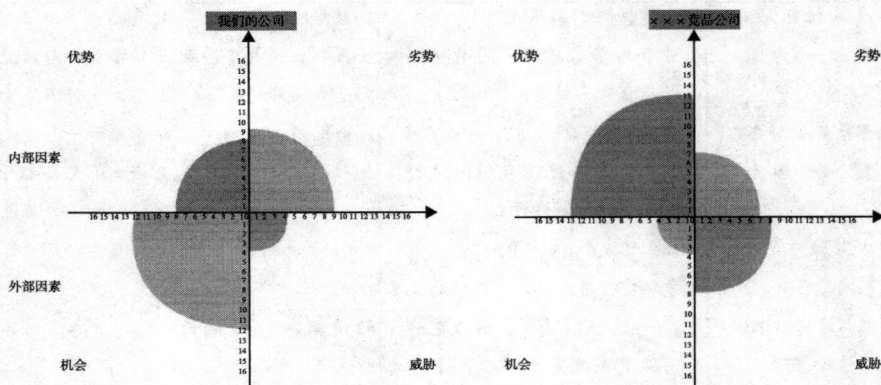

图 8-3　SWOT 对比分析

这个竞品分析图形，就直观地展示了我们和竞品公司在 4 个维度的优势和劣势的整体趋势。我们再基于这样的图形去研究战略打法。

陈述结果：我们的优势比竞品公司大，我们的劣势也同样比竞品公司大，但是我们的机会相比竞品公司小，我们的威胁相比竞品公司小……

基于以上分析，我们可以采取竞争战略。

基于图形分析，我们要把自己的优势发挥得更加突出。做大，做强，把我们"×××"电商网站做成用户上网购物的首选网站。

更精细的分析还有以直接影响消费者购物，比如商品种类、购物环境、物流配送等基础交易服务为核心，以广告、推广服务、交易数据的云计算、信用评价增值业务。举措：调整评价体系、交流流程、商品管理、交易数据、增加支付平台。开放数据、与上游厂商、卖家进行合作开发出更适合消费者的商品，防范假货率，并且主动清理假货，实现商品的质量升级……

这个竞争战略的写法，基本上也是从四个维度的优势和劣势出发去完善。每一点都要有分析和数据支撑为最佳。切忌信口开河，天马行空的提出无法完成的计划战略！！！

（2）竞争分析模型（是由 IBM 公司提出的）$APPEALS：这个方法分了 8 个维度。

$：指客户愿意为这个产品付出多少钱。

A：指获得性，客户整个购买经历，包括他们购买的渠道。

P：指包装，视觉评估 / 捆绑。

P：指性能，需要什么样的功能 / 性能。

E：指易用性，易用性的构成，如安装 / 管理等。

A：指保证，由整个产品 / 服务所提供。

L：指生命周期成本，什么样的生命周期成本考虑影响客户购买产品。

S：指社会接受程度，什么"形象"可以促进客户购买我们的产品？客户是如何获得这样的信息的？

Excel 表格：$APPEALS 分析最后形成表格（见图 8-4）和雷达图（见图 8-5）。

	A	B	C	D	E	F	G
1			权重	我的产品	竞品1	竞品2	竞品3
2	$价格	价格	15%	9	6	7	5
3	可获得性	渠道	10%	8	5	6	4
4	P包装	视觉	10%	6	8	7	6
5	P性能	功能	20%	7	6	3	9
6	E易用	交互效果	25%	5	5	8	3
7	A保证	售后服务	10%	4	3	4	2
8	L生命周期成本	内容	5%	4	4	3	3
9	S社会接受程度	影响	5%	5	3	2	8

图 8-4　$APPEALS 分析法

制作方法：全选→插入→其他图表→雷达图。

这 8 个维度在实际操作中需要根据自己公司的情况做一些调整，并且设置根据实际情况做一个权重的分配。

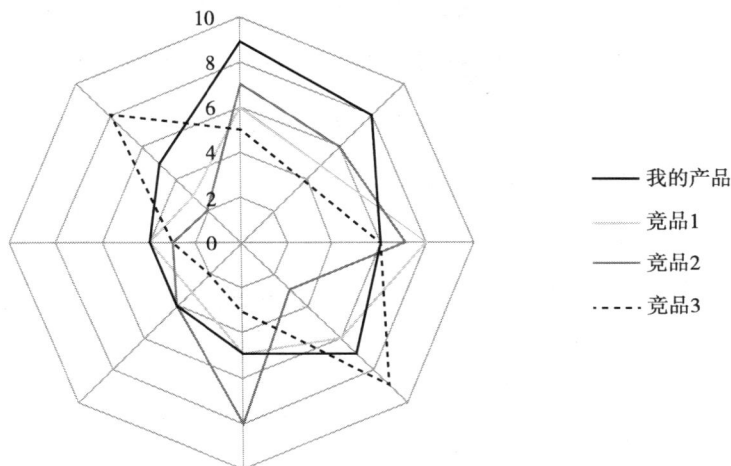

图 8-5　$APPEALS 雷达图

第 9 章　BRD 商业需求文档

9.1　BRD 商业需求文档概念

商业需求文档（Business Requirement Document，BRD）中将展现出怎样的商业价值，如何用有力的论据来说服你的老板或者决策者投资人认可你的项目，并为之慷慨地投入研发资源及市场费用。所以 BRD 文档的核心就是详细描述你的项目商业价值。

优秀的 BRD 文档可以让决策层充分被你的报告观点吸引，或许财务主管会因为报告呈现的低投入高产出的经济效益预测而蠢蠢欲动。

BRD 文档需要产品经理像对待 PRD 一样，充分应用市场调查、用户调研，用户需求分析等各种手段来充分阐述报告的内容。

首先应该把决策层当作你的用户，了解他们心理诉求，讲他们想要听的话。

其实他们的核心需求就是投入最少的钱，获得最大的利益。

下面我们看看各个决策者在聆听 BRD 文档时候关注的不同角度。

战略型: 这类角色一般就是企业的老板（董事长）、CEO（首席执行官）、COO（首席运营官）或直属 VP（副总裁），这类人通常能够为你提供产品在企业内受到足够高度的重视，让你的项目实施畅通无阻，是否纳入 1 ～ 3 年的战略规划，也是这个层面的人说了算。

这一层面的领导通常眼界都会比较开阔，战略眼光高，看得远，想得透，抗风险性强。他们通常不会注重短期效益，而且也不仅仅只是关注单一的"钱"的效益，还包含关注是否是潜在市场或新兴市场，是否有长期投资的价值，未来的趋势是不是很好，风险是什么，等等。

如果你充分掌握了以上这些信息，事实上你的 BRD 获得审批通过就成功了一半了，剩下的就是看你对报告细节的把握能力了。确定报告的大纲，充分论述报告的各方面重点，利用你擅长的沟通表达能力，用最简洁的语言、条理清晰的思路来陈述整个报告的核心部分！

资本型：这类角色一般就是为我们提供足够的产品研发经费，自然以 CFO（首席财务官）、财务总监之类为主。他们关心的是投入产出。

市场型：这类角色一般就是为我们提供未来市场营销和商业运营方面的支持人员，通常以市场总监、运营总监之类为主。他们关心有没有成熟的推广渠道，有没有竞争对手情况，外部环境如何，有没有营销资源，市场占有情况、市场空间有多大等。

如果有成熟的渠道，我们的营销工作就容易开展，如果没有，项目难度就会大增，有可能根本就无法落实。有没有竞争对手，则要考虑我们是先发还是后发，做互联网产品，先发绝对具有优势，如果是后发，还要考虑竞争对手有多强大，他们有没有同类的产品？我们有没有跟他们在市场上直接竞争的实力？如果没有，那我们的差异化在哪里！

外部环境，通常指行业环境和市场环境、政策环境，越成熟的市场环境对新兴项目越不利，而越规范的政策环境也对项目越不利。市场占有情况和市场空间的关注是相似的，就是要看我们有多大的市场蛋糕可以吃。

研发型：这类角色一般就是为我们提供技术性支持的主管，比如技术总监或研发总监之类。他们关心的是技术实现问题。

以上其实就是决策模型。大家要明白，是那些具有决策关键位置的人在听你宣讲，因此，写 BRD 不应该站在自己的角度来写这份报告，充分了解决策层，也就充分把握到了报告编写的要点。站在评审方的角度来写报告，成功的可能性就已经占了很大一部分了。

掌握了关注点，再预演一下 BRD 报告的过程。

（1）会议开始，你总得先给与会的领导介绍一下你的产品要做什么（解决什么问题或满足什么用户需要）。

（2）为什么要做？谈谈背后的原因（背景、市场空间、竞争对手、环境）。

（3）打算怎么做（产品规划、模块规划、研发计划、运营计划）？

（4）需要多少资源（人力成本、软硬件成本、运营成本）？

（5）最终能获得什么收益（带来收入、带来用户、扩大市场、占有市场先机、满足未来三年战略规划等）？

（6）做这个有没有风险（开发失败、失去市场机会、失去先机、竞争不过对手、没有带来收入、没有带来用户、与公司战略背道而驰）？

9.2　BRD 商业需求文档模板架构

9.2.1　产品介绍

用一句话清晰定义你的产品，简单明了切中主题。比如 ××× 产品，将是某某领域具有颠覆性的产品，能为用户带来前所未有的使用新体验等。

简单明确表达产品有什么创新，解决用户哪些痛点，填补了市场哪些空白，如果没有空白，那就讲完善了市场哪些方面。

概括你的产品竞争优势。

概括你需要什么样的团队配置，如果已经有团队，概括地讲你的团队为什么能做出来，需要多少时间。

概括你的产品需要多少时间收支平衡，多少时间产生利润。

概括你需要什么样的资源。

9.2.2　产品商业模式

概述你的商业模式靠什么挣钱，此处最好绘制商业模式画布。

9.2.3　产品市场分析

（1）市场分析文档可以作为附件。

（2）概括宏观行业趋势。

（3）微观细分市场。

（4）切入市场方式，以及如何发展。

9.2.4　竞争对手分析

（1）这个层面的竞品分析在于宏观层面。竞争对手的背景、资本情况、产品线情况等。

（2）我们如何切入进去。

9.2.5　团队

（1）如果有团队，详细介绍团队情况，以及优势，如果没有，那么阐明需要什么样的团队配置。

（2）大概评估出开发周期。

9.2.6　产品线路图

（1）功能模块。

（2）流程步骤。

（3）时间安排。

9.2.7　财务计划

（1）收入来源和渠道。

（2）收支平衡的条件。

9.3　产品路线路

产品路线图的目的很简单，提供一个优化过的产品改进或者新产品的项目清单，并且显示每一个项目上线的时间。一个合适的产品路线图可以从两个角度实现：它首先实现了大目标，并按照公司愿景而打造，同时又可以足够灵活，能适应市场的变化。

好的产品路线图从两个角度实现。一是纵向的产品管理，先概括你的愿景、目标以及满足愿景需要采取的大步骤。但是我们绝不能仅仅只进行纵向的产品管理，因为这意味着你没有注意到市场上发生了什么。二是横向的产品管理，这种办法会考察出现的所有机会。

（1）哪一个想法是你的团队想出来的？

（2）哪些反馈是客户提出的？

（3）你从观察市场或者新客户中学到了什么，通过纵向和横向的方法，才能保证创建出来的路线图既足够灵活的根据市场情况作出变化，同时又可确保你在朝着愿景去开发产品并实现对公司很重要的大目标。

用产品树梳理产品路线图目标：树的主干是核心功能，承载着用户的刚需或痛点，也是完成我们商业目标的核心组成部分。这些目标是否可以在每一个项目中被准确地衡量出并告诉我们是否达到？

举个例子，假设我们的目标是在下年增加用户量。那么这样的计划并不十分有帮助，因为它不可衡量。我们需要给出一个明确的目标，比如将我们的客户数在2017年8月31日前增加到10000个。有了这样明确的目标之后，才能确保所有路线图上的项目都正向实施，树状结构上的主干和分枝都是为了实现这些目标。

目标1	下个月用户增加10000人
目标2	下个季度文章阅读量达到2000+

我们可以跟团队、公司内部不同的利益攸关者甚至客户一起画产品树（见图9-1）。把团队集中起来，收集来自于销售、运营、开发等的不同观点，然后在白板上画出一棵大树来。

树的主干表示核心功能——这是绝对必备的功能，也是你手上现有的功能。树枝表示你可以延伸开的赋予产品更多的功能点，赋予用户更多的使用价值。而树根则表示开发这棵树所需的基础设施。

让每个人头脑风暴一下，把想到的一切都写在便利贴上。然后让每个人把它贴到树上，一起协商这些具体功能或者思考应该怎么发展。

一些东西可能是绝对核心，需要成为树干主枝的核心基础，这些就得先开发。

其他的一些可能就含糊点或者考虑得更远一点，这些就可以放到树枝更远一点的分枝。

作为根基的基础设施也很重要，因为这是开发者有发言权的地方。

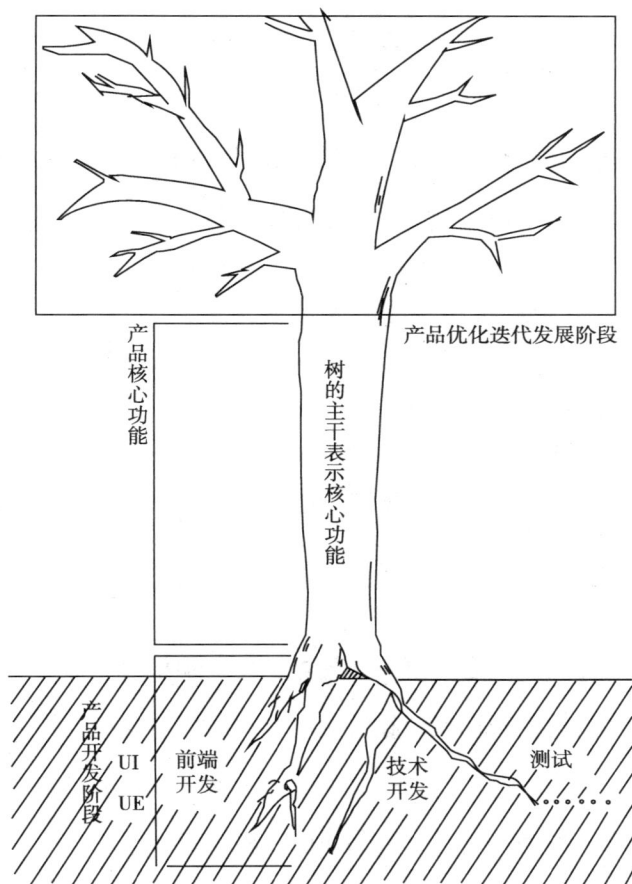

图 9-1　产品树模型

可能有的销售人员会说，我们要是能够实现客户的这个视图功能就好了。如果开发技术人员仅仅是生硬的拒绝，效果不会太好。这时候如果拿这棵产品树做例子说："如果我们想实现这个视图功能，那就得从根基开始修改，投入大量人力和时间，也要冒着改动底层架构导致系统稳定性的风险。所以这个功能是不是最紧迫的，请销售同事深思熟虑后，我们再继续评估。"这样解释的话，不懂技术的同事也会明白，一个功能的满足绝不仅仅是动动嘴皮子这么简单。

最后集体的智慧，我们得到的就是一棵树，也就是你的产品树的图，这棵树是不是平衡马上就可以一目了然。每个人是不是都决定朝着一个特定的方向发展？你的基础设施是不是足以支撑众多新功能需求的实现？这是让大家参与到产品管理中来的一个很好的可视化方法，还可以看看在任何时候都在进行多少事情。

项目清单梳理，产品树画出来后下一步是在一个清单中列出梳理出来的项目或者可能探索的想法。这个清单中的每一项都要和实现上面确定的商业目标有联系。所以写一句话简单描述下每一项是如何推进上述目标的，我们要删除任何不能推动最终目标的项目。

目标 1	下个月用户增加 10000 人
目标 2	下个季度文章阅读量达到 2000+
目标清单	1. 增加分享获得积分功能
	2. 线下推广增加投放量
	3. 文章及时更新
	4. 定期做访谈，关注用户最关心的知识

确定优先级现在是时间思考哪一项先做，哪一项第二个做等了。我们做的路线图以后很有可能会变化，我们也会经常更新它，所以不要担心第一次做的优先级并不完美。不过我们必须开始这个过程，确定每一项的优先级。在过程中我们要注意，每个项目多大程度上推动我们更靠近路线图目标，每一项所需要花的工夫，项目之间的依赖情况。这一步的结果是一个优化过的清单。每一项的优先级从 1 到 N（N 是清单中包含的项目总数）。记住，我们优先级排序的结果中只能有一个优先级排到第一。因为如果所有的优先级都是 1，那就没有意义了。

目标 1	下个月用户增加 10000 人				
目标 2	下个季度文章阅读量达到 2000+				
目标清单	1. 增加分享获得积分功能	优先级	5		
	2. 线下推广增加投放量	优先级	5		
	3. 文章及时更新	优先级	4		
	4. 定期做访谈，关注用户最关心的知识	优先级	2		

目标 1	下个月用户增加 10000 人				
目标 2	下个季度文章阅读量达到 2000+				
目标清单	1. 增加分享获得积分功能	优先级	5	启动时间	会议结束马上启动
	2. 线下推广增加投放量	优先级	5	启动时间	会议结束马上启动
	3. 文章及时更新	优先级	4	启动时间	7 月 24 日
	4. 定期做访谈，关注用户最关心的知识	优先级	2	启动时间	9 月初

　　产品路线图的更新频率不要太频繁。如果你隔几个月就要更新一下路线图的话，那愿景变化就太频繁了。显然小一点的调整会有（也没问题），但不建议频繁大改，这会让团队成员无法真正理解你究竟想要去哪里。

　　产品经理本身应该拥有路线图。这个东西别人不应该随意增删，而管它的人也不应该随便换。他们应该拥有路线图，但他们还应该提供适当的透明度，要理解这是基于很多人的输入做出来的，而不是产品经理一个人说了算。

　　你应该把整个路线图展示给内部团队看。产品经理了解到的有关即将发生的一切都应该让未来要开发或者支持它的人提前知道。在向老板、董事会或者客户展示路线图版本时你可能会想削减一些东西。有时候是因为你不想泄露给竞争对手知道，因为你做的事情的确是很机密的。也可能是因为一些东西很普通，客户或者董事会并不感兴趣。路线图的展示内外有别（稍微不同的版本区别）是很正常的，只要讲述的故事基本一样就行。

　　有了这个树状结构，接下来的事情就简单了。①列出所有要做的新产品以及现有产品待改进的地方。②给出每一项的优先级。③计划何时做每一项。④将路线图分享给其他人。

第 10 章　用户画像

10.1　用户画像综述

用户画像虽然是一个比较新的词汇或者说是概念，但是在传统商业中我们其实早已经潜意识地运用了这些个概念。比如传统店面的选择，我们要考虑人流量，也要根据所经营的类型去选择店面地址。例如，卖寿衣的会把店面位置选择在医院的附近，但是经营潮牌服装的店面就会选择在城市中心的广场。所以虽然都是卖服装，但是差异却相当大。

定义：用户画像是针对目标人群真实特征的勾勒，每个人物角色都是一个人物原型，代表一群真实的人物。每一个人物角色都是用户研究的概括性叙述，这些描绘使得用户研究栩栩如生。在现今公司项目的整个流程阶段，用户画像都是贯穿始终。并不是开发新项目才做用户画像，老项目或者迭代的项目就可以忽视。同时用户画像也不是仅仅给老板看或者产品经理知道就可以了。它需要深入到整个公司员工的内心，让公司所有员工知道自己在为谁服务，为谁开发产品。只有把用户的精准画像时时刻刻深入每个员工心里，贯穿项目的每个环节，我们的发力点才能准确，开发出来的产品才能精准，成功几率才会更大……

因此用户画像是产品经理的必修课，必备的最重要的技能之一。

用户画像模板：

林东是一个前端工程师，最近对工作越来越不满意了，因为大学学的是文科，所以写代码有先天的技术瓶颈。互联网前端技术更新太快，林东感觉跟踪新技术，没有技术的功底很吃力，所以一直计划转行。因为身边的朋友有做产品经理的，所以对这一行有粗浅的了解。知道转行产品经理专业上没有限制。一天下午快下班，林东通过检索，搜索打开 www.kuailexue.net 快乐学产品这个网站，浏览网站上产品经理的知识和课程信息。经过下班前一个小时的了解，他彻底明白了产品经理是做什么的，以及学习的难度。到了下班点，他满意地关上电脑。

回到家中，他给他的老婆说了自己的学习计划，同时又和他老婆一起浏览了快乐学产品这个网站。深入地了解课程安排和学费。最后通过网站的电话，和老师联系确定预约听免费课的时间。

林东按照约定的时间，来到教室，现场试听了老师的讲课。对老师的专业素养和富有激情的现场表现力所感染。还彻底和老师沟通了他所关心的细节问题，比如自己适不适合学，多久能多会，如果学不会怎么办，工作中遇到难题怎么办等。经过一天试听课，带着满意和认可离开教室。心理充满了快乐，对转行也充满了信心。

林东已经决定，将在下周正式开始系统的在实体班学习互联网产品经理的知识。

个人信息

姓名：林东
性别：男
年龄：24
婚否：已婚 无子女
工作：互联网公司前端开发
住址：南五环外集体公寓
收入：16k
社会活动：公司同事之间

用户目标	商业目标	参加职业培训相关信息
通过脱产一个月的学习达到转行的目的	为用户提供免费的核心产品经理知识，吸引用户，最终转化为收费学员	参加过：前端开发培训班 常参加一些专业性主题聚会
		互联网使用情况 深度使用互联网 除了PC，上班路途还会用手机上网。日常商业行为也多通过网络平台电商进行

用户画像能深入项目整个流程、深入每个员工心里（见图 10-1）。

图 10-1　开会现场用户画像

互联网产品的特性是我们和用户隔着一个电脑屏幕，不能直接和用户交流。所以用户和我们是通过设计的页面、规划的架构、梳理的流程进行沟通的。

有一个概念是"通过建立成功的用户体验来达到商务目标"。

所以你认同这个观点，就要明白"用户"与网站的交互过程其实是一种形式的对话或者谈判。这个对话是从用户带着某个特定的目的来访问你网站的那一刻开始的，比如他想"买一台电视"或者"购买电影票"或者"享受音乐"等。凭借你的网站，满足用户浏览你的平台的目标（见图 10-2）。

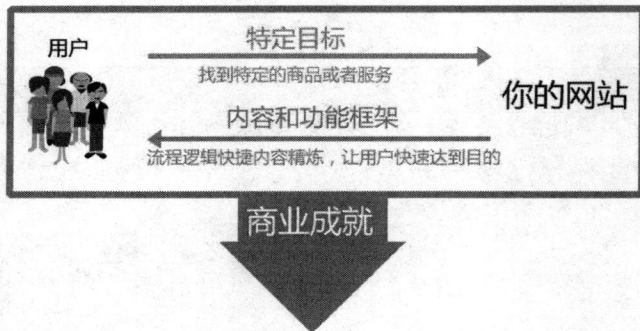

图 10-2　用户和网站交互模型

如果你提供了让用户快速满足需求的便捷流程，那么你的网站就是富有成效并且商业价值极高的。如果不能达到让用户便捷通过流程，快速达到上你平台所要达到的目的，那么网站的发展就会遇到很大问题，甚至面临死亡。

10.1.1　记住两个关键点

（1）用户的观点和你的观点不一样。我们每天花大量的时间埋头在自己的网站，钻研业务，努力实现能够影响收入的功能或者措施，努力想让用户更多的时间停留在我们网站，更多的浏览我们的商品或者内容，彻头彻尾的理解我们的网站以及里面的每一个流程。

但是我们的用户呢？恰恰和我们的想法是相反的。他们总是试着尽可能和我们进行短暂的交互，这样就可以有更多的时间做别的事情。他们没有兴趣也不关心你精心制作的导航系统是如何工作的，我们为之骄傲的闪光点，用户也很少会停下来欣赏它们。

（2）用户和用户之间也不一样。在考虑和讨论用户的时候，很容易会把每个网站的访问者都看成是同样的目标、同样的行为、同样的思维方式。

理智的说，我知道我的访问者各不相同。可是创建单一的环境并理想化的设计适应所有用户需求的功能架构、流程逻辑，却是我们往往无意识或者潜意识去进行的，因为它能简化制定决策的过程。

10.1.2　如何才能了解我们的用户

（1）用户访谈：用户想从网站完成什么目标，是什么激发了用户的访问兴趣，以及我们网站有什么遗漏，是否有可以更好地服务于用户的机会。

（2）可用性测试：显示出在现有架构上，哪些是影响用户完成他们目标的障碍。

（3）网上调查问卷：用统计学的方式去验证已经发现的与用户目标、观点、行为有关的结果。

（4）数据分析：通过流量分析、转化率分析等，研究用户在网站的行为逻辑。

我们将在后面的课程把这 4 个方法如何操作实施，详细地一一讲解。

如果我们已经做了上面四步，该如何把研究结果应用起来呢？

现实中我们往往不加以仔细分析一下调研获取的数据，评判出轻重缓急的级别，找出哪些是最优、最有价值的，确定哪些可以实现的主体和关系，就一头扎进细节里去，结果最终被细节所累。

切记不能错误的把数据认为是唯一真理。对数据不加处理的放任取用是可怕的，太容易被当成既定的事实。原始数据是最粗糙的原始材料，需要梳理和清洗才能被使用。

10.1.3　数据分析必须是可以实施的

（1）更全面而不是只关注片面：光知道有 36% 的用户在某个特定的页面上放弃了注册是远远不够的，你还需要把他和其他信息放在一起综合分析。哪些用户正在离开我们的网站，为什么他们会这样做，有什么办法能够改变这个情况，所以仅仅依靠 36% 用户这个数据，是远远不够我们了解整个来龙去脉的。

（2）结果的共享：我们产品经理做出来的调研报告，一定要是一个简练的、易于记忆的报告，这样才能快速的把结果深入到团队每个成员心里，让每个成员都能在工作中应用到。

（3）可实施：用户调研的结果只有在可以实现的时候才是有用的。知道 30% 的用户在 30~45 岁之间，对决定设计这个网站没有多大的影响。但是知道由于不能提供某个功能，你的网站用户会流失 30% 这才是最有意义的结论。

10.1.4　基于用户研究成果进行决策

（1）网站提供什么功能（用户需求）：网站提供什么功能，不是老板或者董事会拍脑袋决定的，而是由用户需求决定的。所以根据用户调研的各种方法梳理出来的需求，确定优先级别、定义网站功能、内容，是最根本的准则。

（2）他将如何运作：有了功能频道，我们就要确定平台架构目的是让用户找到他们所需要的。如果网站架构、导航搜索、没有像你的目标用户期望的那样工作，用户就会流失掉。有了功能和架构图，接下来就是交互流程的设计。

（3）网站展示什么（内容）：包括文字、图片、视频等一系列能和用户沟通、良好传达网站所要向用户表达的内容。这里注意要用目标用户所能接受的语言交流方式、行为方式……

（4）视觉：视觉是我们项目的后置环节，但是用户最先感受到的。所以也是相当重要的一个部分。要通过目标用户所能接受的、喜欢的样式去展示我们想要表达的内容。包括设计、版式。

下面给大家讲一下我朋友林东学习前端的故事。

我有一个朋友是做前端的，他最近计划学习产品经理课程。他的经历再次提醒我理解用户的重要性。

林东是一个 24 岁的前端工程师。关于转行这件事，他也思考了很久。没事的时候喜欢看看新闻，浏览招聘网站，关注下哪个行业发展前景大、薪水高，还会和从事产品的朋友聊聊产品工作。然后憧憬自己可以逃离枯燥的编写代码的工作，做一个项目的主管，管理整个项目和团队。他已经工作两年，直到现在薪水越来越不如意，才开始认真考虑转行的事情。现在他差不多决定了，因为有些积蓄可以支撑他学习。

林东是个很有计划的人，他评估了自己的财务状况，收藏一些产品学校。但是他还有些紧张，不知道能不能学会，应该从哪里入手。是先自学一下，了解大概知识结构，还是直接去交学费学习。同时也对社会学校的教学质量担忧，害怕花钱又学习不到东西，达不到转行的效果，于是经常陷入纠结之中。

最后他打开收藏的感觉最好的学习网站，带着以下几点自己的疑问浏览网站。①产品经理都是做什么的？②学习需要什么条件？③怎么能学会？④学不会怎么办？⑤能不能找到工作？⑥学费贵不贵，时间长不长，学校离家有多远……

前面讲的这个朋友，其实我撒了一个谎。林东不是我的朋友，甚至不是真实的人，他是我塑造出来的。林东代表的是访问学习产品网站的典型用户。研究表明，当说到学习产品经理或者职业培训网站的时候，大部分人都有同样的目标、行为和观点。

于是我们建立林东来代表这种类型典型的用户，即林东就是一个"用户画像"。

用户画像：用户画像是针对网站目标人群真实特征的勾勒。每个人物角色都是一类原型，代表一群真实的用户。它是概括了用户研究的结果，并使得研究成果由数据变成栩栩如生的人物。然后公司根据这些用户画像的需求，而不是公司的需求去做决策。在考虑网站上哪些功能，或者做那些改版的时候有依据的做决定和规划。一个公司不可能只有一个用户画像，但是也不会有许多用户画像。根据公司规模大小，用户画像一般在 1~6 个之间。每一个画像能代表一个细分的用户群体，一组用户画像能涵盖整个业务体系的客户群体。

用户画像必须具有 3 个特点。

（1）每个用户画像能代表你所关注的真正细分用户。即我们的用户访谈都要是准确的真实用户，才能代表我们所关注的真正用户，否则用户访谈出来的结果就会有很大偏差。如果因为找不到真正用户进行访谈，而只是从身边找亲友、家人代替用户，那么出来的结果基本是无用的。

（2）用户角色的"属性"和"描述"是完整的。只有角色的属性和描述是准确、完整的，才会在项目中起到参考和决策的作用。比如人物的属性是 30 岁互联网白领，我们就能判断和接触的渠道用户，以及用户对互联网应用的熟练程度和接纳程度。又比如，完整描述出用户的思考方式和习惯，我们就能判断出哪些信息用户是感兴趣的，哪些信息对用户来说是无用或者讨厌的。

（3）一个用户画像能涵盖一个细分的用户群体，一组用户画像能涵盖整个公司业务体系用户。怎么确定哪些人是我们寻找访谈的对象，就像之前讲的"林东"，他带着非常具体的目标来访问网站。这些目标很明显地表明了他所需要网站提供的"功能"和"内容"是什么。而网站的另外一个群体也会有完全不同的目标。比如已经从事产品经理工作的同学，想要更"深入的学习"，或者解决"某个特定的问题"，就需要完全不同的功能和内容来承载这部分用户群体的需求。

所以完全不同的目标意味着完全不同的"用户画像"。

用户目标决定网站功能和内容，"用户行为"则决定网站的功能和内容如何工作。

最后针对用户的目标来完成我们的商业目标。即服务用户，让用户所做的事情，与公司所期望的事情保持一致，为每个人物角色设计商业目标，可以确保公司的终极目标。因此建立和用户的对话并将其转换成商业目标，是我们最终的目的（见图10-3）。

用户画像有以下 4 个好处。

（1）能让团队成员更加专注：我们不可能建立一个适应所有人的网站，成功的商业模式通常只针对特定的某一个细分用户群体。

（2）用户画像能引起团队成员共鸣：你不是你的用户，同时由于对自己的网站过于熟悉，就会本能的基于自己想法做决策，"我认为……""我觉得……"。所以用户画像能帮助团队成员从用户的角度考虑问题，使大家达成一致和共鸣，促进意见统一。

（3）创造效率：避免很多不必要的扯皮。

（4）带来精准的决策：决策更加有准队性和精准性。

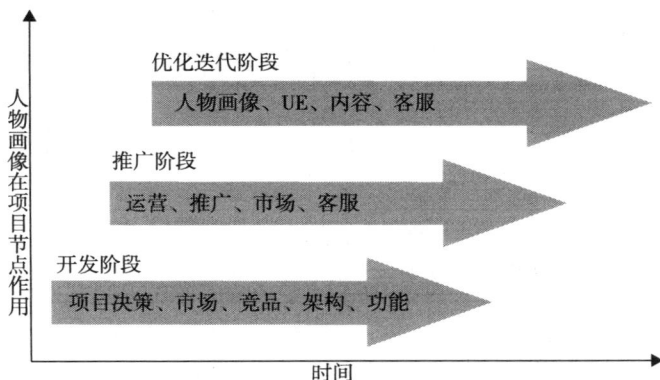

图 10-3　用户画像作用涵盖项目各个阶段

10.2　用户画像创建方法综述，进行定性的用户研究详解

10.2.1　用户画像创建方法综述

你真正想了解的内容是什么？这是你应该考虑的第一个问题。同时它的答案决

定你应该采用哪种研究方法，因为特定的研究方法是为发现特定的信息而量身定做的。认识用户研究方法有 3 种，第一种是定性；第二种是经过定量验证的定性；第三种是定量。

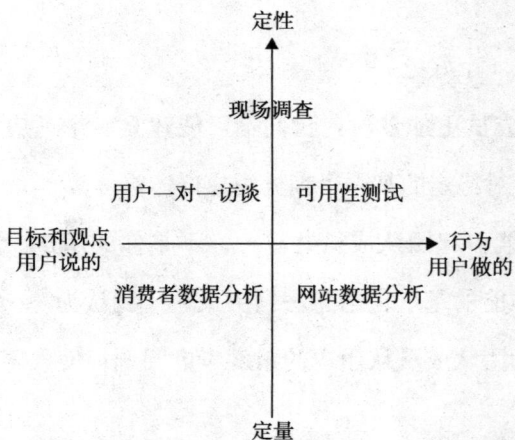

图 10-4　用户调研四象限模型 I

首先我们先来看两个概念"定性"和"定量"。

"定性研究"即从小规模 5~10 人的样本中发现问题的方法。"用户访谈"和"可用性测试" 都属于定性分析。定性研究的结果，因为数据量少的原因偏差性很大。但是可以根据结果进行下一步的测试和验证（见图 10-4）。

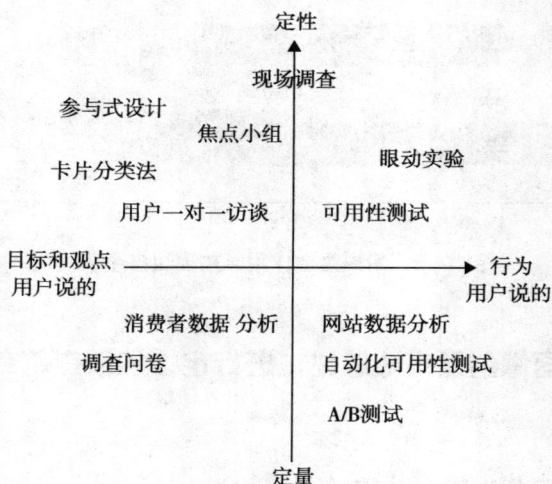

图 10-5　用户调研四象限模型 II

"定量研究"是通过大量的样本数据进行分析研究，数据分析、调查问卷都属于这个范畴（见图 10-5）。定性研究适用于讲述为什么发生这样的事情，比如可用性测试显示一些用户不能理解导航中使用的术语。定量研究是去佐证定性研究的结果准确性。

这两种方法是用户研究的根本。

"人们说了什么很重要"，因为揭示了用户的"目标"和"观点"。目标（演变为网站功能）触发了用户和网站之间将要进行的对话。

"人们做了什么同样重要"，因为揭示了用户的"行为"。行为（演变为功能流程）决定用户和网站之间要进行友好快捷的对话。这里提一下"可用性测试"。我在做项目时经常遇到用户在做"可用性测试"的时候费了很大力气，才完成一个任务。然后他们会声称这个任务很简单，其实用户为了不让自己显的那么愚蠢，会刻意隐藏自己的感受。所以人们说的和做的有时候并不一样。这就需要我们保证对用户说的和做的都有清楚的认知和理解，否则我们就会在调研中出现偏差。

我们也会在二维矩阵中添加更多的方法，同时每个方法之间也会有很多交叉点。所以我们在做用户调研的时候，先停下来想一想自己到底要得到什么结果，再确定使用什么样的方法去做用户调研。

10.2.2 定性人物角色

定性用户画像如图 10-6 所示。

（1）进行 1 对 1 的访谈。这是企业传统的常用方法。那么这里有几点要注意一下，就是最好有单独进行访谈的空间，尽可能少的减少用户之间的干扰，避免从众心理使我们的调查结果出现偏差。

（2）在定性研究的基础上细分用户群体。细分群体的基础维度是用

图 10-6 用户调研四象限模型 III

户的"目标""观点""行为"。这个过程就是回顾用户的访谈笔记或者录音，然后基于目标将用户细分成"从零学习""深入学习""解决特定问题"等。

（3）为每一个细分群体创建一个用户角色。当为用户的"目标""行为""观点"加入更多细节后，每一个细分类型的用户群就会发展成为一个用户画像。而在赋予他们姓名、年龄、照片、等人口特征的信息以及场景等更多资料以后，承载一个细分用户群体的用户画像就会变得栩栩如生。

优点：成本低廉，时间快，需要专业人员少。

缺点：没有量化争取，结论会有偏差。

10.2.3　经过定量验证的定性用户画像

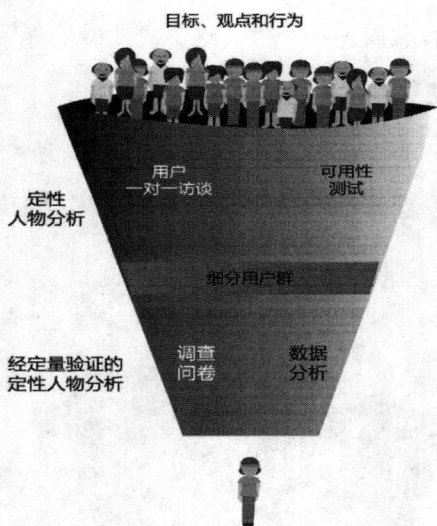

图 10-7　用户调研四象限模型Ⅳ

经过定量验证的定性用户画像如图 10-7 所示。

（1）进行 1 对 1 的访谈。

（2）在定性研究的基础上细分用户群体。

（3）为细分群体创建一个人物角色。

优点：量化的证据可以保护人物角色。

缺点：成本相应高，额外工作多。

10.2.4　定量人物角色

定量用户画像如图 10-8 所示。

（1）进行 1 对 1 的访谈。

（2）在定性研究的基础上筛选细分用户群体。

（3）为细分群体创建一个人物角色。

优点：人与技术的完美结合，可以检查出更多变量，结果可靠。

缺点：耗费人力大，时间周期长，一个周期在 3 个月以上，成本高。

最后我们再次总结：因为人的大脑最本能的反应是会对人物的故事情节产生反应，并会被情节所带领产生"情节惯性思维"与之产生理解进而共鸣，并且以故事主角的身份重述和归纳。

这就是一定要在团队中梳理形象鲜明的用户画像原因。因为这个人物画像可以在众多团队成员的脑海中形成这种"情节惯性思维"，从而引导团队各个部门不同职责的成员在参与项目的不同维度中能为同一个目标去奋斗发力（见图 10-9）。

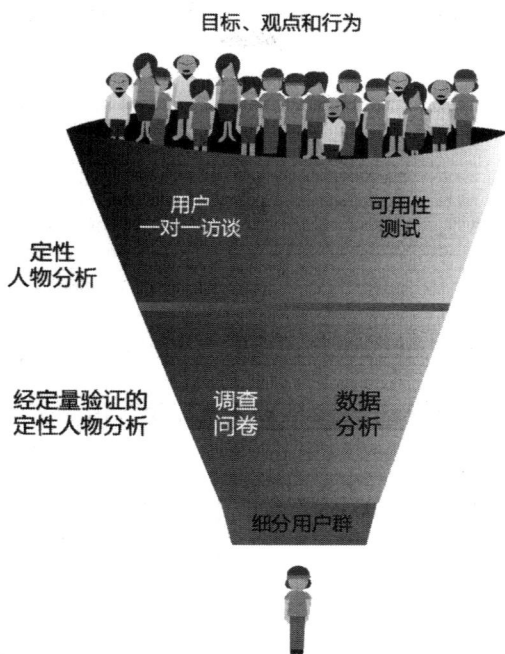

目标、观点和行为

定性人物分析

用户一对一访谈

可用性测试

经定量验证的定性人物分析

调查问卷

数据分析

细分用户群

图 10-8　用户调研四象限模型 V

图 10-9　项目会议

10.3 进行定性的用户研究方法详解

定性研究完全就是在寻找一个故事。你遇到故事中的人物，聆听关于他们的目标和行为的主要情节，然后通过他们讲述故事的方式，找出对方的观点，理解并产生共鸣，最终用用户画像来归纳和重述他们的故事。

这里揭示一个方法，即 1 对 1 的访谈是进行用户定性研究的重要方法。除了 1 对 1 的访谈，进行定性研究的另一个方法是可用性测试，它用来观察用户是怎样使用你的网站去完成任务的，以便了解现实的行为和障碍。

我们要注意一点，定性研究的特点是"聆听和理解并且描述个体声音"，所以减少外界的干扰单独进行很重要。

⇒如何进行访谈

每次与一个客户的对话，可以以非正式的、松散的谈话方式进行。切记不要将一个个刻板的问题清单读给客户听，否则最终得到的结果会出现很大偏差，也不容易找到我们想要的答案。所以每一次访谈我们都要作为倾听者，去理解用户的目标、观点和行为。

客户的选择上我们也应该把范围扩大，尽可能选择与最大范围内的不同用户进行对话，定性研究需要的是广度而不是深度。

现在面临是先有鸡还是先有蛋的问题。现实中我们往往直接选择细分用户群体进行对话，但是现在你却还不知道哪些是细分群体，因为可能你的产品形态还处于模糊阶段。所以要怎么样才能保证，你选择的对象刚好就是每一个细分群体的代表呢？现阶段你是无法保证的，因此选择最大范围内的不同用户，是用户选择的规则。

在寻找用户范围的时候得到用户的目标、观点、行为，会比得到一堆年龄、收入和人口统计特征的信息更重要。人口统计特征信息在这个阶段并不能帮助你去细分用户画像。

另一方面，访谈的用户选择上忠实用户（积极用户）要占一定比例。如果你是新公司新项目还没有用户，那么可以选择经常使用同质类型的网站的用户。他们非常活跃，更容易提供有价值的反馈，并且更擅长提出新的想法和见解，因为他们参与感很强，同时更愿意投入思考。

（1）利用公司的用户名单寻找访谈对象。

（2）利用同事、朋友寻找访谈对象。

（3）到用户所在的地方去寻找访谈对象。

（4）第三方公司介入。

访谈人数越多，结果就越精准。但是限于时间和成本的因素，我们进行用户访谈一般的人数控制在 3 批次，5 个用户为一个批次，每一个批次尽可能地代表一个细分群体。如果你已经和 15 个用户进行了访谈，但是从第 12 个开始已经得不到任何新信息的话，说明访谈已经可以结束了。如果访谈了 15 个用户，依然源源不断地得到新的目标、行为、观点这样的信息，就要决定继续扩大访谈范围了。

访谈最好在周围环境干扰最少的地方进行，同时不要打断用户的描述，我们做的只是观察和记录，最好有录音笔，甚至可以用摄像机。

每次访谈的时间不要超过一个小时，因为一个小时之后用户的注意力就会分散，开始无意识地想要尽快结束对话，造成访谈质量的下降和结果出现偏差。

预先设计一份访谈主题清单，这是本次课程最重要的环节。

切记访谈主题清单并不是刻板的调查表，这个主题清单是为了我们有效引导用户自己讲述故事的。

⇒访谈主题清单模板

1. 企业历史单元

a. 什么时候知道我们网站，怎么知道的？

b. 初次与网站接触的原因是什么？

c. 初次接触知道我们网站的方式是什么（渠道、商店、搜索、论坛、软文……）？

d. 初次访问网站是什么时候？

e. 什么原因促使第一次访问网站？

f. 带着什么目的来访问网站，有没达到目的？如果没有，为什么？

g. 对网站的第一印象是什么？

h. 哪些因素促使你再次访问网站？

l. 访问网站的频率如何？

j. 是否会注册，然后学习更深入的知识？

2. 行业知识

a. 描述你对产品经理的认识。

b. 对自己投入学习成功的信心。

c. 选择同类型别的网站的原因。

d. 什么时候使用别的网站？为什么？频率是多少？

e. 为什么喜欢那些网站？为什么不喜欢那些网站？

f. 与同类网站相比，你如何评价优点和缺点？

3. 目标和行为

a. 最近一次访问网站都做了什么（详细步骤）？

b. 访问网站经常的过程是什么？

c. 哪些功能使用的最多？哪些功能试用的最少？为什么？

d. 网站上哪些功能他们喜欢，却做不了？

e. 网站上哪些功能他们希望更简单，哪些页面希望不要隐藏那么深？

f. 是否使用其他渠道来替代上网站要达到的目的？

4. 观点和动机

a. 什么情况下会推荐给朋友？

b. 怎么描述使用网站的过程？

c. 这个网站的 Banner 或者传单是不是你最不关心的信息？

d. 网站上哪些功能他们最不喜欢，哪些是最喜欢的？

e. 网站上哪些功能他们希望更简单，哪些页面希望不要隐藏那么深？

f. 什么原因促使他们频繁使用这个网站？

g. 对于新功能或者我们提出的新想法有什么反馈？

⇒访谈的输出

当做完用户访谈，我们要输出《细分用户候选选项》报告。

首先汇总所有的访谈资料，得到一个用户对于目标、行为和观点的总体列表。然后梳理这个列表，把可能用户、细分用户的选项进行标注。

⇒可用性测试

可用性测试是一种观察用户行为的经典定性研究技术。让用户坐在电脑面前使用你的网站，每一个用户需要完成指定的任务。我们在旁边观察他们会在哪里遇到障碍，用户也会常常补充一下他们自己的看法和建议。这些补充我们也要记录在案，因为这些也可以梳理出用户的目标、观点和行为。

如果还没有网站，可以进行开放性的可用性测试。这就不是提供某一个任务给用户，而是询问他们通常在同类型的网站使用的情况和过程。然后让用户具体演示一遍。远程桌面也是一种不错的调查方式，因为用户在更加轻松的自己熟悉的环境中进行操纵，我们得到的数据变差更小。

修改草稿只需要橡皮，修改产品则需要铁锤，所以不要怕麻烦，可用性测试在产品原型阶段就要着手开展。

我们不是用户，很多时候团队讨论问题总会说我觉得用户是这样做的，我觉得用户那样做的，但是都是主观的感觉。只有进行了真正的用户可用性测试，即通过观察用户的使用的产品过程去发现产品存在的问题，我们才发现，"哦，原来用户是这样的……"

⇒**具体操作流程**

设计任务：能够反映出核心操作的典型任务→招募用户：5 名有代表性的用户→进行测试：观察用户操作并且记录→分析问题：找出严重干扰用户操作的问题，制定优化方法。

设计测试任务该注意些什么?

用户在实际使用产品时,考虑的是使用目标,而不是具体的操作功能。测试任务一定要反映出用户真实的使用目标,这样才能测试产品的可用性。

(1)引导性过强的任务设计很难达到目标。比如,要测试一个 "收藏功能是不是易用",如果把任务设计成"请你找到喜欢的文章,点击收藏",那么会使得测试变成考验用户眼神好不好,是不是能发现那个按钮。 把任务改成"有篇文章你很喜欢,以后还想找到它你会怎么做?"这样更贴近用户真实的使用场景。

(2)尽量选择最频繁、最重要的任务进行测试。用户的疲劳感会在一个小时后开始产生,所以控制测试的时间和效果尤为重要,时间在30~50分钟,任务在5~8个比较合理。

(3)符合正常的操作流程。比如,在测试写博客网站时候,测试任务设置为"登录""撰写标题""撰写文章""插入图片""插入音乐""发表文章"就比较合理。如果打乱顺序,会使用户感到茫然。

(4)测试用户的选择。选择有代表性的用户、真实用户最重要,不要选择从来不使用我们产品的人来测试,因为他们不是我们的目标用户,因此他们的测试结果不具有任何作用。一轮测试的用户数量在3~5名为宜。

(5)测试过程中注意几点。①不要引导性过强;②操作行为永远是重点;③不要忽视现场反应;④考虑使用场景;⑤给予测试者一定的报酬。

⇒问题的分析与改进

零散的结果不便于我们分析,量化的标准可以帮助我们定位问题。

问题出现的频次:出现该问题的参与者数目→严重等级:此问题对任务完成的影响程度→优先级:(问题频次 × 系数)/ 总参与人数→违反的可用性准则:根据项目性质制定可用性准则。

可用性原则如表10-1所示。

表 10–1　衡量测试暴露的问题违反了哪些可用性原则

准则	描述
符合用户使用需求	产品所具有的功能需用来支持用户特定的需求
易学性	对于新手或者间歇性用户来说，要易学，易理解不容易遗忘
一致性	减少在不同环境中因词语、结构、形式等不同而导致用户不必要的思考和错误
易于辨识	在看到每个内容组织时能容易快速定位想要的内容
有效的反馈信息	在用户进行某个操作之后，需要有相应的反馈通知告知用户操作结果
方便快捷	能用最少的步骤让用户达到需求
预防出错	降低用户错误操作的可能性
容错性	允许用户进行尝试和出错，并且出错不会对系统造成破坏性影响。可以顺利从错误中恢复
再认而不是再现	尽量让用户选择而不是回忆
符合认知习惯	不违背用户的认知和操作习惯
用户自由控制权	出错时用户不需要做多余的动作，而有紧急出口允许撤销和重做
帮助和说明	必要的帮助和说明

在看到每个内容组织，如表 10–2 所示。

表 10–2　为问题严重性做一个排序：严重等级评估

严重等级	描述	界定标准
1	不可用	用户不能以及不想使用产品的某个部分
2	严重	用户可以使用产品某某一部分，但是是使用过程中常遇到很大问题无法进行
3	中等	用户大多数情况下可以所使用产品，但是需要付出一定时间琢磨
4	轻微	问题仅仅偶尔出现，并可绕过或者不有影响使用，也可能仅仅是外观的问题

编号	问题描述	优先级	违反可用性原则	严重等级	问题频度
1	用户支付方式不方便导致无支付意愿	7	方便快捷	4	4
2	活动内容不易识别	7	易学性	3	3
3	活动流程复杂	4	易学性	4	2
4	兑换成功页引导不符合用户期望	5	符合认知习惯	2	1
5	活动标题无详情页	2	预防出错	1	1

什么是 AB 测试，如图 10–10 所示。

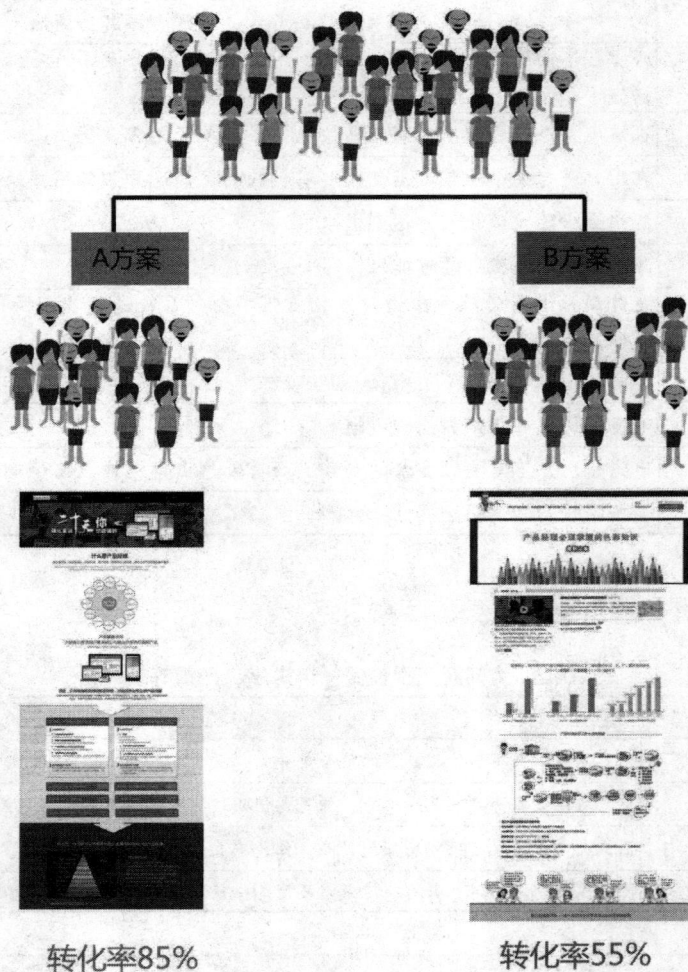

转化率85%　　　　　　　　　　转化率55%

图 10–10　AB 测试模型

（图片来源：www.kuaile xue.net 官网新老版本）

　　什么是灰度发布测试，灰度发布是一种平滑过渡新版本的方式，将旧版本保留，新版本先在一部分用户中使用，然后观察用户的反馈和产品数据。如果用户反映良好再整体上新版本，如果用户反映有问题，那么定位问题，并及早解决问题（见图10–11）。

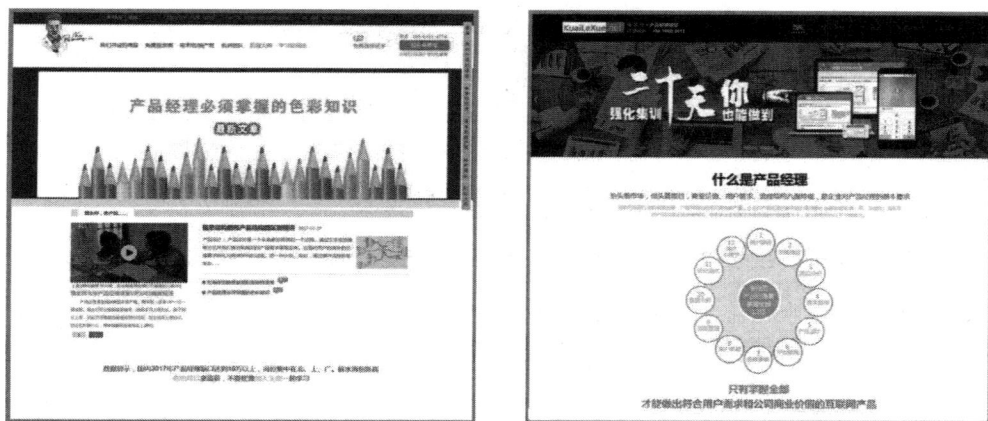

图 10-11　灰度发布

（图片来源：www.kuailexue.net 官网新老版本）

这就是我们这节课讲的定性的用户研究，最后总结一下。

（1）进行用户 1 对 1 的访谈，时间控制在 1 个小时内。

（2）人数在 3 批次 15 人，尽量涵盖大范围内的用户。

（3）准备好主题清单，不要打断用户，以用户叙述为主，我们做记录。

（4）做可用性测试。

（5）出《细分用户候选选项》报告。

项目实操：一对一访谈

进行一对一的访谈，用摄像机或者录音笔记录用户的描述。这里我们要注意，一对一的访谈目的是获得关于用户目标、观点和行为的描述。用户边界和访谈范围要的是广度。获得的描述要足以支撑我们做出细分用户群体。细分维度要足够明显。

下面是一个一对一访谈的案例。

1. 是什么促使你了解这方面信息，产品经理培训这方面信息？

用户：因为想提高，目前工作也三年了，觉得遇到了瓶颈。想要找专业的培训学校深入的学习提高一下。

2. 通过什么渠道知道北京产品经理课堂？

用户：同事朋友介绍。

3. 初次接触网站的时间?

用户:2017 年 7 月。

4. 访问的目的是什么?

用户:看看培训的课程、了解老师的讲课水平。

5. 我们网站推荐的产品课程性价比如何?

用户:浏览了几次,觉得并不是自己想要的。因为没有重点知识讲解,感觉是针对零基础的。

6. 有没有解决你想报名的要求,或者哪些信息内容促使你最终决定报名?

用户:和老师打电话沟通,觉得老师人不错,然后又在网站看到老师讲课录像,彻底下了决心报名上课。最后又和老师打了一次电话,觉得自己从前的工作没有章法,所以觉得应该来学习一下系统的产品经理的工作方法。

7. 网站有哪些优点?

用户:上课的录像可以更加直观地看到老师的水平,网站上没有特别的优点。实体课的服务不错,每次上课都有材料也有视频资料。

8. 访问频率如何?

用户:只是访问了两次,上课之后再也没有访问过。

9. 如果有注册功能会注册会员吗?

用户:不一定,要看网站往后的工作,需不需要完善产品经理的知识。或者说网站的内容能为我的工作提供多大的帮助。

10. 网站提供的免费课程有用吗?

用户:不太有用,因为可以看的内容太少。

11. 你心目中的比较喜欢哪部分?

用户:比较喜欢视频课程的部分。因为可以有指引的学习。大篇幅的文字没有兴趣看,很容易累,看不下去。

12. 直播课、录播课、实体课你更喜欢哪种类型?

用户:实体课 > 直播课 > 录播课。

13. 刚才说过您也浏览其他网站？能说说您浏览其他网站的原因吗？

用户：主要是横向对比一下，看看课程体系还有没有更好的选择。

14. 您访问网站的频率如何？

用户：基本不访问，因为提供的内容太过于表面，没有深入的讲解。

15. 您最近一次访问是什么时候？

用户：决定上课前。

16. 能讲讲您看了什么内容吗？

用户：还是又看了一遍视频课，为最终决定让自己再评估一下。

17. 回忆一下观看视频课程的步骤是什么？

用户：上平台→首先看到 BANNER →然后就在下面看到视频课程的内容。

18. 进入网站后一般都做些什么操作？

用户：看课程，具体的知识点。

19. 有明确需求去上网站吗？

用户：当然有明确的需求才去上网站看，不过现在这个网站确实没什么值得看的。如果网站有专业的知识讲解，我想会去不停地看和学习。

20. 进入网站后您一般的操作是什么？

用户：看 Banner、看班级安排，看看班级是不是和自己

21. 您喜欢网站的哪些功能，哪些不喜欢？

用户：视频课程，网站架构太少，谈不上不喜欢，可能对零基础的人有用，对我用处不大。

22. 如果有推荐的课程，您愿意注册吗？

用户：愿意，意愿不强，主要还是看推荐的课程有没有我想要的。

23. 哪些功能您希望简化？哪个频道可以删除（对你来说是没用的）？

用户：暂时没有，如果非要说一个，我希望能便捷的在线学习，比如上下班可以用手机随时看课程。

24. 如果有 App 并且可以随时随地学习，你愿意下载吗？

用户：愿意。

25. 如果有 App 和 PC 版，你更愿意使用哪一版本？

用户：如果只是宣传的，我更愿意用 PC 版，如果有视频课程，我想我更愿意选择 App。

26. 在什么情况下用 App？

用户：可以随时随地，碎片化随时学习。

27. 会把网站或者老师介绍给你朋友吗？

用户：会的，因为老师讲得不错。

28. 再总结一下我们网站能给你带来什么？

用户：目前只是让我简单的了解课程架构，然后视频课程呢，也只是了解一下大概，其实网站也做得有点草率，部分细节不正规。

29. 对我们有什么建议？希望增加哪些新的功能？

用户：希望开设针对我们有工作经验的课程体系。或者说，我就想学习用户画像或者心理学，可以单独开课。

10.3.1　生成细分的人物画像

我们再一次回顾一下上一节做的一对一访谈，最后生成的标签。

基于用户的目标、观点、行为、时间等维度梳理出标签。

想转行拿高薪，零基础转行，对比多家机构，了解课程和学费，害怕被骗，害怕学完不能就业，了解课程和上课安排，上课地点，同学人数，学习多长时间，能不能兼顾上班，有基础深造，课程深入讲解还是粗浅表面，老师的水平资历，横向评比，最好能在线学习，有专题知识讲座，能扩大圈子，上课时间灵活，有问答能解决针对性问题，学费贵不贵。

对于互联网公司而言，我们设计的是能满足用户某一需求目的，并具有商业价值，即变现能力的网站。因而我们应该关注、揭示用户如何使用网站的属性：目标（用户想要达到什么自身需求）、观点（用户如何看待这个事物或者经历）、行为（他们是怎么做的）、达到满足自己目的，并且愿意为更深层次的使用价值付费。

这里再次强调一个公司按照规模，用户画像在 2~6 个最为合理。

当开始提炼细分用户群体的时候，先问一下自己：

（1）这些细分群体可以揭示已知的关键差异吗？

比如房地产网站，如果以"访问频率"来细分用户，那么就应该问自己，这种细分能否解释为什么有些用户使用"公寓搜索"而另一些用户使用"房屋搜索"功能。在发现这种细分不能合理解释之后，我们换另外一种维度"用户目标"来代替"使用频率"。然后我们就可以解释为什么有些用户用"公寓搜索"，有的用户用"房屋搜索"。

（2）这些细分群体已经足够不同了吗？

"人物画像"的原则是独一无二地解释一个群体。所以如果两种细分用户在使用习惯、需求、思维方式、行为上都相同，仅仅是因为年龄、性别这些人口特性上有不同，那么这两种细分其实就是一个细分群体。

（3）这些细分群体像真实的用户吗？

即每一个细分的"用户画像"能让团队成员快速的联想到一个具体的、真实的用户。只有达到这个目标我们的人物画像才算成功。如果一个"人物画像"在团队中产生歧义，不能快速定位到真实的用户，那么这个细分的人物画像是失败的。所以人物画像是细分群体的代表，同时也是一个真实的用户。

（4）这些细分群体可以很快地描述出来吗？

（5）这些细分群体能覆盖 90% 以上的用户吗？

（6）这些细分群体如何影响决策的制定？

10.3.2　创建定性细分

通过用户想要达到什么目标来分组，是定义用户画像的最有效方法，因为每一个用户都是带着某种目的来浏览网站的。即便是随便看看，其用户心理也是隐含着各种各样设想的潜在目标。在列举细分群体目标的时候，我们要考虑目标和需求的关系，这样有助于找到正确的目标级别。

我们设想一个对话场景。

产品经理：你现在在做什么？

用户：我想了解产品经理课程。

产品经理：为什么？

用户：我想转行。

产品经理：为什么。

用户：我想拿高薪水？

产品经理：为什么？

用户：因为有了高薪水，就可以买房，生活得更快乐……

所以用户是从分散性的尝试达到某个目标，最后在目标级别树上走得越来越高，并最终到达终级快乐。

终级目标太过泛泛，底部目标又太过于琐碎，这两种对于区分细分用户群体目标都没有太大的帮助。只有中间位置才是可以描述用户目标的正确维度（见图10–12）。

每个目标代表了一种具有独特需求的用户类型，他们不同的目标揭示了各种细分群体的关键差异点。可以通过差异点快速描述出细分群体，同时每个细分群体对网站"功能""信息架构""内容"等都富有影响。

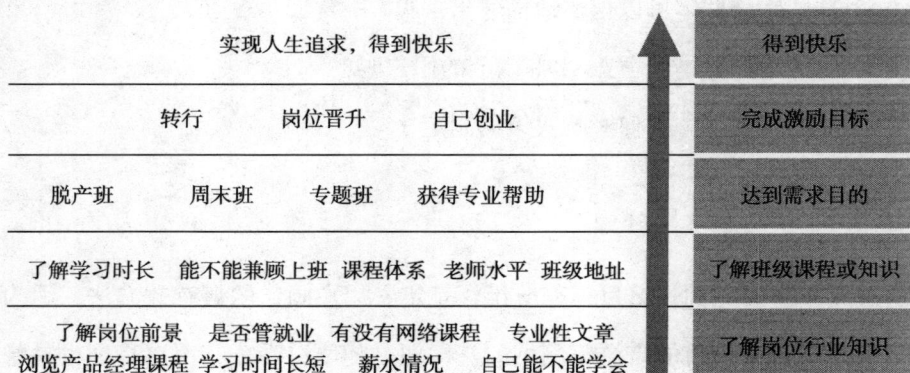

实现人生追求，得到快乐				得到快乐
转行	岗位晋升	自己创业		完成激励目标
脱产班	周末班	专题班	获得专业帮助	达到需求目的
了解学习时长	能不能兼顾上班	课程体系	老师水平 班级地址	了解班级课程或知识
了解岗位前景 是否管就业 有没有网络课程 专业性文章 浏览产品经理课程 学习时间长短 薪水情况 自己能不能学会				了解岗位行业知识

图 10–12　用户访谈标签归纳模型

现在是出成果的时候了，通过前面的讲解，我们已经创建了细分用户群体。但是我们只是把庞大的用户群体给分门别类的细分了出来，现在还不是用户画像，它们现在还只是一组枯燥无味的特征列表。

⇒细分用户一

目标：零基础，系统学习，转行……

行为：浏览课程，在线学习免费课……

观点：对网站服务评价、对教材的评价……

人口统计：姓名、性别、年龄……

细分用户一访问网站是为了寻找完善的课程、寻找合适的上课时间、查看费用、看一下课程和老师的情况。

细分用户一最关注课程质量、老师质量、能不能上班和上课兼顾。

⇒细分用户二

目标：深入学习，解决问题，升职……

行为：使用频率、课程评论……

观点：对网站服务评价、对教材的评价……

人口统计：姓名、性别、年龄……

细分用户二访问网站是为了寻找重点知识、寻找专题讲解、临时解决应急问题以及产品经理之间交流。

细分用户二最关注专题讲解的质量、重点知识架构、回答问题的及时性。

寥寥几行字就可以感觉到两个人物之间的不同之处，关键差异将两个细分群体完整分开，也使得区分细分人物变得简单。

接下来，我们就要为细分任务取名字了，这里要注意以下几点。

（1）名字要和现实人物关联。比如，产品经理的年龄应该都在 25~35 岁之间，那么这个名字就不要取"建国""卫红"这样具有鲜明上一个时代特征的名字。而"陈佳怡""刘浩"等就很符合这个年龄段的时代特点。

（2）名字不要取经典人物、宗教人物、领导人。"奥巴马""曹操""释迦摩尼"，当你和团队成员沟通项目的时候，这些名字会让你有代入感吗？答案肯定是否定的。

你会把"奥巴马"和学习产品经理课程联系起来吗？

（3）名字不要取同事之间的。因为在探讨项目的时候，同事的名字只会让你瞬间联想到他的种种事情，并不能让你联想到项目中。你也许会马上想到他搞笑的事情，如果关系不好会想到他令人讨厌的事情，但就是不会联想到他要学习产品经理课程的事情。

接下来，我们就要为细分任务搭配照片了，这里要注意以下几点。

（1）照片要和现实人物关联。比如，产品经理的年龄应该都在 25~35 岁之间，那么就不要用上个世纪穿着喇叭裤、中山装这样具有鲜明上一个时代特征的照片。

（2）照片不要用经典人物、宗教人物、领导人。"奥巴马""曹操""释迦摩尼"，当你和团队成员沟通项目的时候，这些照片会让你有代入感吗？答案肯定是否定的。你会把"奥巴马"和学习产品经理课程联系起来吗？

（3）照片不要用同事之间的。因为在探讨项目的时候，同事的照片也许会让你瞬间联想到他的种种事情，并不能让你联想到项目中。你也许会马上想到他搞笑的事情，如果关系不好会想到他令人讨厌的事情，但就是不会联想到他要学习产品经理课程的事情。

姓名和照片都有了之后，我们就要给人物丰富个人信息了。

（1）工作和公司：你建立的"用户画像"做什么工作是非常重要的参考指标。可以想象一下，一个在物业公司保洁的工作属性绝对和互联网公司客服的工作属性具有巨大的需求差异。

（2）年龄：选一个与照片相适应的年龄是必要也是必须的。

（3）居住地：居住地揭示了"用户画像"的收入水平。

（4）性格：列出"用户画像"的朋友会怎么描述这位朋友，友好、害羞、情绪化、一丝不苟、自负、勇敢、表达能力强……找出两三个可以支持这个用户画像的有关的词汇。

（5）家庭和生活：为"用户画像"根据现实情况去设计"单身""离异""结婚""有孩子""无子女"。

（6）爱好：丰富补充这个用户画像性格的工作以外的属性，去尝试丰满他／她。越接近真实，越容易被团队接受。

（7）喜欢的电视节目或音乐：对于塑造用户画像的性格有很大帮助。

个人信息之后，我们就要给人物丰富展现领域行业信息了。

（1）在本行业的过往经历：他们了解这个行业有多久了？是什么样的经历？他们知道些什么？他们通常表现出什么样的行为？他们还使用哪些竞争对手的产品或服务？

（2）当前状态：他们现在的想法如何？在完成目标的过程中，哪些事情会对他们产生影响？这部分信息可能和他们所在的企业公司有关。

（3）未来计划：什么时候他们有所行动？如何行动？未来行为与当前行为将会产生怎么的变化？

（4）动机：哪种类型的事情会影响他们与你进行交易的可能性？

（5）抱怨和痛处：人物当前经历的问题在哪？是什么让他们发狂？

⇒撰写个人简介

用户画像是一些故事的讲述，而不是一连串枯燥无味的列表数据。这个简介是用户画像的主要内容，在讲述这个用户是谁，如何与您的网站进行交互的故事时候，囊括了所有的关键差异和属性。用户简介要能讲述整个故事的来龙去脉，他们是谁，如何达到今天这个状况，想从这个网站得到什么……简介的重要性不仅仅在于讲述事实，还在于传达心理和情感方面的信息，把用户的观点融合进简介中尤其重要。

尽可能地让简介具体，也是为了让用户更加真实。比如初次上产品经理课堂网站的林东，他向往的事情是转行做产品经理拿了高薪水之后，可以买一辆自己心仪的车。那么这个车并不是直接来源于数据，而是高于数据的设想。可能有的初学者转行拿高薪为了租个好房子，为了换到市中心，为了买房子，等等，但是这个设想的目的符合细分用户群体的典型情况。

简介是关于用户角色会如何真正地与网站产生相互影响并完成其目标的具体描述。

⇒使用额外属性

我们还可以给人物加上更多的细节属性。假如真实的细节是一件非常有创意的事情，对待这些细节的根本原则是不要破坏用户画像的关键差异。当拿起一份角色文档，人们应该很快就能理解基本的意思。在最重要的部分要着重强调，并确保每件事，包括增加的细节，都支持用户画像的主要信息。

⇒精心设计语录

出自用户画像语气的短小精悍语录，能快速的在团队成员中形成画面感，同时也能快速将用户区别开。这里注意要确保使用的语气是从用户角色的角度出发的。

"我什么时候才能学会这门课！"

加入商业目的，这是最重要的部分。任何的平台网站最终都是以盈利为目标的。所以加入商业目的是我们前面做了这么多事情最终要确定的方向。

"用户画像"要在你的网站上完成一些目标，同时你也希望这些用户画像去做一些事情，以帮助你达成商业上的成果。大部分网站都是以通过某种服务于用户的方式来鼓励用户、预期用户行为，以达到商业目的。

另一个方面讲，用户画像的一部分内容代表你在这个人物身上的成功标准，基于你对他们的了解，问一下自己想从他们身上得到什么，想让他们为你的业务做点什么。

比如我了解到为林东这样的零基础用户，提供完善的产品经理助理课程，帮助他们成功的零成本转行。从因为体验到了优秀的服务而为我的网站作出宣传，扩大了我的网站影响，获得更多的流量，有更多有一定基础的产品助理来上我的收费课程，深入学习产品经理的工作。同时同学们的传播也降低了我的运营成本，甚至会受到投资者的青睐。

所以提供适合用户画像的完美服务，下一步就可以定义公共的标准。用户画像可能和你有共同的商业目的，他们也乐于帮助宣传网站，让周围的朋友享受到优质的课程服务。同时我们也应该寻找针对每个用户画像的特定目标，分别针对不同的用户画像去满足他们的需求，以达到服务的精准和完美。

确定商业目的的级别和优先级很重要。如果定位目的仅仅是让用户画像成为一个忠实用户，太过于泛泛。过于具体的话，目标范围太窄，比如定义用户画像的商业目的向周围 10 个朋友发微信分享。

通过给出用户画像商业目的，我们就在目标用户和网站商业模式之间建立了一种明确的关联。如果没有这样的关联路线图来显示你期望的每个用户画像最终到达的目的地，那就没办法知道他们是否正在促进你的商业发展。

确定用户的优先级别：将根据公司大小、开发项目团队大小能力、财政资源去判断网站一个时期内的主营业务，并根据这个业务去判断用户画像的优先级。

（1）重要的：最具有商业价值的用户画像。这个细分群体的需求凌驾于其他细分群体之上。这个用户画像可以是一个也可以是两个。

（2）次重要的：他们对于网站的业务同样重要和不可或缺，一旦公司实力充足，马上满足这部分用户画像的需求。

（3）不重要的：能兼顾到最好，如果兼顾不到，对整体核心业务也没有什么冲击和影响。

（4）排斥的：这种很少出现的用户画像是你不想让其成为用户的某些群体，比如同行，比如业界总监。建立这样的用户画像是让团队每个人记住，不要把精力放在这个细分群体的身上。

⇒撰写场景

要为每个用户画像撰写一个场景，把注意力聚焦在用户画像试图完成的核心目标上。对于每一个用户画像，从他们使用网站时可能出现的最重要的情况开始写起，可以是这个用户画像使用网站时反复使用的最常用的途径，也可以是至关重要的初次访问和第一印象。

（1）设置场景。用户画像是在什么地方第一次发现他们需要访问网站来解决所要遇到的问题？什么时候发生的？周围还有谁会影响到他们的决定？当时还有别的事情发生吗？尽可能的创建一个真实可信的事情，就像你亲身经历的那样。

（2）建立目标或冲突。网站访问是由目标触发的动作，所以必须有一些促使用户来到网站的事情要发生。比如收入的问题，比如在工作中被领导训斥，从而登录网站发誓要转行不做现在的工作等等。要非常清楚地描述用户想要通过网站做的事情，同时记住用户画像可能有多个目标。

（3）战胜中途出现的危机。当用户画像访问网站的时候是通过什么途径进入的？过程中他会做出什么样的决定。他是怎么找到自己想要的东西的？有人和中间步骤可以描述吗？用户在途中会遇到什么样的挑战？网站可以帮助解决吗？所有的活动都是发生在你的网站上吗？他们有没有使用其他的网站？等等。

（4）总结。这些用户画像最终怎么达到目标，对于故事的高潮部分他们持有什么样的观点？什么是帮助这些用户达到目标的最关键的因素？

（5）大结局。成功之后这些用户会做什么？这个故事对于他们的工作或生活会有什么样的影响？之后他们会有怎么样的体会？用户画像的成功是如何影响你的网站业务的？

讲了这么多，下面自己做一个要转行互联网产品经理的用户的人物画像。

林东是一个前端工程师，最近对工作越来越不满意了，因为大学学的是文科，所以写代码有先天的技术瓶颈。互联网前端技术更新太快，林东感觉跟踪新技术，因为没有技术的功底很吃力。所以一直计划转行。因为身边的朋友有做产品经理。所以对这一行有粗线的了解。知道转行产品经理专业上没有限制。一天下午快下班，林东通过检索，搜索打开（www.kuailexue.net）快乐学产品这个网站，浏览网站上产品经理的知识和课程信息。经过下班前一个小时的了解，他彻底明白产品经理是做什么的，以及学习的难度。到了下班点，他满意地关上电脑。

回到家中，他给他的老婆说了自己的学习计划，同时又和他老婆一起浏览了快乐学产品这个网站。深入地了解了课程安排和学费。最后通过网站的电话，和老师联系确定预约听免费课的时间。

林东按照约定的时间，来到教室，现场试听了老师的讲课。对老师的专业素养和富有激情的现场表现力所感染。还彻底和老师沟通了他所关心的细节问题，比如自己适不适合学，多久能多会，如果学不会怎么办，工作中遇到难题怎么办等等。经过一天试听课，带着满意和认可离开教室。心理充满了快乐。对转行的信心，对为了职业上升发展的信心。

林东已经决定，将在下周正式开始系统的在实体班学习互联网产品经理的知识。

个人信息		

姓名：林东

性别：男

年龄：24

婚否：已婚 无子女

工作：互联网公司前端开发

住址：南五环外集体公寓

收入：16k

社会活动：公司同事之间

用户目标	商业目标	参加职业培训相关信息
通过脱产一个月的学习达到转行的目的	为用户提供免费的核心产品经理知识，吸引用户，最终转化为收费学员	参加过：前端开发培训班 常参加一些专业性主题聚会
		互联网使用情况 深度使用互联网 除了 PC，上班路途还会用手机上网。日常商业行为也多通过网络平台电商进行

林东的故事就是综合所有调研的用户样本之后，把关于所有用户的目标、观点、行为的总结和归纳出来的一个故事。看似像一个真实的用户，实则是用一个虚拟的用户代表了整个一类细分用户群体。

10.4　进行定量的用户研究

定量研究的基本方法有以下几种。

一是调查问卷。通过量化表让用户做选择，从而判断总结归纳用户在使用过程中关于目标、行为和观点的大量样本，尤其在创建用户画像阶段，除了一对一的访谈，调查问卷也是很有效的方法。快速大量的收集到所有数据，然后把这些数据按照目标、行为、观点维度转变成可以衡量的维度，作为用户细分或项目优化迭代优先级的依据。

二是 CRM 数据分析。在客户记录中已经存在的那些"交易记录""财务数据""人口统计信息"。将某个用户的历史记录和价值与他／她的调查问卷绑定在一起，就可以试着去寻找一些内在的关联来更好的定义或者描述用户画像。

交易数据揭示了顾客曾经购买过哪种产品或者服务 —— 公司都会跟踪这些记录，分析用户。一般来讲，每一个顾客在数据库中都有一个独一无二的 ID，同时与已购买的产品或者服务互相联系。另外还有交易的数据和交易时搜索的信息、渠道或服务互相联系。

⇒定量研究的执行计划

（1）确定想要调研分析的主题。

（2）选择正确的数据来源。

（3）清洗和准备数据。

（4）选择正确的分析方法。

⇒调查问卷的一些要点

（1）用户的选择"线上""线下""潜在"，尽可能扩大涵盖范围。

（2）写一份邀请函。

（3）问卷问题要设计得更像一次对话，每一个问题的过渡有关联性。

（4）用户回答时间控制 15 分钟之内。

（5）问题的次序很重要：比如首先问用户对新功能的优先级别，接着又问网站的总体满意程度，那么用户对于第二个问题的回答就会受到第一个问题的影响。

⇒问卷调查标题模板

（1）当前目标、使用情况和行为、渠道使用情况。

（2）对网站或企业的历史了解。

（3）现有功能和内容的使用情况或重要程度。

（4）现有功能和内容的满意程度。

（5）对于新概念的总体反应。

（6）新功能和内容的满意程度。

（7）心理方面的问题。

（8）人口统计方面的问题。

⇒调查问卷关注要点

（1）针对行为提问比直接询问"重要程度"得到的答案要更准确。当问到某个功能是否正确时，用户常常倾向于肯定的回答，可能仅仅因为听上去不错，也可能是他们认为其他人会更喜欢，或者他们只是顺着你的意思回答。所以如果我们换种方式问他的使用频率和感受，那么我们得到的答案应该会更加准确。

（2）尽量不要使用"是""否"，这样是非问句。我们需要尽可能多地使用与用户"目标""行为""观点"有关的数据。我们称为量表。一般实操中我们会使用 5 点量表，尽量不要使用 10 点量表，因为太多的选择反而让用户陷入困惑，回答出现偏差。

⇒网站流量统计

查看网站统计，捕获用户现在如何使用网站的行为信息，研究用户的浏览路径、关注的节点等信息。但是这些统计信息只能告诉你用户做了什么，不能告诉你用户为什么这么做。因此我们要把用户访谈、调查问卷结合起来去分析数据才能得到最全面的分析结果。

举个例子。在电商网站，分析统计数据的时候发现，大多数的访问都是从一个个分类页面开始的，而不是首页。这是因为这些访问量中的大部分并不是来自能将用户直接引入到这个网站的引用网址，比如 Google 或其他来源。那么这部分流量从哪里来呢？结合之前通过 "调查问卷"或者"用户访谈"了解到，很多用户是通过 E-mail 来得到最新商品情况。我们也知道邮件主要是以产品分类为主，然后连接到网站的产品分类页面。

最终我们可以确定，确实有相当部分用户是通过点击邮件进入分类产品页面的，这也为后面的用户属性细分提供了一种参考。

网站流量进行分析的方式可以揭示用户的行为。如果能和调查问卷绑定在一起，就能通过客观事实来讲述用户的特定行为和具体想法。这里有个技术点，要捕获特定用户的日志，同时发送调查问卷，并且能给调查问卷打上标记，以便收回调查问卷的时候可以和用户对应起来。

⇒网站流量统计要点

（1）入口页面：用户从哪里进来？

（2）易用页面：如果是搜索引擎，搜索条件是什么？

（3）出口页面：从哪里跳出？

（4）常用路径：用户用什么顺序，访问了哪些页面？

（5）功能用途：用户最关注哪些内容和功能？

（6）搜索条件：他们用什么条件进行搜索？

（7）转换率：网站访问者产生的购买行为，注册行为比率。

（8）持续时间：在网站停留时长。

（9）访问频率。

第 11 章　MRD 市场需求文档

MRD 市场需求文档和 BRD 商业需求文档是什么关系，它们的区别是什么？

回顾 BRD 商业需求文档，我们简要概括为 6 点。

（1）产品要做什么（解决什么问题或满足什么用户需要）

（2）为什么要做，谈谈背后的原因（背景、市场空间、竞争对手、环境）

（3）打算怎么做（产品规划、模块规划、研发计划、运营计划）

（4）需要多少资源（人力成本、软硬件成本、运营成本）

（5）最终能获得什么收益（带来收入、带来用户、扩大市场、占有市场先机）

（6）做这个项目的风险（开发失败、失去市场机会、失去先机、竞争不过对手）

继续回忆 BRD 文档评审的决策模型。战略性、财务型、市场型、技术型分别关注的点在哪里。

总结一句话就是，BRD 是给投资人或者老板看的一个资源文档，而 MRD 是在 BRD 已经评审通过之后，大家对这个事情已经有一个宏观上的了解，并且愿意去投入做这个事情才制作出来的一种文档。而 MRD 重点就是清晰精准的分析目标客户的需求，以及分析为什么会存在这样的需求。所以 MRD 就有两大内容，第一是目标用户分析，第二是目标市场分析。

这一部分内容的重点就是如何作出精准的用户画像，定义精准的细分用户群体，梳理出用户需求，进而通过用户需求的分析，确定产品需求。

MRD 市场需求文档的撰写维度。

一、名称	起一个响亮贴中主体的名字
二、版本	做好版本管理（V1.0.0）
三、用户问题、产品机会	描述用户面临的问题、产品的机会在哪里 　　因为互联网发展很快，所以你要设计好你的产品的节奏和时间节点。你需要在 MRD 中去描述你的产品需要什么样的节奏周期。比如我订三个月的周期去更新迭代。
四、目标市场分析	目标市场、市场规模、市场特征、发展趋势 　　市场规模、市场特征、发展趋势这三块我们可以通过以下渠道了解。CNNIC（中国互联网中心）他们会定期发一些行业报告；互联网那些事、36课、虎嗅网、这些都是互联网信息更新比较高的媒体；另一个渠道百度指数、百度统计，他会发一些市场规模、特征的数据。
五、竞品分析	功能架构、主打需求、弱点
六、用户	用户调研、用户画像、细分用户群体的锁定以及需求梳理

下面我们具体看如何一步步完成 MRD 文档。

首先讲一下文档版本管理的方法。其实在做 BRD 文档的时候，我们也是应该做这样一个项目管理记录版本号的。

版本管理（V 代表版本，第 1 个数字代表大版本，第 2 个代表中版本，第 3 个数字代表小版本）。

V.2.0：第一个数字变化，平台框架改变，我们就界定为大版本改变。

V.2.1：第二个数字变化，平台框架不改变，不过里面的功能添加了周边扩展，我们就界定为中版本的改变。

V.2.1.1：第三个数字变化，平台框架不改变，功能也不改变，只是做了优化完善，我们就界定为小版本的改变。

文档版本	撰写时间	变更人	属性 / 备注	审核人
V1.0.0	2011.1.1	詹曦	撰写文档	
V1.1.0	注：撰写时间点为结束点			
V2.0.1				

下面通过 MRD 市场需求文档实例去学习。

×××项目市场需求文档

文档版本	撰写时间	变更人	属性／备注	审核人
V1.0.0	2011.1.1	×××	撰写文档	×××
V1.1.0	注：撰写时间点为结束点	×××	撰写文档	×××
V2.0.1	2011.1.1	×××	撰写文档	×××

一、项目背景

某某音乐随身听是某某静听推出的一种通过下载安装手机终端的音乐客户端软件，它是一种新型的音乐体验平台。用户通过使用某某静听手机版本，可以完成对手机中存储的音乐文件进行播放等操作，并可以实现在线试听和下载。

（一）新产品的市场价值

战略：

△基于某某静听 PC 端的用户知名度与影响力，研发出某某静听的手机版，实现了产品品牌价值从互联网到移动终端的延伸。

△因为用户的不断积累以及本身在音乐搜索上的巨大技术优势，所以创建以音乐娱乐为产品的核心价值体系，以手机为载体的手机音乐大型互动社区。

△社区运作日益成熟，接踵而至的资源合作、广告投放、品牌宣传等使某某静听的手机版不再是一个工具，而是成为了商品交易的平台，可用来进行活动发布、软件推光、明星访谈等。

（这里我们还可以延伸分析目标市场的一些情况。战略这一块内容都是基于之前的一些情况来描述的。通过这些偏定性的内容，我们可以看到其中提了几个关键的战略点。）

用户：

△某某静听 PC 用户群。

△手机上网用户。

△音乐爱好者用户。

（在用户这里说明一下目标用户的情况，也可以在随后的章节中详细描述你的目标用户是什么样子的。）

产品：

△海量并精准的在线音乐搜索，音频搜索与视频搜索匹配加歌词校正。

△人性化的音乐下载。断点续传、下载速度、在线音乐。

△音乐周边的丰富价值。铃声制作、音乐电台、音乐游戏。

△软件设置娱乐互动。自定义背景、版式、可控菜单。

△及时的音乐信息。演唱会、新专辑发布、音乐会等。

盈利：

△与某某公司合作的铃声下载业务。

△与某某搜索对接的搜索排名业务。

△相关的广告收入。

还有一个重点就是以自身的产品为目标进行 SWOT 分析，这部分会在竞品分析中重点介绍。

（二）SWTO 分析

自己公司 SWOT 分析 权重 1~5			
我们优势	我们劣势	我们机遇	我们威胁
△根据我们自己的情况，把每一条维度都给列举出来。注意坐标轴不限于 10，可根据实际情况设置坐标轴。权重，最重的在 5 分，最轻的在 1 分。给每一项维度打分，然后绘制圆。			
△根据公司的实际情况，选择要不要每一条都简要说明一下。但为了报告的详细性和准确性，建议添加。			
△某某静听在 PC 端的品牌和知名度以及用户量 权重 5 △某某为其提供的后台资源支撑权重 5	△对某某静听品牌认知停留在播放器权重 5 △目前公司收入的实际情况，资金、人力权重 4 △移动运营商的政策影响权重 3 △目前的网络条件以及手机终端的硬件条件与软件的环境造成手机版开发的复杂度高权重 2	△手机播放时长格局混乱，未出现托拉斯权重 4 △移动资费下降权重 4	△竞品已经抢先进入该市场领域权重 5
得分 =10	得分 =14	得分 =8	得分 =5

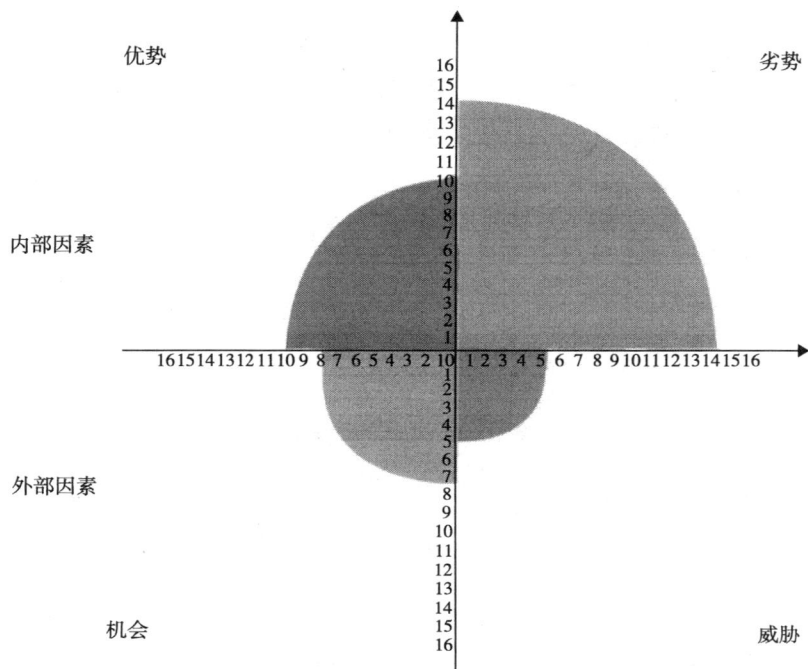

二、可行性分析

（一）前期调研数据

这里要提供前期的调研信息和数据来作为项目立项的支撑。包括针对主要功能点的用户需求分析，市场调查结论以及用户支持的数据，如果没有数据此项可以忽略。

（二）项目预期目标

明确项目的预期目标，这包括对产品的改进和功能点的效果预期以及确定主要的 KPI 指标。项目前期可以确定上线后的评估方法，例如统计报表的数据，线上服务器的运行数据，用户调查等都可以在此描述。此外，还有上线时间、使用率、安装成功率。

三、系统概述

××静听手机版是通过在手机终端部署 windows mobile/Synbian/java，用户基于手机的 GPRS/EDGE/CDMA1X/CDMA2000/WCDMA/TD-SCDMA 得来的网络制式，进行本地音乐、在线音乐，本地下载等多种类型的手机联网类客户端软件。

客户端将采用 CS+BS 的软件设计结构。

实例"系统概述"就是讲通过什么样的技术形式，完成什么样的市场，满足目标用户的需求，这都是概况的一些技术架构。

四、功能描述

通过什么样的功能去做这件事情。通过表格可以很好地描述我们到底要做什么。这是很概括的说明，不会像 PRD 那么细。所以这里就要注意了，如果你的需求点很多的话就要排一个优先级（见表 10-1）。

表 10-1　功能具体描述

基本功能	具体描述	功能优先级 / 开发优先级
客户信息栏	界面底部纵向滚动显示的广告栏，系统可以告知用户最近的系统升级	高 5
某某功能……	功能描述……	高 ×
某某功能……	功能描述……	高 ×
产品功能		
文件管理	音乐文件检索，形成列表	高 3
某某功能……	功能描述……	高 ×
某某功能……	功能描述……	高 ×
某某功能……	功能描述……	高 ×

五、产品前景

核心目标

△ KPI：用户使用量是多少——然后再细分"安装量""卸载量""日活数"……

△ ROI：用户使用量是多少——然后再细分"安装量""卸载量""日活数"……

产品构成

上面的四、功能描述里 4.1 的表，以及前面这个 3.1WINM 客户端体系和 3.2 物理网络结构。这些大的系统价购都是产品构成的一部分。

六、非功能性需求

△性能需求，包括时间特性要求，系统容量要求……

△可靠性需求，产品在规定条件下使用时保持规定性能水平的能力……

△可维护性需求，包括易分析性、易变更性等要求……

△安全需求，产品在规定的使用环境中可接受的风险能力……

△安装需求，描述产品在规定环境中安装和卸载的能力……

七、产品路线图

在"产品、需求概况"这里我们还可以做个"Roadmap"产品路线图。针对目标市场的目标用户的特定情境，我们可以设置各种各样的子任务。我们把子任务拆解，它们前后会有依赖关系。比如第一期实现了哪些子任务和功能，第二期我的目标相对第一期又上了一个台阶，实现了哪些子任务和功能，它们是有一定的延续性的。我们要把它们拆分为不同的阶段，实现不同的任务和不同的功能。

产品路线图	
第一期，实现什么大目标	
拆分小目标……	排期规划
拆分小目标……	排期规划
拆分小目标……	排期规划
第二期，实现什么大目标	
拆分小目标……	排期规划
拆分小目标……	排期规划
拆分小目标……	排期规划

Roadmap 有多种形式。我们经常会把 Roadmap 和时间进度计划按照图标的形式结合在一起。

第 12 章　产品经理和绘图

12.1　产品经理和绘图概述

在产品经理的工作中绘制图形占很大比例，涉及的图形主要有流程图，它包括业务流程图、任务流程图、页面流程图、原型图、各种思维导图、架构图、测试用例图、甘特图、漏斗模型等，其他的还包括在做 PPT 的时候需要做一些数据类的展示图。绘制这些图形的工具有 Axure、Xmind、Visio、PS、Excel 等。

我们先从流程图开始。首先从宏观角度整体讲解一下"流程图"的概念和定义，然后再逐个详细的讲解它们的设计思路和绘制方法。

流程图是表示一组将输入转化为输出，相互关联、相互作用的图形。流程不可或缺的因素有 1 对象、2 输入、3 动作、4 输出。对象就是执行人，即产品中的用户。输入，可以理解为前提、前置条件。动作，就是产品中的可以触发信息流向的操作，可以是点击、滑动等。输出，可以理解为结果、动作的目的。产品工作中，输入和输出的形式并没有任何局限，可以是事件，也可以是动作。在思考输出时，也不能仅仅考虑用户端的输出结果，同时也要考虑后台可能产生的比如数据的变化。在相关联的环节中，通常上一个环节的输出即为下一个环节的输入。明确了流程的定义和要素之后，顾名思义流程图就是能将我们设计的互联网产品所包含的逻辑和流程，清楚表达出来的图形。什么对象在什么前置条件下执行了什么操作，产生了什么结果。

流程图又细分为业务流程图、任务流程图和页面流程图。在互联网产品的项目中，我们经常在和项目团队成员沟通的时候用到它们。在 PRD 产品需求文档中，必须把各种流程图合并到文档里，以此来帮助我们说明某一个需求功能点的流程逻辑。

说完流程图的整体定义，下面我们来逐个讲解业务流程图、任务流程图和页面流程图。

首先业务流程图的作用是展示功能需求在产品线的各个阶段、各个模块之间的逻辑关系和信息流转。

一条业务线是由多个功能模块组成的，比如一条业务线是用户线上购物，那么功能需求就包括"查找商品""加入购物车""下单""支付"……此外，后台还要有仓储信息生成的记录与变更。

一个业务需求通常涵盖多个功能需求，涉及前端展示、后台记录等多个部分，所以业务流程图通常复杂详细，尽量能够涵盖各种异常情况，每种异常情况都有相应的前、后台解决方案。

下面我们看一张业务流程图的范例，如图 12-1 所示。

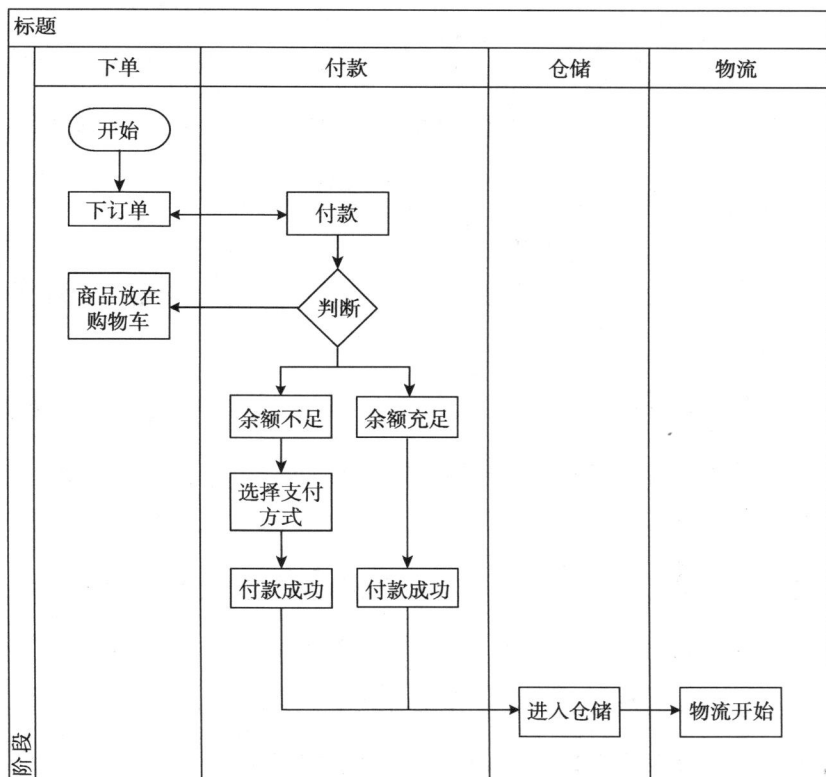

图 12-1　业务流程图（模拟图不代表实际业务场景）

其次我们来认识一下任务流程图。

任务流程图描绘的是用户在执行某个具体任务时的操作流程，展示、梳理用户的操作步骤。通常在项目讨论时利用任务流程图表达信息的流转和主要操作。相比于业务流程图，任务流程图的特点是主要展示用户的操作流程。

下面我们来看看任务流程图的范例，如图 12-2 所示。

最后我们认识一下页面流程图。

页面流程图是在业务流程图、任务流程图确定之后，在原型设计出来之前的一个需要制作的图表。

页面流程图的作用是清楚表达页面中涉及本次需求功能点参与信息相互流转的关键元素和逻辑关系。所以要切记页面流程图的核心，一要有本次需求功能点，二要有包含在某个页面内触发需求功能点的关键元素。所以页面流程图既不是将页面的所有元素罗列出来，也不是任何元素都没有的一个页面图标。

用户开始 → 输入账户 → 输入密码 → 点击确认 → 登录成功

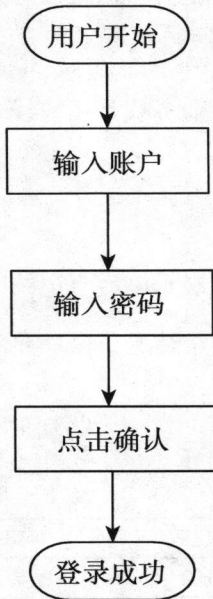

图 12-2　任务流程图（模拟图不代表实际业务场景）

在某些很火的互联网产品经理的文章平台上有一种论述是，页面流程图就是必须只关注页面这个维度，不要考虑页面里面的关键因素。我个人认为这是一种对页面流程图的错误认识。

我们绘制任何包括页面流程图在内的流程图，是核心是要清楚表达需求功能点的流程逻辑。所以页面流程图如果仅仅是画一个页面图标和逻辑线，怎么能表达出是哪个关键元素触发的流程逻辑的输入和输出呢？所以页面流程图要精准细致的表现出页面内触发本次需求功能点流程逻辑关系的关键元素。

下面我们来看看页面流程图的范例，如图 12-3 所示。

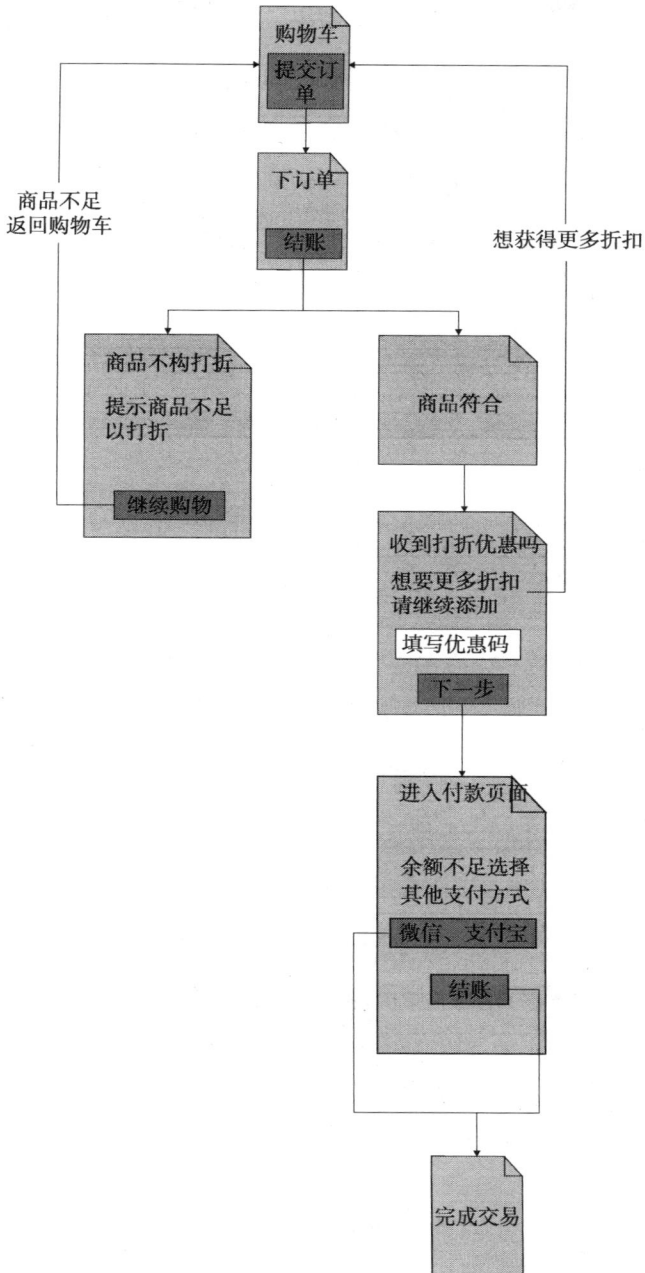

图 12-3　页面流程图（模拟图不代表实际业务场景）

　　最后可以总结出，不管是绘制何种流程图，重点都应放在逻辑关系上，而不是图形本身的细节。说到底流程图只是一个帮助我们更好地进行分析思考的工具。画出逻辑清晰的流程图，不一定要对每个模块了如指掌，但如果流程图逻辑混乱、含糊不清，那么肯定要反思自己是不是对业务需求或者功能需求的理解不清晰。

对于刚入门的新手而言，结合思维导图，经常分析产品的业务流程和任务流程对提高逻辑感和产品思维还是很有帮助的。

不常用	外部数据库	○	跨页引用	数据

说完流程图后，我们再来认识一下原型图。

原型图是指真实产品的模拟图，是产品经理脑海中的产品从构想到具象成形的一个节点，是汇集了各种调研、数据之后工作的一个结果。原型图有承上启下的作用，上接产品经理的各种前期工作，下接从构想设计到项目开发的实施阶段。

原型图也是产品经理和老板之间沟通及项目汇报工作的重要依据。它能让老板清楚看到未来投入到市场的产品到底是一个什么架构状态。它也是项目团队沟通的重要图形，让团队成员知道他们应该做什么、怎么做。

所以原型图绝对不是绘制一张图就可以了，它一定要包含各种周边因素和解决方法。比如下面的一张电商 App 的原型图（图 12-4）。

它不但展示出未来产品的架构形态，还把周边情况一并给展示出来。购物车的商品如果卖完了怎么办？什么时候商品才会显示被选中的状态？小图是要展示哪一张图呢？商品的名称是要显示完整还是要依据什么规则截取？产品的规格是否要显示完整……

所以原型图上的每一个元素，我们都要想一下为什么会出现？每一个触发关键的元素，我们都要想清楚它的作用是什么，以及各种意想不到的周边情况会有哪些？将页面的所有关键元素拆解后，我们会很容易得到拆分后的局部的小逻辑。

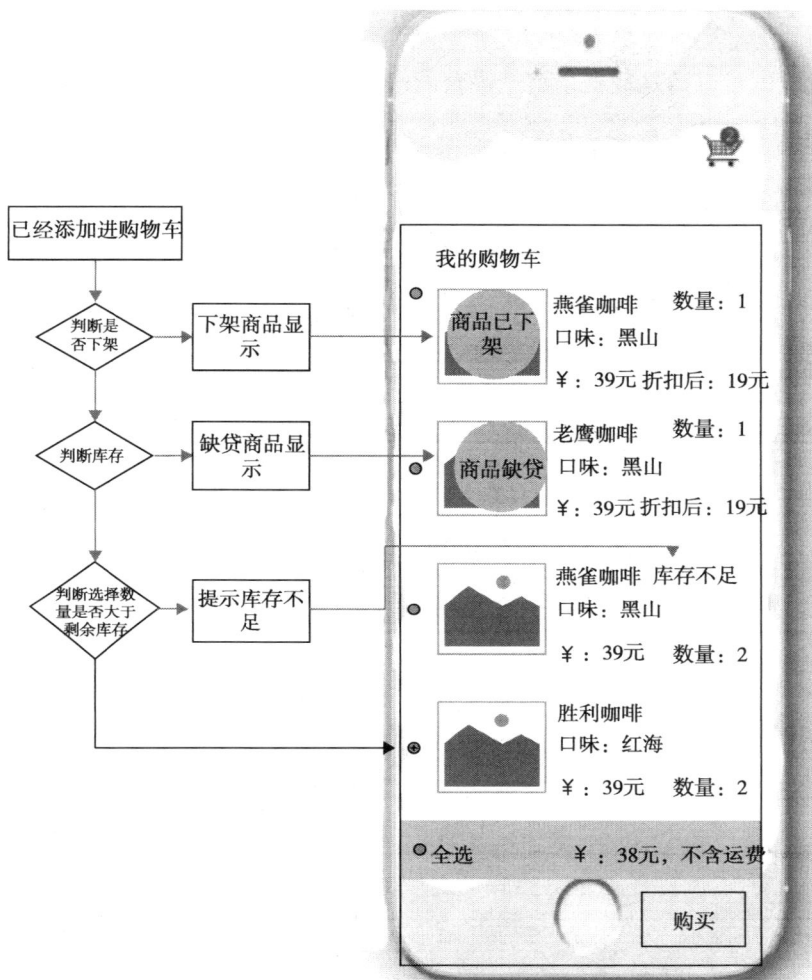

图 12-4　原型图（模拟图不代表实际原型场景）

　　原型图出来后，一定要从每一个关键元素入手去梳理局部逻辑。比如上段的第一个问题，加入购物车的商品如果卖完了怎么办？这种情况需要给用户一个"缺货"的提示。缺货后如果被下架了呢？那么需要有一个下架的提示。如果用户选择的数量超出了库存的数量怎么办呢？这个时候，就要有一个提示用户库存数量不够的信息……

　　所以看到这个章节的朋友一定要切记，原型图除了模拟展示未来产品这个作用外，另一个重要的作用就是周边问题的梳理和解决方法的展示。

我们在用 Axure 绘制原型的时候，可以顺便生成站点地图。

站点地图可以清楚地展示整个平台的信息、层次和结构，它类似于网站导引图，是根据网站的结构、框架、内容生成的导航网页文件。站点地图会让老板或者团队成员在宏观上对你设计的产品架构一目了然。

附录小知识：站点地图是一个网站所有链接的容器。很多网站的连接层次比较深，爬虫很难抓取到，站点地图可以方便爬虫抓取网站页面，通过分析抓取来的网站页面，我们可以清晰地了解网站的架构。网站地图一般存放在根目录下并命名为 sitemap，它为爬虫指路，增加网站重要内容页面的收录量。站点地图对于提高用户体验也有好处，它们为网站访问者指明方向，并帮助迷失的访问者找到他们想看的页面。

Axure RP 一键生成网站结构图的方法。

第一步：在 Axure 操作界面左上角的"主页"上面新建一个和"主页"平级的页面，并命名为"网站结构图"（见图 12-5.1）。然后选中该页面，右键选择"图表类型"中的"流程图"（见图 12-5.2）。

图 12-5.1　新建页面

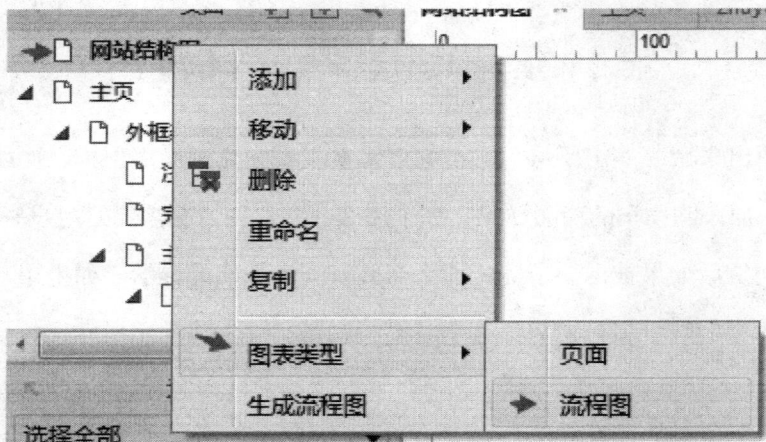

图 12-5.2　生成网站结构图流程

我们会看到，"网站结构图"页面前面的图标变成了结构图的标记（见图 12-5.3）。

图 12-5.3　生成网站结构图放置页

第二步：选中网站结构图，然后在主页上右击"生成流程图"（见图 12-5.4），这样会弹出第四步中的选择框。

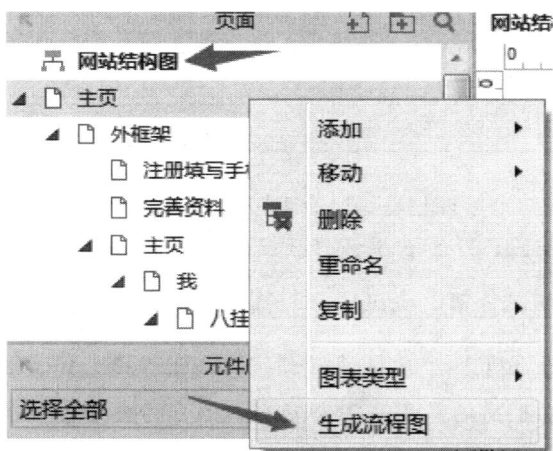

图 12-5.4　生成流程图

第三步：选择生成流程图的图表类型，我们选"向下"，然后单击"确定"按钮（见图 12-5.5）。

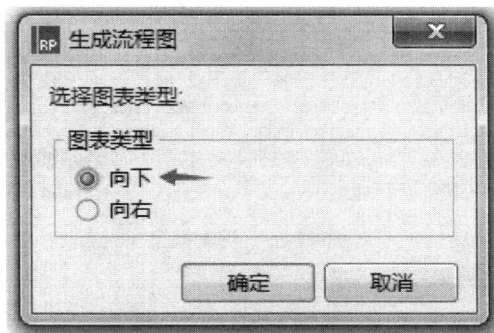

图 12-5.5　选择方向

这样我们就可以看到在"网站结构图"页面中生成了对应结构的网站结构图。在生成了基于 HTML 浏览的原型图后，点击网站结构图上的任意个方块，就可以链接到对应的页面中（见图 12-5.6）。

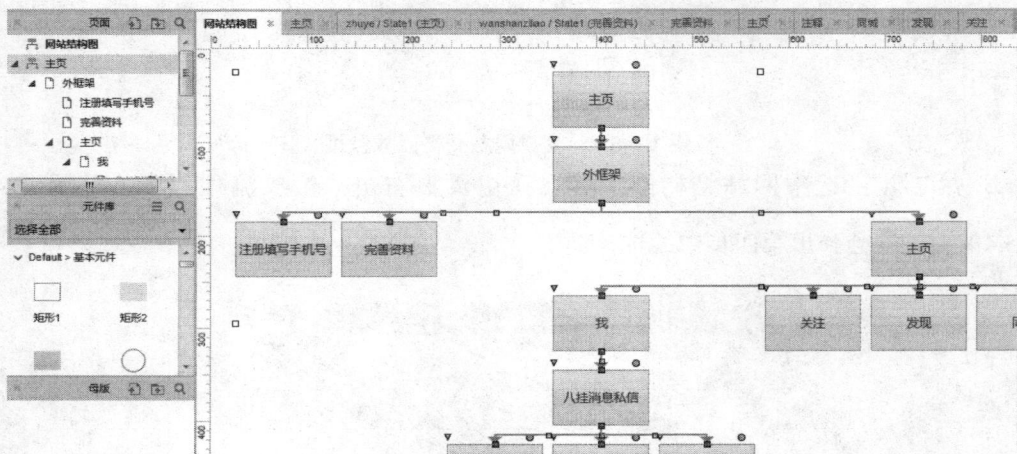

图 12-5.6　生成网站结构图流程

测试用例图：角色；任务；事件。

开发过程中的测试环节。测试用例是指产品经理在描述产品的时候在测试环节里解释某个角色或者某个任务是什么。它是单一维度的，把非常复杂的流程拆成一个一个事例去做，我们可以不去关注它们之间的先后顺序或者是逻辑等。

如下面的提款示例图（见图 12-6），我们也可以拆成事例 1、插入卡片输入密码，事例 2、吐出钱收回卡片，事例 3……

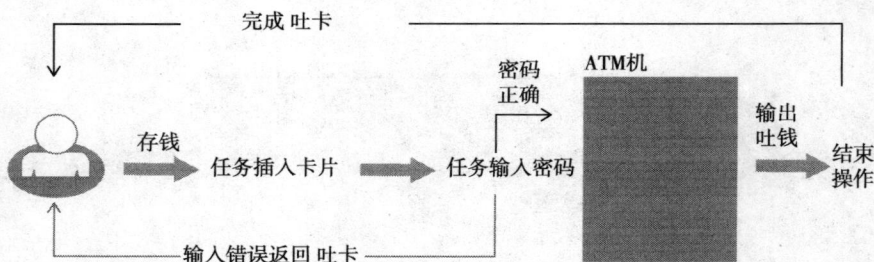

图 12-6　用例模型

最后我们讲一下设计稿。

在所有工作都完成后，我们就把绘制好的原型交给 UI 设计，他会根据产品经理绘制的原型开始进行视觉设计工作。这里强调一下，产品经理切记不要干涉 UI 设计的工作（见图 12-7）。我们只要把用户的喜好和使用行为、竞品的风格等周边信息给 UI 传达清楚就可以了，至于设计工作就完全交给 UI。我们要相信他会根据你提交的各种要素去发挥自己专业设计能力。即使遇到没有工作经验的 UI 设计，我们也不要正面干涉，把他的设计稿放到会议上让大家去评判指点才是最好的方法。

图 12-7　页面 UI 设计

　　甘特图（见图 12-8）并不是图形，它是描绘产品经理管理项目进展的图表，包含的关键元素有项目顺序、项目名称、开始和结束时间、项目所处环节、进展情况等。这个图形用 Excel 表绘制就行。

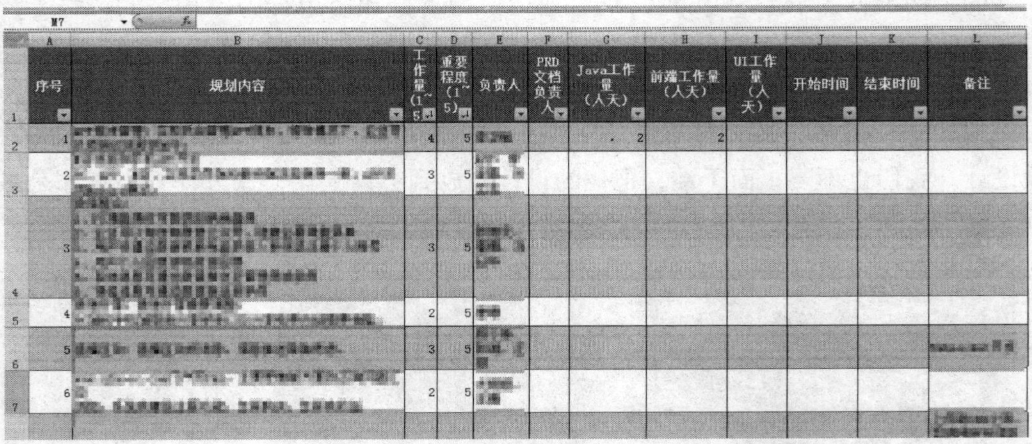

序号	规划内容	工作量（1~5）	重要程度（1~5）	负责人	PRD文档负责人	Java工作量（人天）	前端工作量（人天）	UI工作量（人天）	开始时间	结束时间	备注
1	[illegible]	4	5	[illegible]		2	2				
2	[illegible]	3	5	[illegible]							
3	[illegible]	3	5	[illegible]							
4	[illegible]	2	5	[illegible]							
5	[illegible]	3	5	[illegible]							[illegible]
6	[illegible]	2	5	[illegible]							

图 12-8　甘特图

最后我们简单讲一下信息结构图。它在我们工作中所占的比重不大。信息结构图展示了一个产品分为哪几个板块，每个板块内有哪些内容，包含哪些功能模块，存储哪些信息。它适用于层级分明像博客、阅读类的小结构产品，不适用于那些结构复杂的项目。

友情链接功能的信息数据：只有“名称”和“链接”两个内容。但是在实际功能中，友情链接还有两个功能是“显示和隐藏”“是否新窗口打开”。这两个功能会在 PRD 文档中详细描述，但是在信息结构图中不用体现。因为从产品层面讲这两个是功能，并不是信息内容。但是在数据库中，这两个功能也是有字段参数的。程序在读取参数后，可以知道友情链接的属性是显示还是隐藏。通过例子我们知道实际中数据结构和信息结构是不一样的，信息结构只是产品层面的数据内容。

绘制信息结构图的工具是 Xmind。信息结构图如图 12-9 所示。

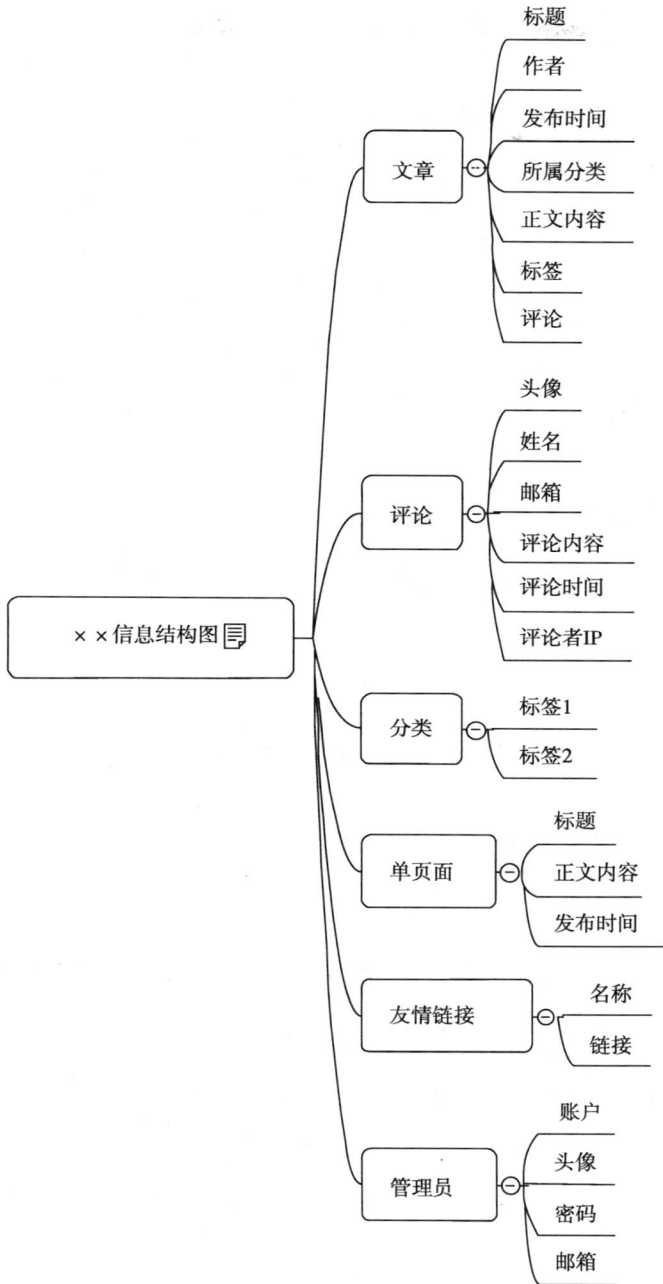

图 12-9 信息结构图

12.2 任务流程图的设计思路和绘制方法

首先让我们再次回顾流程图的概念以及为什么它在项目中有不可或缺的作用和优点。

我们先来看几段实际工作中的模拟场景。

工作场景，注册需求评审中的产品经理正在被围攻。

研发：你知道这个手机号码的合法性判断究竟包含什么判断吗？你知道一条短信多少钱吗？被投诉怎么办？

产品经理：那先判断手机位数吧。

研发：为什么不先判断是不是已经注册了？

产品经理：哦，好像先判断注册与否更好一点，那听你的吧。

研发：都听我的要你干嘛？

第二轮围攻开始：

测试：验证码的异常，不能只写异常啊，究竟有哪些异常？你这都不写清楚，我怎么做测试用例。

你：就是过期没过期啊？

测试：那不是还要有一个过期可以再发验证码的内容吗？不考虑了吗？

你 pm：要啊要啊，谢谢你啊。（带着你的谨小慎微，在测试的鄙视眼神中，你竟然还谢谢人家）

测试：谢我做什么？这不是你应该已经想明白的事情吗？我是测试，不是产品经理啊。

第三轮围攻：

UI：刚才研发提出了那么多意见，你这个肯定要修改，我先不做了，等你确定了吧，省的改来改去，都是无用功。

产品：对不起啊，你先等等我。

UI：以后没确定的事情能不能等确定了再把工作传递到我这里，我先走了。

BOSS：就一个注册功能，翻来覆去几次了？你……

以上场景最经常出现在刚转行没几年的产品经理当中。这是由于工作经验和项目经验不足，导致设计制作的需求原型、任务流程不清晰，逻辑思维混乱。因此就会被项目团队的其他成员吐槽和发难。

在整个需求评审会中，为了说明一个问题，产品经理往往会绘制各种流程图，把原型包含的流程关系、逻辑关系清楚明白的表达给项目团队的每一位成员。

下面的表格对各流程图的功能分别用了一句话归纳。

产品设计的三种核心流程图	业务流程图	一般涉及多个主题，比如电商涉及买家、卖家、仓促、物流，购物前，购物后等。会把不同模块放在各个泳道中并以带箭头的线去跨泳道指出逻辑关系，侧重开发团队的沟通结构
	任务流程图	站在用户角度，模拟用户达到目的所需要完成的流程
	页面流程图	包含页面、本次逻辑关系交互节点，在原型绘制前完成

所以产品设计的内涵就是任务流程和相关联的逻辑关系的设计。流程图就是把这种思维层面的逻辑流程关系在视觉层面呈现出来。凡是有产品需求就必须要有流程图。如果你做一个功能需求点的话，没有流程图就一定会出问题。

流程图的优点。

（1）如果流程准确了，那么后面的原型和需求文档评审就容易了。

（2）流程图也会让工作交接变得简单容易。

（3）可以让中途参与的项目者快速进入工作状态。

（4）如果改动流程，一定要明确产品优化的过程与收益，这样能使设置的考核指标更合理。

流程图的作用。

（1）功能优化：查看之前业务流程，寻找改进点。

（2）设计单一功能的时候，用任务流程图可以清楚地验证用户信息的流转交互方向，并可以从中分离出像考核指标、交互设计质量这样的内容。

（3）相对独立的产品线，涉及复杂的用户和信息交互处理的工作要画业务流程图。比如用户电商购物就牵涉前台浏览、下单、支付、后台仓储记录和运输这些方面。

（4）原型交互设计需要有页面流程图，规定页面的交互方向。大公司要 UI 或 UE 去做，小公司需要的话产品经理也要做。

在绘制流程图的时候，也要知道项目团队中技术开发人员的关注点。比如信息流向精不精准，异常周边情况完不完整。UI、UE 的关注点是界面、字段以及交互的动作。

初学者想要画好流程图就需要从三方面来锻炼自己，多调研，多临摹。正所谓山水临百遍，其形在心间。从用户完成目标的角度思考流程图的逻辑，说白了就是要简单易于操作、完整不丢环节。同行之间多交流。

在掌握概念性的知识之后，下面开始任务流程图的设计思路和绘制方法。

绘制任务流程图首先确认 4 个维度。事项，所要包含的信息，即要完成的事情是什么。用户，单泳道任务流程图是描绘一个用户完成整个流程的图表。信息流向，就是说明这个数据是怎么流转的。异常，即确认出了异常问题后的流程和逻辑。

确认完维度之后，就可以开始规划任务流程图，首先要遵循先主轴后分支，先正常逻辑后异常情况的原则。

比如说领导给你一个任务：让你把这封信送过去给 Vicky，让她转交给总经理，如果总经理不在，就拿回来给你，你再送还给领导。我们就基于领导交代的这个任务去拆分一下。

这个任务里面包含了角色、任务、顺序、输入和输出。

老板向你发出触发指令，信息介质就是信，信息流转指信的传递。让 Vicky 转呈总经理，总经理的触发条件是"在与不在"。"在"即正常情况，"不在"即异常情况。这个输入输出以及异常情况，需要很明确的表达绘制出来。根据老板的这个要求，我们可以绘制下面这张任务流程图。

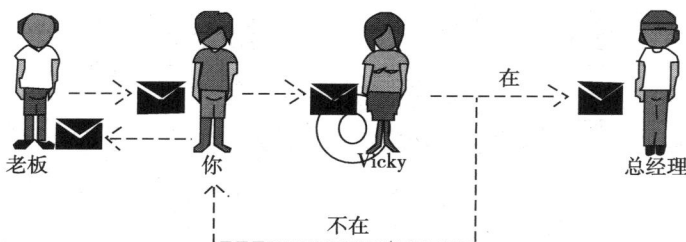

图 12-10　送信的任务流程图

在实际项目中，任务流程图要按照下面的路径去绘制（见图 12-10）。

明确用户与任务；明确开始和结束；明确顺序主轴；完善异常情况；优化调整最后完成。绘制过程中首先要保证主线清晰，关键路径、关键任务要一目了然。主线完成后再考虑周边分支的细节，最后优化调整。

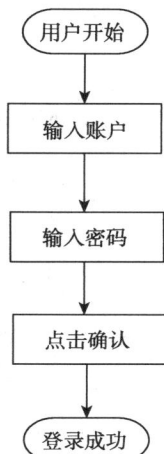

图 12-11.1　登录任务流程图

下面以用户登录任务为实例，一步一步绘制出登录任务流程图。

第一步，绘制主流程图（见图 12-11.1）。

绘制完主流程后我们要问自己，如果用户账户名输错怎么办？对于这个疑问，我们要继续完善登录任务流程图（见图 12-11.2）。

账户错误这个问题解决后，我们要继续问自己，如果用户密码输错了怎么办？对于这个疑问，我们要继续完善用户登录任务流程图（见图 12-11.3）。

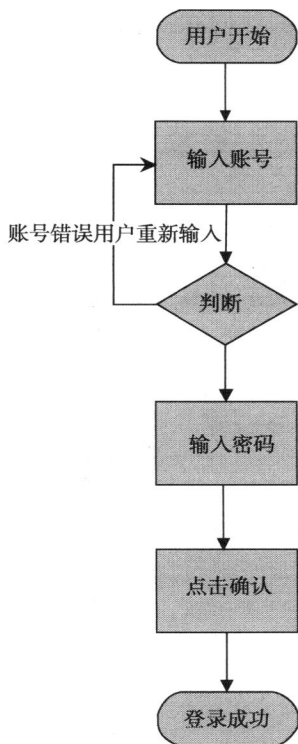

图 12-11.2　登录任务流程图

用户密码输入错误这个问题解决后我们还要继续问自己，如果用户密码忘记了怎么办？对于

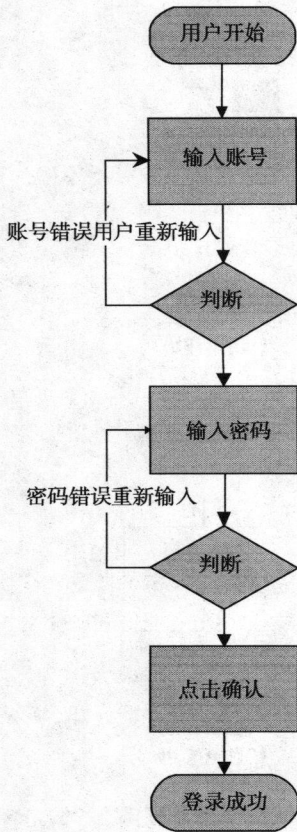

图 12-11.3　登录任务流程图

这个疑问，我们要再次完善登录任务流程图（见图 12-11.4）。

至此，用户登录的任务流程图就算完成了。同学们可以看，到我们绘制的脉络就是先主轴后分支，先正常逻辑梳理后异常完善情况，一步一步深入并最终优化完成。

实操：手机号码注册账号任务流程图（见图 12-12）。大家先不要看书中的手机注册任务流程图，自己先绘制，然后和书中给的范例做一个对比。看看自己缺少哪些步骤，哪些异常情况还是考虑得不够完善。

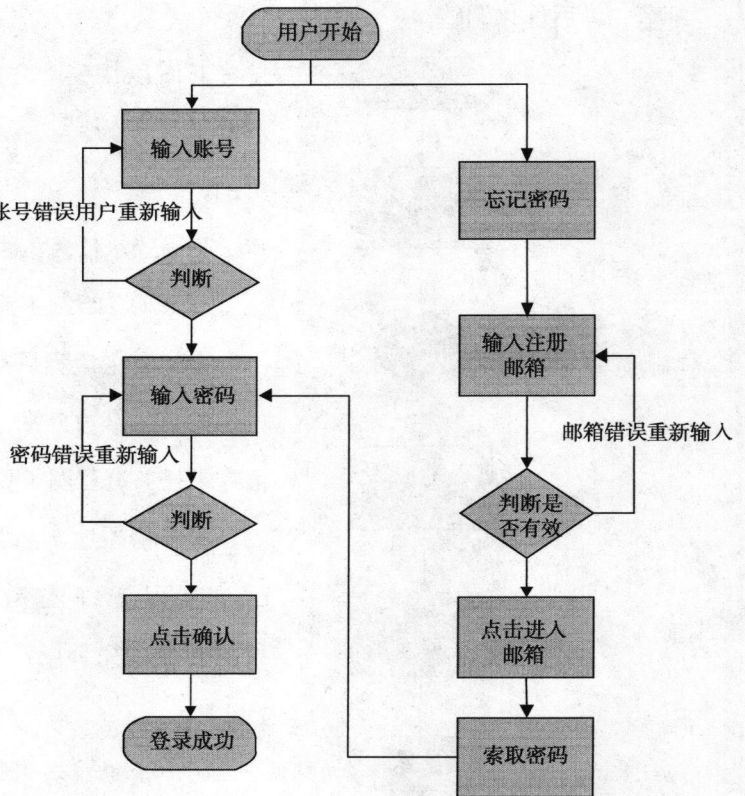

图 12-11.4　登录任务流程图

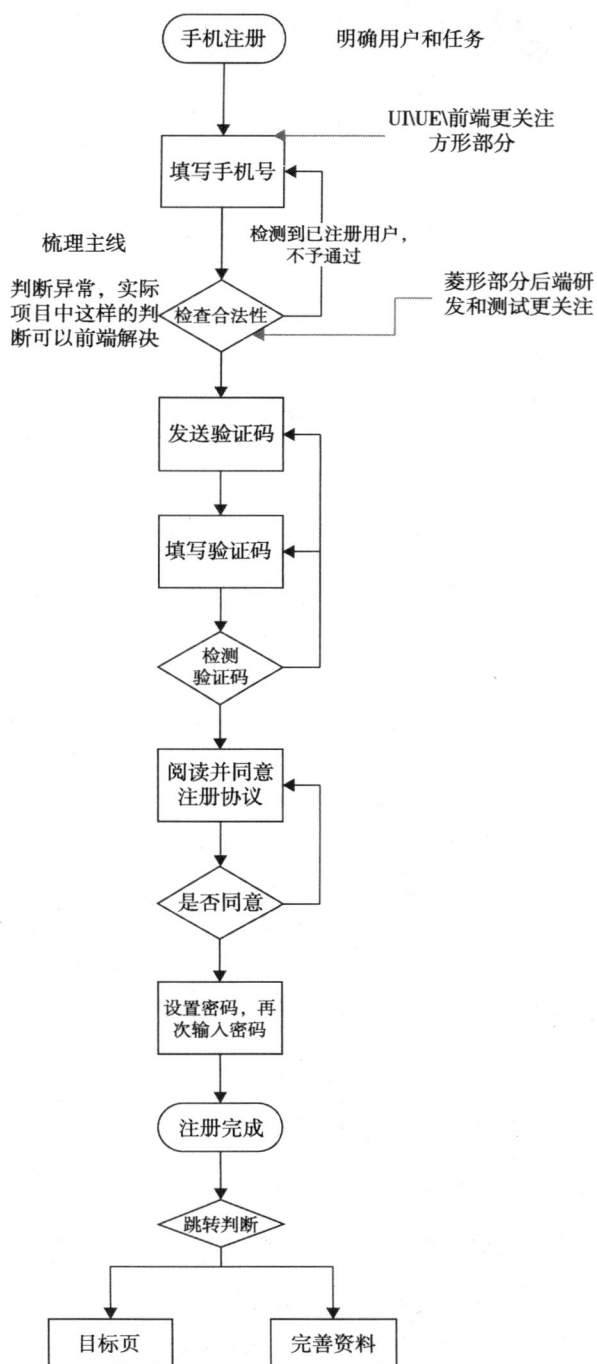

图 12-12　任务流程图

（仅为讲课模型，不代表真实业务流程）

12.4 业务流程图的设计思路和绘制方法

业务流程图的作用是展示功能需求在产品线各个阶段、各个模块之间的逻辑关系和信息流转。

一个业务需求通常涵盖着多个功能需求，涉及前端展示、后台记录等多个部分，所以业务流程图通常复杂详细，尽量能够涵盖各种异常情况，并且每种异常情况都有相应的前、后台解决方案。

下面我们从一个比较大的功能点上讲解如何从一个需求入手完整地绘制出业务流程图。

同学进入到一个公司，应该 90% 都是从一个功能点入手工作。

状态	序号	位置	来源	模块	功能	优先级	计划开始时间	计划结束时间	完成结果	备注	再次开始时间	完成时间
	1	后台	运营需求	推广营销	试用二维码。生成二维码。可以锁定用户使用情况，抓取跟踪销售人员工作数据。		2017年10月25日	2017年11月1日				
	2	客户端										
	3	客户端										
开发中	4	客户端		个人中心								
	5	客户端										
	6	后台		管理用户								
	7	客户端		登录注册								
	8	客户端										
	9	前端										
	10											

图 12-13 需求池

比如上面是你入职一家公司后接手的离职产品经理的需求池（见图 12-13），里面有一个优先级 5 级以及排期的需求。拿到需求后首先要分析一下它。

这个需求就是给你现在的产品增加试用二维码的功能。这样的功能可以让公司的运营人员通过向用户发放试用二维码，让用户免费体验使用产品。并且这个二维码是绑定销售人员的，可以成为销售人员绩效考核指标的一个数据来源。这就是我们讲的你要做的功能是什么，大概逻辑又是什么。

1. 调研的竞品是 Uber 输入优惠码功能

先分析功能的关键逻辑，通常从下面 3 个方面进行分析：通过竞品产品的调研；基于自身经验分析；用户的行为习惯。

把这个功能需求点的角色、事项、信息流向全部梳理出来（见图 12-14.1）。

角色：都有什么人会参与到功能里面？是单一用户还是整个产品线的所有用户？后端是客服人员还是有运营人员甚至是产品人员？所以只要是涉及的人都要列

举出来。

事项：分别都扮演什么角色，要做什么事情。

比如 ERP 审批功能，角色有发起的员工、审核的直接领导、老板、财务、出纳。那么他们在流程中间都扮演了什么角色？排列一下就是发起的员工→（初审）审核的直接领导→（终审）老板最终签字→（财务）财务出账→出纳→发起人领取。

信息的流向：要完成的任务、顺序，即流程方向。

这些都分析完后，我们接着要梳理出业务逻辑图并把它绘制出来。

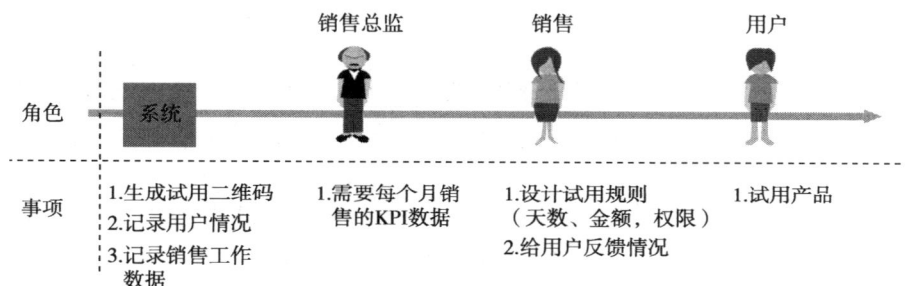

图 12-14.1　梳理业务逻辑

（1）系统，它要做的事情是生成试用二维码，要记录二维码使用情况，首先有人要生成这个码。

（2）运营，它要规划出生成试用二维码的规则，并且要能统计到这个码的使用情况。比如说我发出去一万个码，最后被使用的情况。那些码快到期了，我要做的下一步动作是什么？它要去做这样的动作。

（3）用户，对于用户来说就是使用试用二维码，可以免费试用。最后结果由系统记录。

也就是在这个功能里会有 4 个角色，然后基于每个角色的位置往下延伸开来，就会成为我们流程图的某一个部分，而把它们合在一起就是整个流程。所以这个需求功能点的业务逻辑我们要首先梳理出来。

2. 明确用户与具体任务

（1）参与者：明确所有参与的用户与系统，系统也是作为一个参与角色。

（2）关系：他们之间是一种什么样的关系？

（3）目标：他在这个环节里的目标是什么？

用泳道图把初始阶段的角色分出来。

阶段	后台	销售总监	销售	用户

3. 明确开始与结束的路径

（1）每个功能模块从哪里开始，流程到哪里结束？

（2）一般开始和结束都只有一个，如果结束很多，就意味着用户会迷失在系统结构中。

（3）是否有必要区分一下时间段？比如有创建、使用中、使用后这些时间段。又比如送外卖的业务流程，首先是用户下单，下完订单后商家审核，商家接单，通知骑手，骑手送到用户，用户确认，进行评价，基本上这个流程就完成了。那么这里就可以把时间段区分为订单之前、订单之中、订单之后。

我们在做试用二维码的事情上，如图 12-14.2 所示分成 3 个逻辑：创建试用二维码；使用阶段；使用后。

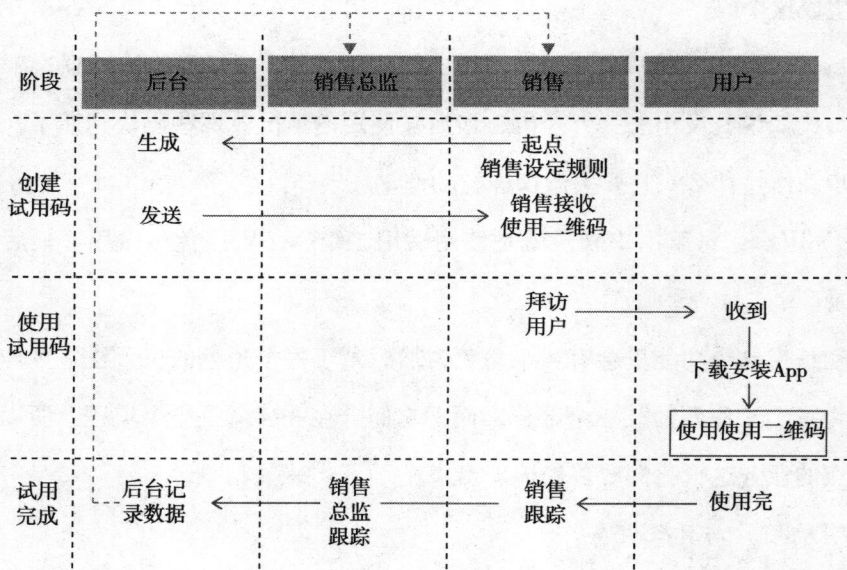

图 12-14.2 梳理业务逻辑

通过图形分析，我们就有一个清晰的业务流程的逻辑了。

4. 确定功能模块与核心路径

（1）有哪些功能模块参与到流程中？

（2）主流程，也就是核心流程流向一定要清晰。

（3）核心流程意味着如果功能目标、核心流向不清晰，用户一定会不满意。

下面我们就来梳理出关键的核心功能点，并拆分功能点。

生成一个功能，销售人员按照自己的客户属性设计生成规则，用户填写试用二维码。验证需要一个功能，这是前端页面上的，而更新状态是一个后台的节点。如果这里不出问题，那么这个时候研发也就能看得懂了（见图 12-14.3）。

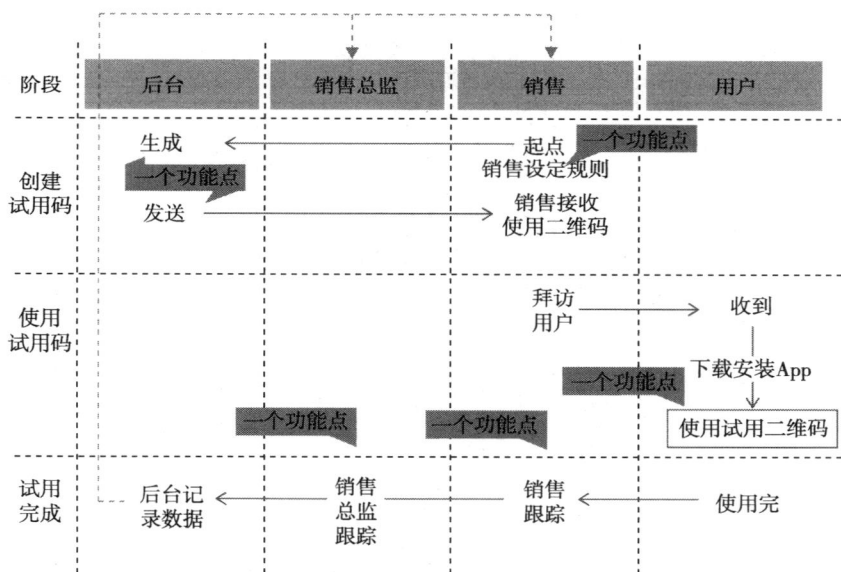

图 12-14.3　梳理业务逻辑

到这个时候就要讲清楚很多细节内容。比如生成的规则是什么，要不要绑定用户，试用二维码的有效时间是多久，我可以怎么发啊，需不需要用户注册等这些问题。销售要考虑的点有很多，所以在梳理各业务逻辑的时候，我们必须和一线的业务人员详细的沟通模拟用户场景，不要自己闭门造车。

5. 不断调整优化顺序，合并异常流程

（1）异常流程要考虑清楚，尽可能地细化。

（2）异常流程＝用户体验。

（3）异常流程多，就要多与研发沟通。实际工作中如果和研发没怎么考虑沟通异常流程，那么开评审会的时候研发就会折磨你，他经常会突然抛出一个异常情况，问你如果这样应该怎么办，让你手足无措。因为研发脑子里汇集的异常情况要比你多得多，也刁钻得多。

我们说个例子，比如研发问你生成规则，在创建码的时候是什么样的机制这类问题。如果我们能够把后台创建试用二维码的任务流程给梳理出来了，让自己思维逻辑很清晰，让技术一听就明白一看就喜欢，你的工作就完美了。

你在讲需求的时候，为了自己讲的明白，别人听的明白也看得明白。你就要把这个任务流程图作为你的需求文档里的一个部分，不要偷懒。

所以咱们继续把后台的生成任务流程图也一并绘制出来（见图 12-14.4）。

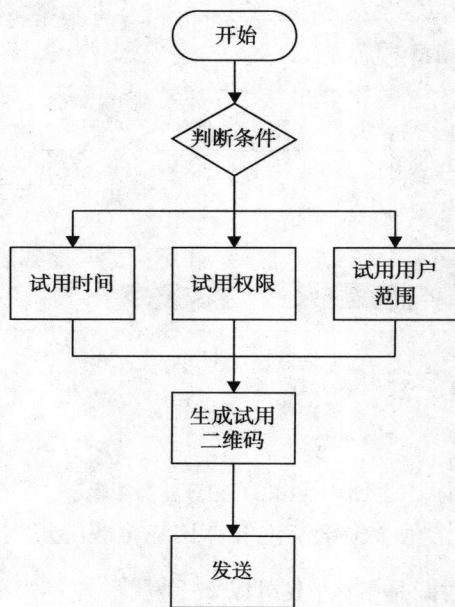

图 12-14.4　任务流程图

下面我们再看一下（见图 12-14.5、图 14-12.6），用户在使用试用二维码这个阶段的流程是什么。在这个大逻辑里面，我们应该怎么去做呢？

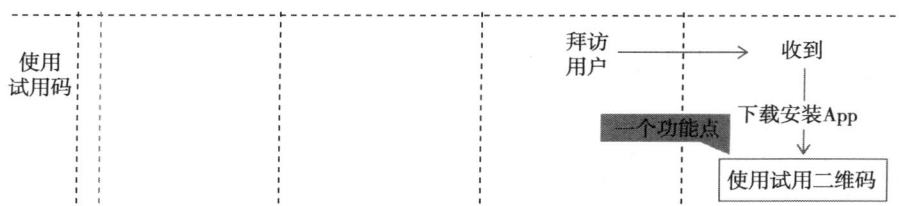

图 12-14.5　梳理业务逻辑

首先我们拆解角色。1.起点（用户）2.经过（指后台系统牵涉到什么判断）3.异常情况。

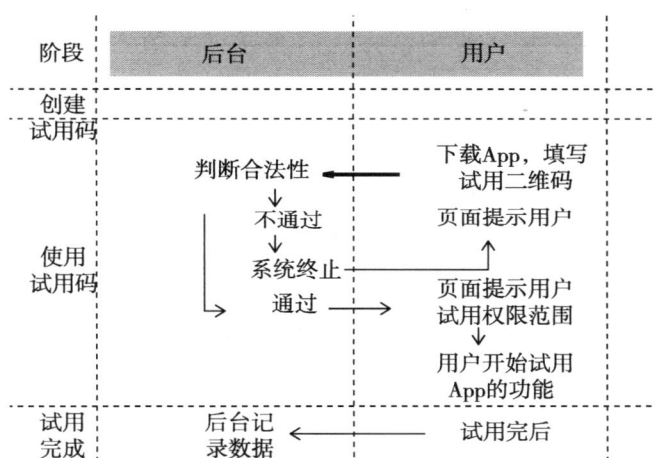

图 12-14.6　梳理业务逻辑

我们在梳理出来这个逻辑之后，把页面提示即判断合并到泳道，最终绘制成业务流程图（见图 12-14.7）。

到此为止业务流程图就绘制完成了，我们可以从这个业务流程图中清晰明白地看到整个试用二维码的业务逻辑和信息流转方向。我们再次回顾一下，对于一个需求功能点，我们首先要分析这个需求功能的角色、事项以及所包含的关系，信息流转的方向。在分析思考的时候，要画一个逻辑图，以此来帮助我们更系统全面的思考。

在经过完善细致的分析后，我们开始进行单个任务流程图的绘制，接着把它们合并到泳道内，并开始梳理泳道之间的信息流转方向的交互节点，然后补充缺少的任务环节。就像后台这里，我们在梳理过程中发现缺少一个记录试用二维码的任务节点。

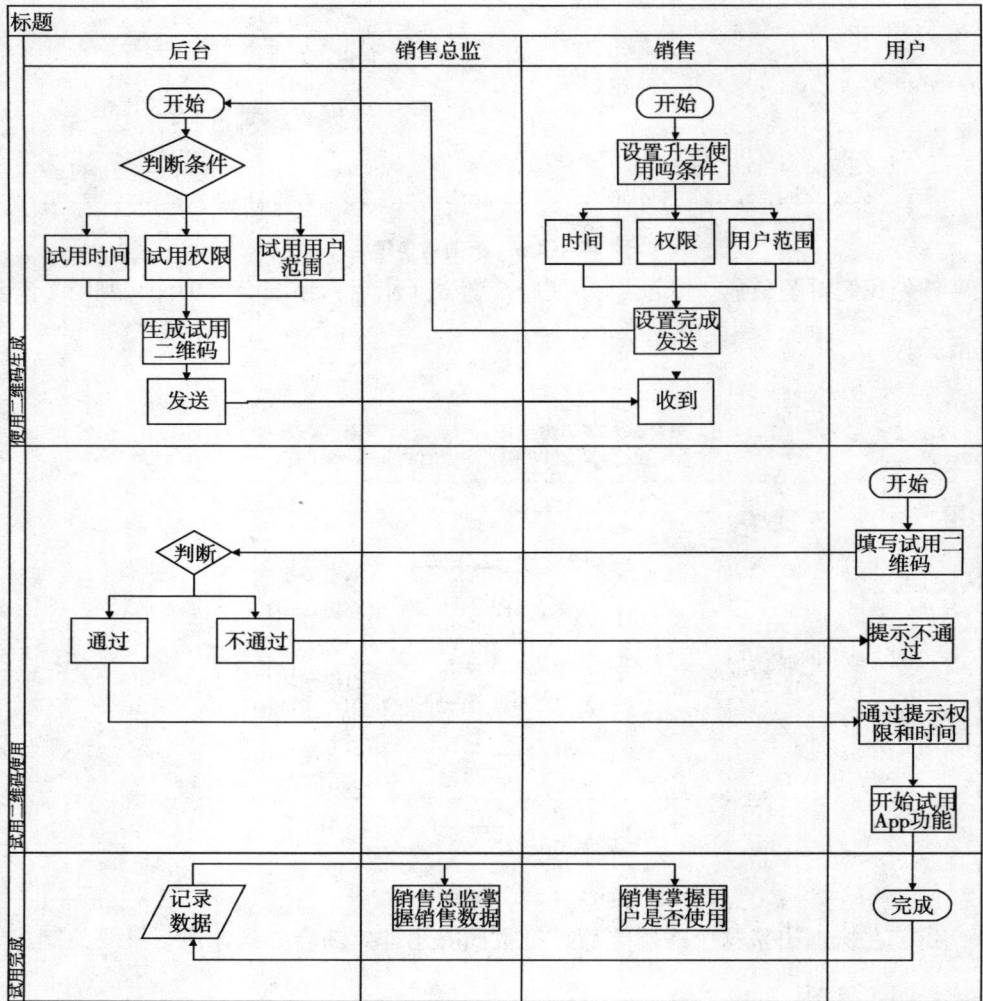

图 12-14.7 业务流程图

总结一下，画业务流程的方法有下面几点。

（1）先复杂，后简单，先主轴流程，后分支流程，单任务和业务流程图互相交叉验证。

（2）在画业务流程图的时候也要调研相关的产品，调研竞品的功能和流程逻辑。如果有充分的调研的话，那么在开会中被人反驳的时候，我们就能做到有理有据。

（3）最后业务流程图也是制定数据指标体系的良好参考，同时对于后期流程的不断优化也有着深入的借鉴作用。

12.5　页面流程图的设计思路和绘制方法

页面流程图是在业务流程图、任务流程图确定之后，在原型设计出来之前的一个需要制作的图表。页面流程图能极大地提升原型的工作效率。这个工作在大公司里是交给 UE 即交互设计师来完成的。不过在小公司里只能由产品经理来做了。产品经理的工作没有绝对的我该做什么与不该做什么。我们的口号就是需要你上，不上也得上。有了页面流程图，会让你和团队其他成员沟通的时候效率更高，工作更加顺畅。

什么是页面流程图？

（1）交互设计 / 原型设计的底子，基本依据。如果你没有养成好的画流程图的习惯，一上来就开始纸面原型的绘制，那么你的工作肯定是漏洞百出且效率极其低下的。一个需求点一定是通过一步步细致缜密的分析思考和各种流程图的铺垫，最后才演变成逻辑清晰，流程顺畅的原型。

（2）代表的是用户操作的过程，先做页面流程再画原型，就能快速地发现体验方面的问题。这是完全的从用户的视角来揭示用户是如何一步步完成任务达到目标的。而业务流程图则是以开发、项目团队的视角去看待问题。所以页面流程图就是我们站在用户的视角模拟用户的操作去发现潜在的问题。

（3）突出页面重点元素与逻辑的关系，提升原型设计的效率。下面我们首先看一下页面流程模型图（见图 12-15）。它的名称是什么？页面的本次交互流转的核心元素又是什么？点击之后的流转方向在哪里？最终的页面有时候会汇集多条线条。

通过页面流程模型图，我们能够非常清晰地从用户使用的角度来看清楚这个产品，探究其中所包含的信息流转和交互逻辑。

页面流程图包含的元素有哪些？

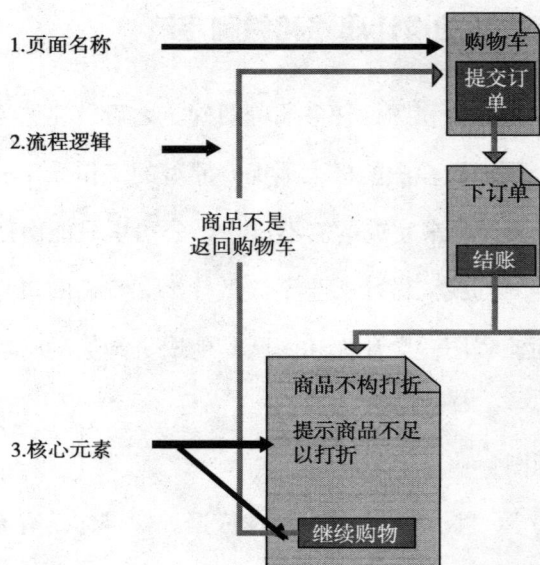

图 12-15　页面流程图核心元素

（1）四方形：即任务流程图中的四方形部分，可以算作页面流程图的一个页面。

（2）流向：主干流向清晰无误，辅助分支流向明确不混乱。通过回归业务流程，明确主线。因为页面流程图是从任务流程图中延展出来的，所以我们要遵循任务流程图的流程逻辑。

（3）每个页面中涉及触发本次需求功能点的流程逻辑的关键元素不能缺失。

（4）任务流程图中的异常情况（菱形）一般为弹层、弹窗或一个页面。所以只要你的任务流程图画的好，页面流程图就会简单。

产品经理有句顺口溜。首先需求定位准，功能就找的准。功能准，大的逻辑就不容易出错。逻辑不出错，业务流程图就没有问题。业务流程图画得好，任务流程图就一定好，页面流程就一定不会太差。页面流程搞定了，原型就是手到擒来的事情。

所以不要一拿到一个需求就开始画原型。没有经过深思熟虑的分析和思考，你的原型一定会在流程或逻辑上出问题。那些工作三五年的产品经理都不敢一上来就画原型，所以作为刚入行的同学们，你们更要细致缜密的思考分析，就像抽丝剥茧一般的一层层去探究最深处的秘密。

如果之前绘制了业务流程图，那么在后台流程中还需要画页面流程图吗？显然是不用的，在实际情况中，一般都是技术人员自己搭建一个后台系统供内部使用，只要后台不是很烂就可以了。

我们主要关注前端需要用户操作的这一项任务。

（5）画页面流程图的工具是 Axure。用 Axure 足够了，因为之后的工作就是原型，在同一个软件里切换就好了。

下面通过分析用户在电商购物的案例来绘制页面流程图（见图 12-16.1）。

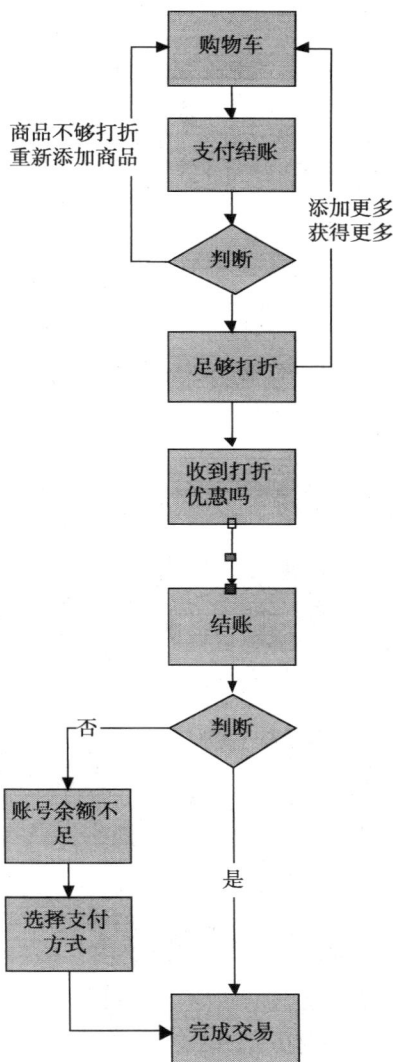

图 12-16.1　电商用户购物任务流程图

我们分析任务流程图，要先找出关键节点。具体方法如下

（1）掐头去尾。头部和尾部分别是用户开始和交易完成（见图12-16.2）。

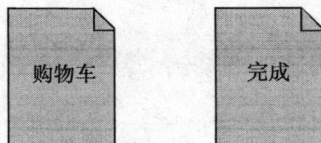

图 12-16.2　确定开始结束

（2）寻找异常或判断。在任务流程图中菱形代表异常或判断，在产品原型中可能就会是弹窗或者一个页面代表异常或判断了。所以这里的菱形就显示为设计里的折扣信息提示和支付提示（见图12-16.3）。

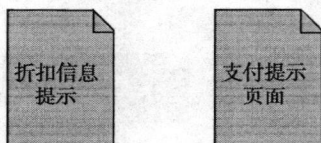

图 12-16.3 确定异常

（3）串联主流程（见图12-16.4）。

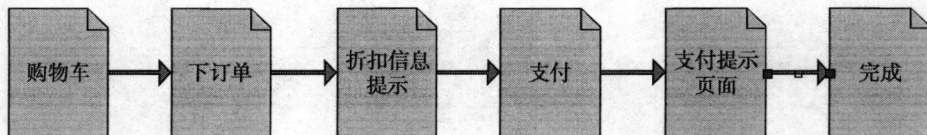

图 12-16.4　确定主流程

（4）分析分支流程（见图12-16.5）。页面流程图绘制到这一步，主要逻辑就出来了，我们接着还要往下继续完善每一个页面中涉及本次需求功能点流程逻辑的关键因素。

（5）梳理那些需要增加辅助的帮助页面。

（6）考虑触发点，它通常是一个按钮或者链接。

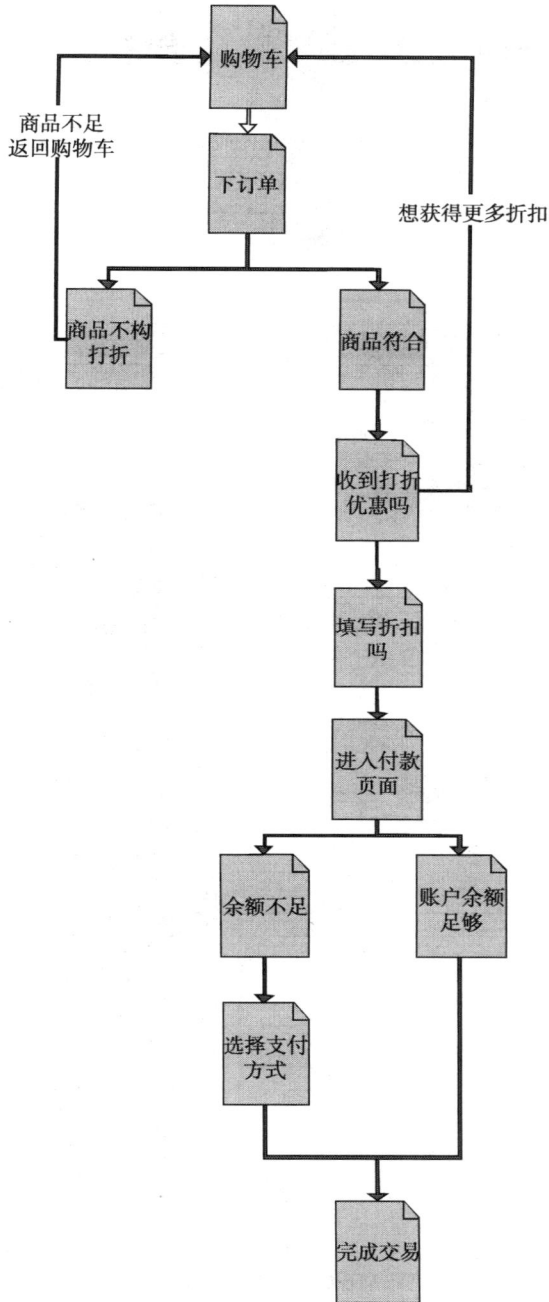

图 12-16.5　串联绘制主流程

最后完成页面流程图（见图 12-16.6）。

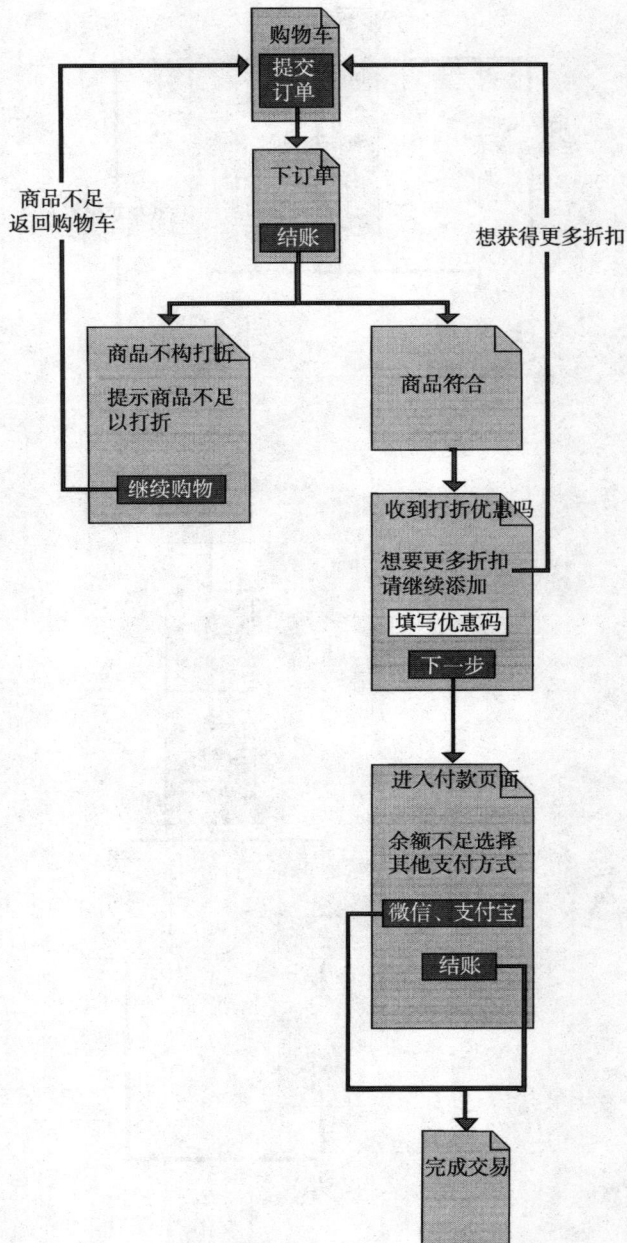

图 12-16.6　最终完善关键信息

也许会有人问，一个页面会有很多元素，并不像老师您这样画的只有这几个按钮或提示的图啊？再次强调下，画页面流程图只要把本次页面承载的需求功能点及其所包含流程逻辑的关键元素讲清楚就可以了。

最后，一切绘制流程图的工作都是为了向团队成员讲清楚一个需求功能点的逻辑和流程。要尽可能穷举涉及的页面，先做加法再做减法。要通过草图不断优化调整页面的关键元素。要与 UI、UE、前端以及研发在需求评审之前做更多的沟通，这样会得到意想不到的效果。因为一个人的思维是有局限的，只有囊括集体的力量，你才能做到尽善尽美，才会在需求评审会上做到游刃有余。

关于流程图的全部知识内容到这里就结束了。这部分内容比较琐碎，希望大家耐心细致的学习。

第 13 章　需求管理

13.1　需求池管理需求方法概述

产品经理每天考虑的问题就是不断收集、挖掘需求。然后把这些需求进行充分的分析理解之后，形成产品或者形成一些形态，贯穿始终（见图 13-1）。

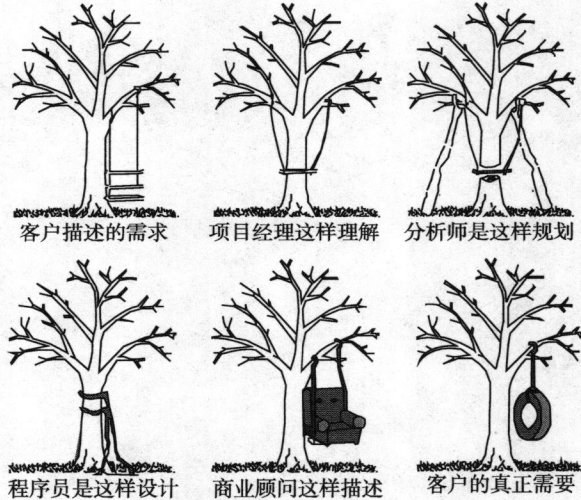

客户描述的需求　　项目经理这样理解　　分析师是这样规划

程序员是这样设计　　商业顾问这样描述　　客户的真正需要

图 13-1　各个岗位对需求的理解

下面来看看什么是需求池。

有些公司会设置 PMO 需求管理员这样的职位去做产品需求池这样的工作，即把公司所有收集到的需求汇总在一起建一个统一管理的 Excel 表。需求池让产品经理既可以掌握产品现状，又可以规划未来工作和产品迭代的方向。需求池本质上来讲是产品经理主动收集、归纳总结、排序的一种工作的重要方法，也是一种项目的管理方式，可以让工作项目时时处在自己的掌握之中。不会突然之间会有好像很迷茫，不知道未来做什么的感觉。如果没有需求池做需求管理，你就是一直在被动的接受需求。被动的处理需求工作，后果往往是浪费了你的精力，团队人力，得不偿失甚至会遭到团队其他成员的埋怨与吐槽。

我们产品经理做项目时，要经常自问下面两个问题。

（1）你所负责的产品，版本演变的过程是什么？

版本演变的过程：

现在正在开发的新版本是什么，包含什么功能，满足哪个细分用户群体的需求？

↓

下一个版本是什么，就是你现在手里正在规划的，基于哪些功能做优化或者迭代？

↓

再下一个版本是什么，大概的需求方向是什么？

↓

版本迭代的整体方向是什么？

需求池里的需求并不是单独存在的，它是为某一个具体版本服务的。所以首先要明白需求池存在的意义，明白版本的概念再去讲需求池。

通常面试的时候人家都会问"你用过我们的产品吗，如果用过可以给我们产品提出些意见。"这个时候你会巴拉巴拉提很多意见。但是这个时候往往不能切中要点，因为你并不了解他们版本的演变过程。

所以如果你要去讲需求和改进，首先要去想办法调研和理解它的版本演进。可以扒他们的 App Store 上面的产品的演变过程去体验理解。这样调研后你提出的意见才是相对准确的。

比如它们是社交类的产品，最近一直在用户资料方面迭代。就意味着在这一阶段用户资料是他们一个工作方向。可能用户资料对他们的促进商业价值有很大的作用。

（2）改进和 bug 的区别是什么？

用户收不到短信验证码，这就是 bug 影响用户达成目的。

用户收到短信验证码靠后，用户希望提前，这就是改进。

常见的需求池如图 13-2 所示。

1	自己提出			公司内部					公司外部		
2	需求描述	备用信息	后续计划	需求描述		备用信息	后续计划		需求描述	备用信息	后续计划
	需求性质：1xxxxx……优化/新增/bugfix(已经上线的需求但是这个点有问题……) /idea 需求详述	提出人：提出时间：	留存	需求性质：优化/新增/bugfix/idea 需求详述		提出人：提出时间：	合并		需求性质：优化/新增/bugfix/idea 需求详述	提出人：提出时间：	合并
3											

不要写的特别大的需求，把一个完成的产品整个需求都写在一起是不正确的。每一个需求都是要拆分成很具体的点。所以我们要罗列出需求点1、2、3……，在excel表上用颜色把需求点区分出来

模块	子模块	特征	任务描述	商业价值描述	需求属性	商业优先级	开发量	性价比	提交人	时间	备注
某某模块xxxxxx……		邮箱可视化	繁体中文支持	大概描述一下这个需求的商业价值……	扩展	6		高	XXX	XX-XX-XX	
某某模块xxxxxx……			邮箱总容量可视化和		扩展	4		高	XXX	XX-XX-XX	
某某模块xxxxxx……			容量自动报警			2		低	XXX	XX-XX-XX	
某某模块xxxxxx……	邮件列表模块	邮箱设置	皮肤设置		新开发	3		中	XX		
		可视化支持	邮箱各个属性统一设置模块，如：邮箱规则，自动过滤器，黑名单，提醒设置等……		完善	1		低	XXX	XX-XX-XX	
某某模块xxxxxx……											

图 13-2　各个岗位对需求的理解

还有的公司用在线需求管理工具，如图 13-3 所示。

图 13-3　在线需求管理工具

（图片来源：teambition 官网）

需求池 ≠ 需求管理，但却是需求管理过程中很重要的一部分。

需求池与产品版本之间的关系，如图 13-4 所示。

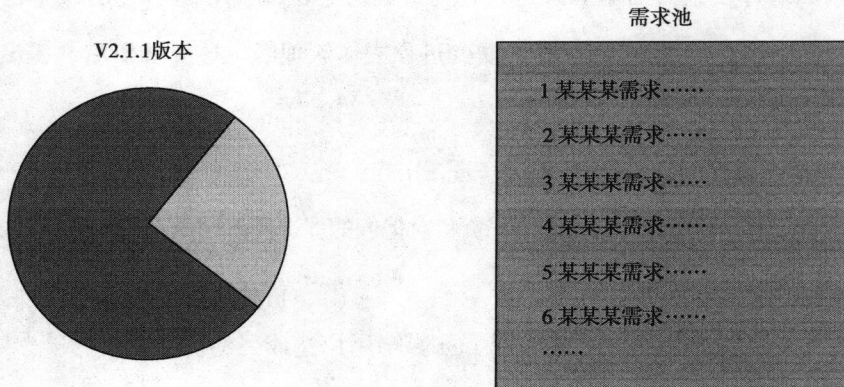

图 13-4　需求池与产品版本之间的关系

假如 V2.1.1 版本的功能有 10 个，橙色区域可能占了 7 个，浅色区域可能占了 2~4 个。那么这 2~4 个就是来自需求池，所以它有一定比例，并不能所有的需求都要从需求池中来。

所以我们的产品主轴还是依据细分用户群体的核心功能去做。需求池起到重要的协同作用。比如 www.kuailexue.net 这个网站基于细分用户群体的调研，下一个版本锁定是在线直播课。主轴确定了，再从需求池找与这个主轴相关联的需求，后台开课的流程逻辑。这些周边可以促成完善主轴的需求，会从需求池中梳理出来加入到新版本的开发中。

切记每个产品都要有一个需求池。

切记每个团队都需要有一个公共的需求池。

产品经理平时面对的角色就有用户、运营、技术、老板甚至公司内外你完全都不认识的人等。如果你的团队有七八个产品经理，那么从外或内收集到的需求，我们就可以放在公共需求池中。否则沟通成本非常高，你在规化版本的时候，大家一起来过需求的时候很痛苦。

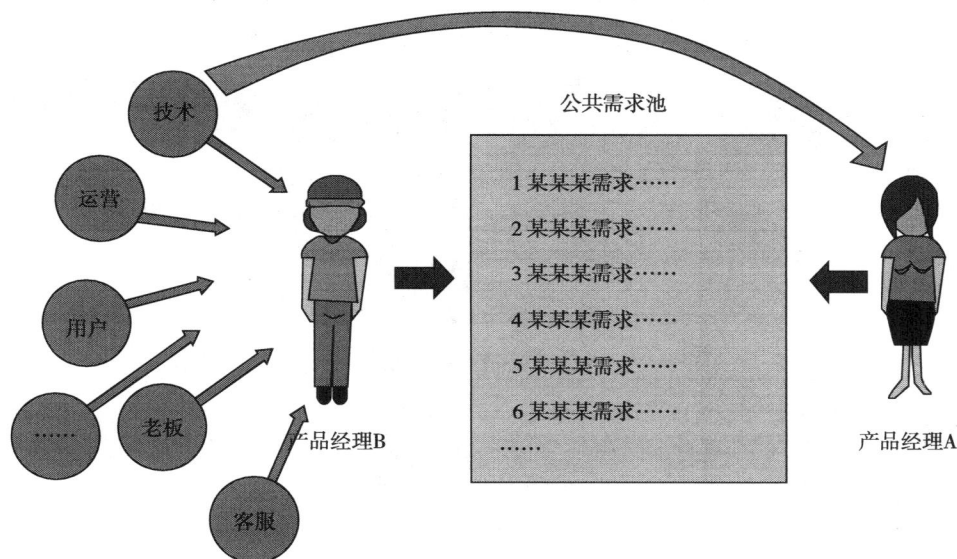

图 13-5　公共需求池

如图 13-5 所示，两个以上产品经理的公司某个节点比如技术很可能超过你，和另一个产品经理提了需求，如果没有公共需求池，那么最后很可能的情况就是，每个产品经理自己的需求池里的需求很多都是重复无用的。这种情况如果发生，你会发现工作起来审核需求就很痛苦。

需求管理常用工具：

（1）Excel 表，个人使用；

（2）互联网工具，teambition 团队用；

（3）技术自己搭建的管理平台；

（4）国外的 trello，国外的（仅作了解）。

需求管理不存在所谓正规的或不正规的方法，自己和团队顺手就可以了。

13.1 需求收集汇总到需求池的过程

1. 需求收集

（1）描述需求得到时候的情况。

（2）谁在什么时候反馈了哪些用户的问题（见图 13–6）。

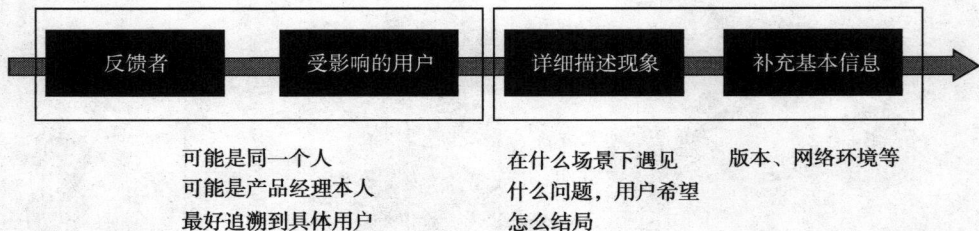

反馈者 → 受影响的用户 → 详细描述现象 → 补充基本信息

可能是同一个人　　　　在什么场景下遇见　版本、网络环境等
可能是产品经理本人　　什么问题，用户希望
最好追溯到具体用户　　怎么结局

图 13–6　搜集需求过程

实际工作需求收集卡

单项需求收集卡：	时间：
需求编号：	需求类型：
需求来源：	
需求描述：	
需求原因：	
逻辑架构：	需求重要性权重：
需求生命及周期：	
参考：	备注：

2. 需求整理

（1）是 bug？改进？或是全新的功能需求？

（2）是真需求还是伪需求（见图 13-7）？

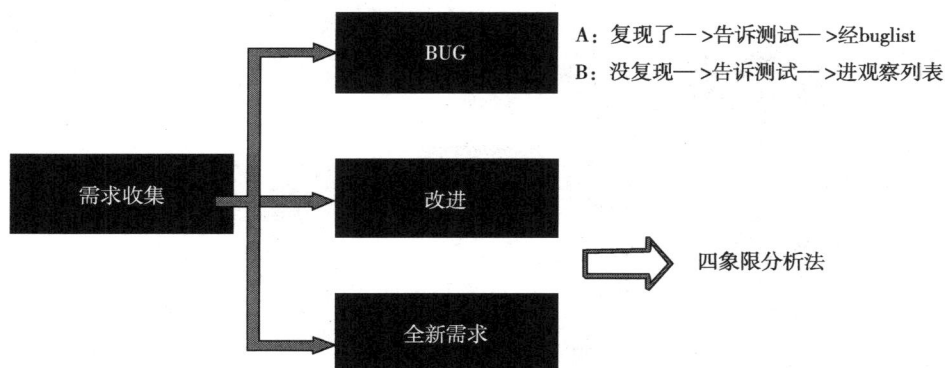

A：复现了——>告诉测试——>经buglist
B：没复现——>告诉测试——>进观察列表

四象限分析法

图 13-7　需求整理过程

四象限法：实际工作中可以看到重要但不紧急的需求会大量进到需求池。奇葩的需求占的比率不大，有用的不多，但是一旦发现有用的，往往又会是能让用户惊喜的功能（见图 13-8）。

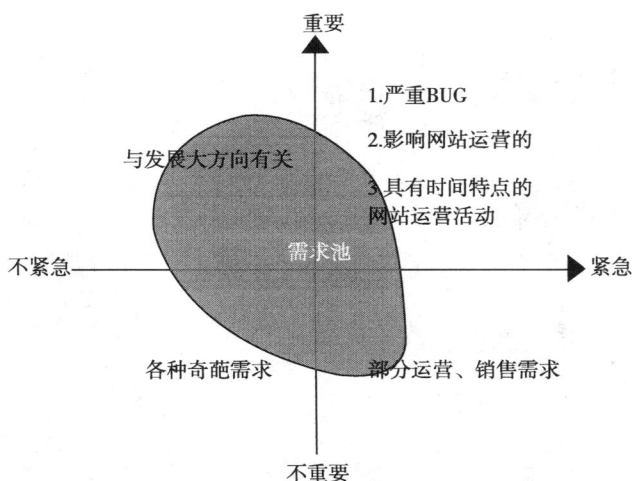

1. 严重BUG

2. 影响网站运营的

3. 具有时间特点的网站运营活动

图 13-8　需求整理四象限维度

3. 需求反馈

（1）尽量当下反馈。

（2）尽量真实反馈，多一些真诚，少一些套路。

（3）如果进需求池，尽量做到有行动有计划（见图 13-9、图 13-10）。

需求收集	需求整理	需求反馈
反馈者	bug	
	A：复现了—>告诉测试—>经buglist	
受影响的用户	B：没复现—>告诉测试—>进观察列表	
	改进	
详细描述现象	A：确定是否是有效需求	
	B：确定要不要做，能不能做	
补充基本信息	全新需求	

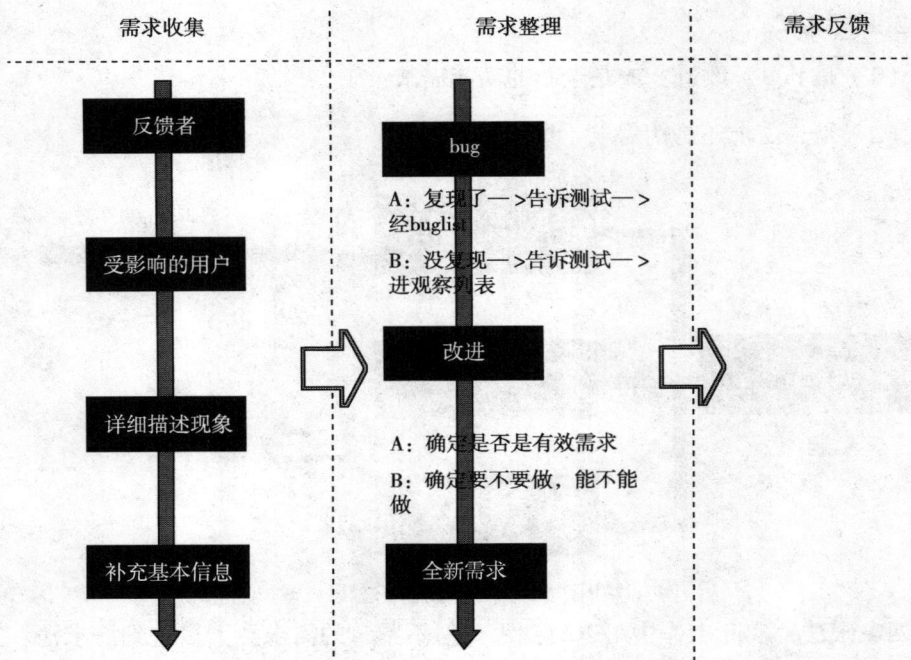

图 13-9　需求整理泳道图 1

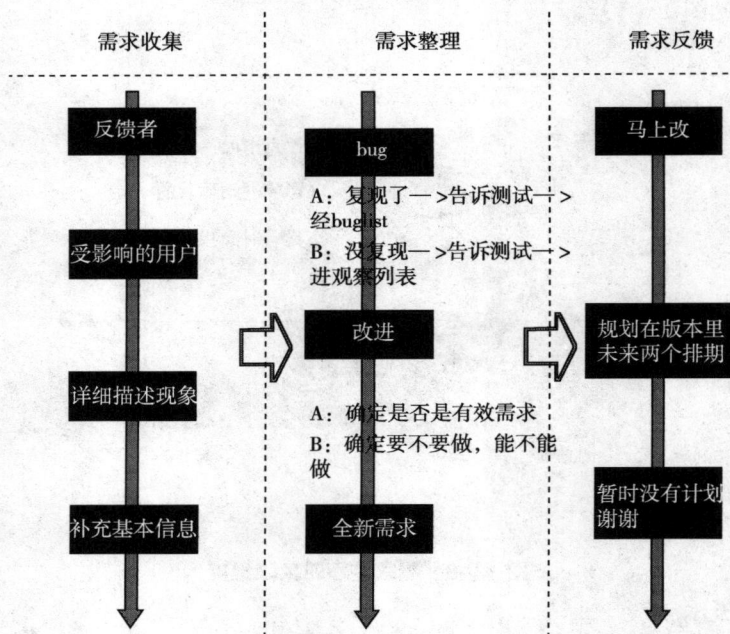

需求收集	需求整理	需求反馈
反馈者	bug	马上改
	A：复现了—>告诉测试—>经buglist	
受影响的用户	B：没复现—>告诉测试—>进观察列表	
	改进	规划在版本里未来两个排期
详细描述现象	A：确定是否是有效需求	
	B：确定要不要做，能不能做	
补充基本信息	全新需求	暂时没有计划谢谢

图 13-10　需求整理泳道图 2

至此，利用这些方法需求池的管理已经很完善了。

13.2　需求优先级排序四方法详解

1. 频度和用户基数象限

（1）首先要解决的就是大用户量的高频次问题。换句话说就是平台最核心的细分用户群体的高频次问题→效果范围整体细分用户群体基础体验。

（2）最后才解决少用户量的低频次问题→效果范围少数或极个别用户会有超好体验（见图 13-11）。

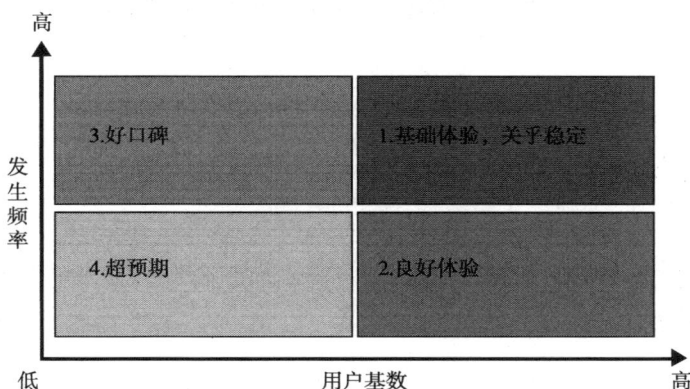

图 13-11　需求整理用户基数和频率四象限维度

图中揭示出来需求优先级的定位维度。

第一个是频次高用户量大→基础体验，整体稳定性。

第二个是频次低用户量大→良好体验。

第三个是频次高用户量小→好口碑。

第四个是频次诋用户量小→超预期。

比如某垂直电商平台，如图 13-12 所示。

2. 技术难度实现效果

优先见效快并且开发难度不大的，即迭代，最后做很费劲而且见效慢的，

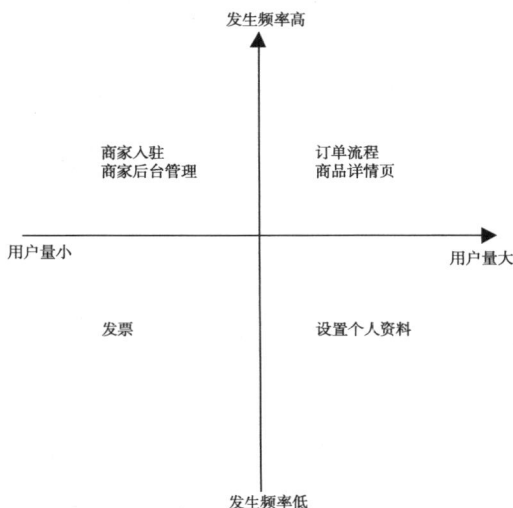

图 13-12　需求整理用户基数和频率四象限维度

为未来积蓄机会（见图 13-13）。

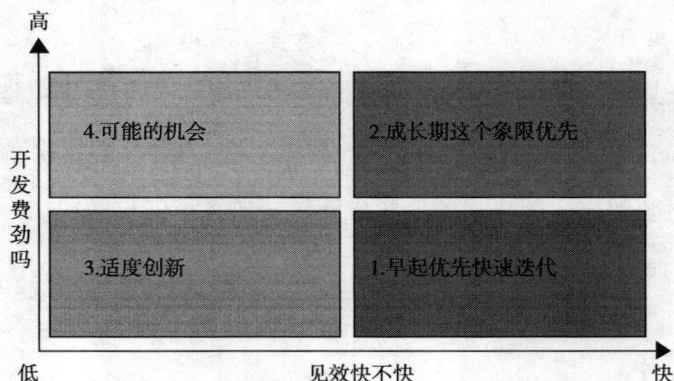

图 13-13　以技术和见效维度出发的四象限维度

（1）在项目早期，我们一定要选择见效快、技术难度低的。这样能让我们优先快速的占领市场，迭代用户。

（2）在成长期，我们就应该选择见效快，技术再难一些的。这个时候已经沉淀了用户，并且用户也不会满足止步于第一代 MVP 产品提供的服务体系。所以就要实时的深入建设我们的平台，给用户提供更多的使用附加值。

（3）见效慢，但是技术难度低，这可能是产品的小的创新。

（4）见效慢，技术高。

（3）和（4）是在我们有能力，能兼顾的时候才去考虑的需求。

3. 考量产品的价值

（1）迫切程度，是用户真的需要，还是我们拍脑袋空想。

（2）付费意愿，用户是否会为了解决问题而付费。如果有，那么我们就去做，然后投放到市场。如果你不收费，就可以快速占领市场沉淀用户。

（3）如果开发出来，用户会付多少钱，是 1 元还是 100 元?

4. 对细分用户群体的了解程度

（1）你对用户群体是否足够了解，是不是深入地了解用户的使用场景。

（2）如果不熟悉，说明要么你的用户一对一访谈出错，细分用户群体定位错误，但你并没有发觉。另一种情况是新入职，所以不熟悉。如果不熟悉你的用户一定不要动手。

5.总结你的结论

（1）用户：如果做这个东西，对核心细分用户群体的针对性有多强。

（2）场景、问题：用户在什么场景下会使用。也就是我们满足了用户的目的，针对用户的痛点给出了初级解决方案。那么用户是不是有意愿付费，购买我们的深层次解决方案。

（3）对比：与现在得解决方案相比，用户体验、解决问题的效率对于用户内心的人物角色塑造是正向还是反向？

13.3 某大型互联网公司需求管理案例详解

通过多种形式对用户的需求进行收集整理，在用户层面有用户访谈、调查问卷、测试结果、数据分析，需求还会出自市场、测试、领导等。在这个阶段对需求进行详细的汇总记录，先进入需求池，并且记录可追溯的反馈人员。

需求收集后自己先行评估一下。不要用户或者内部提什么需求，你就接什么需求，自己不加筛选的一股脑扔进需求评审会。经过你的筛选后，再继续根据各种分析方法确定需求的优先级别，所应用的无外乎我们上面讲的那些需求分析方法。最后梳理出最迫切的需求上需求评审会。

需求评审会可以是晨会或者别的形式，但是需求评审要有记录。参会人员要包含 UI、UE、前后端、测试、负责人等角色，需要评审会解决做不做，什么时候做的问题。

通过评审会议对需求进行打包，整理出版本或者子项。对打包好的需求要形成文档，有版本记录。最后提交负责人审核通过再转入到开发实施阶段。

1.需求的来源

（1）公司外部用户、客户、伙伴。

（2）公司内部（老板、其他部门、别的同事）。

（3）产品经理自己策划或者挖掘（见图 13-14）。

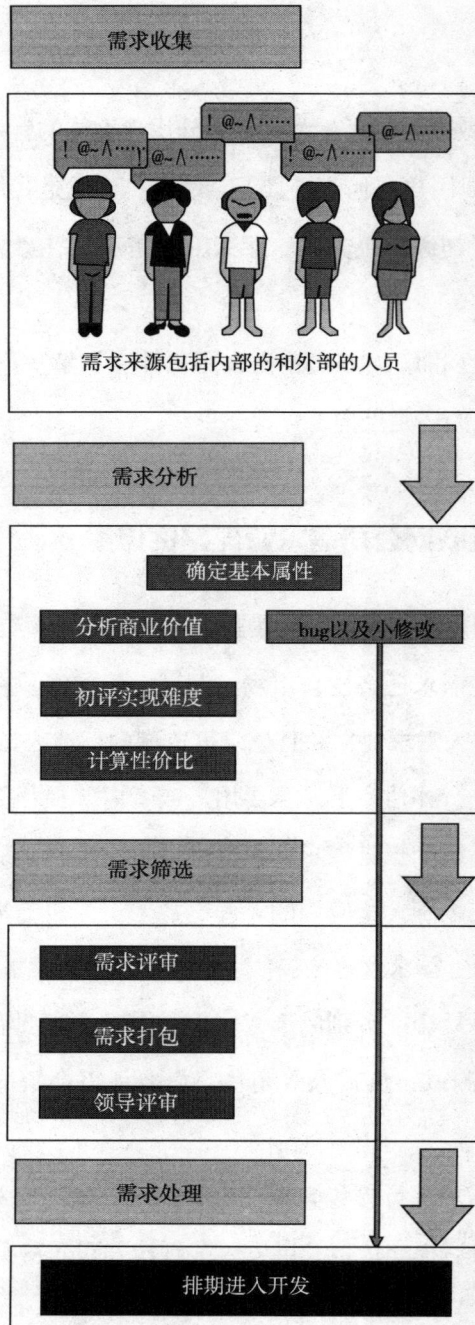

图 13-14　某互联网公司需求管理模型实例

外部需求来源有以下具体方法。

（1）用户调查。指各种调查问卷及一对一访谈。这里要强调的是，我们在做用户画像的时候也会用到用户访谈。那么现在我们在做挖掘用户需求的时候，也会用到一对一访谈。用户画像是确定我们为谁服务的，但是用户需求的阶段，我们做用户访谈就是找细分用户群体的几个用户代表去做用户需求的梳理。这是两个概念我们一定要清楚。并不是做完用户画像，就不会再进行一对一的用户访谈了。

（2）用户反馈分析。包括用户投诉、用户帮助等方法，看数据判断用户对哪些问题非常关心，经常会查阅什么类型的问题。比如你负责的这个产品有账号体系，那就需要你去每天去看，我的这些产品面对的这些用户，每天注册的情况是怎么样，成功率如何，登录成功率又如何。这些数据和 KPI 的指标有紧密的联系。

（3）产品数据分析。产品数据分析和用户反馈分析是紧密结合的。用户反馈这一部分是偏向定性的数据，产品数据是定量的。KPI 的指标变化情况，这些都是定量的数据分析。

（4）竞品分析。产品经理需要时刻关注你负责的行业的发展，经常做竞品分析，去为你的产品做标的、优化等的参考指标。

2. 需求优先级排序方
收集完需求后进行分类。

（1）功能类：比如微信，最开始只是聊天，再往后做了订阅号，再往后做了服务号，再往后又融入了钱包。等于说在做加法。当然也可以做减法。

（2）数据类：比如要生成一个报表形式的产品，能自动化的每天生成运营数据。

（3）运营类：比如双 11 要来了，我的产品刚好是电商类的，我可以做一个运营活动，比如红包、返现、打折。那么我们就要把这类需求单独分出来。

（4）体验类：比如注册时候让用户必须填写邮箱或者手机，那我这个版本的用户注册，是不是可以把邮箱优化掉，只留下填写手机号码就可以了。

（5）设计类：比如视觉风格上的改版。

分出需求的权重等级。

（1）重要并急需。

（2）重要但不急需。

（3）不重要是急需。

（4）不重要也不急需。

确认重要和紧急程度，如图 13-15 所示。

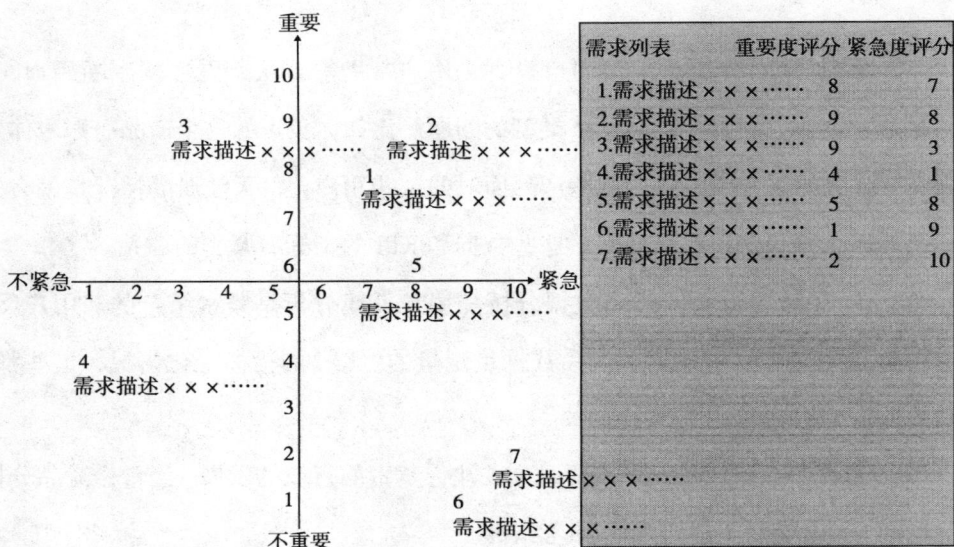

图 13-15　重要紧急程度需求评价模型

第一种情况：如果第一个又重要又紧急象限云集了非常多的需求的话，说明产品经理的需求工作没有做好。这个分布一定要是一个相对比较均匀的情况。

我们重点关注的都是又重要和又紧急象限里面的需求。

当然还会随着发展阶段的不同去侧重。比如以重要程度为主，我们是可以调整两个象限的权重的。比如重要程度的占比 70%，紧急程度的占比 30%，达到重新分布我这个需求所在的位置。以此判断以哪些需求为优先去做推进实现。

如果这个阶段我的资源非常紧张，那么我们就需要把紧张的开发资源更加有效的利用，就需要把紧急程度的占比提高。

总之四象限分析法只是一种辅助手段，并且在操作过程中要根据实际情况去调整不同的权重。这个分析法只是作为判断的参考。工作中还需要产品经理根据更多的实际情况去分析做决定。

3. 需求筛选

需求筛选和分析阶段在很多公司是合二为一的。因为我们这个需求的分析和决策包括筛选的过程非常的快，尤其是很多公司追求敏捷开发的过程，因此不会有太多的时间留给产品经理去做非常详细的需求分析，所以会压缩这个过程。但是大的公司这部分工作会按部就班。

4. 需求决策

（1）战略定位。根据公司老板定的年度工作计划、产品的主要功能和细分用户群体需求变化为基准。

（2）战略方向。下面每个阶段都有不同的版本，需要产品经理在做需求管理筛选和决策的时候，首先有战略分阶段的想法。然后给予每个阶段我们需要分版本。需要去考虑每个版本实现的核心是什么，产品定位又是什么样的，用户有什么需求，环境又是什么样的。

我们需要深入的、持续的去做这个需求管理分析决策的时候，就会形成一套自己的标准。这是很重要的一个战略层面的指导。有了战略才能更好地指导战术。然后产品才会是一个非常扎实的情况。

项目在起步阶段：关注产品最核心的功能实现。

项目在发展阶段：优化扩展完善我们的产品，小流量实验，新的想法尝试扔到线上，让用户来反馈。

项目在迭代阶段：这个阶段产品就到了平台期，更加关注设计类、体验类、运营类的需求了。

产品定位：分阶段去考虑。因为每个产品都有生命周期。你的产品处在哪个生命周期阶段、需要做什么，这就和产品定位有很密切的联系了。比如出生阶段的产品，那么我们更多的是在做核心的功能。战略定位：战略定位和产品定位是有重叠的部分。不过战略更偏向于市场，产品定位更关注我的产品内部问题。功能定义、产品形态是什么样的。所以产品定位考虑因素是判断功能需要是否符合产品定位的标准。

不把需要当需求：一个被说烂的福特造车故事，福特问用户需求什么，用户说我就想要一匹跑得快、吃得少的马。如果按照用户这样的需求，我们永远造不出来汽车，因为用户会由于思想的局限性，提出伪需求。这一点产品经理一定要辨别出来。

不把产品形态当成本质：用户的本质是我就想喝水，不要以为我们就做个杯子给用户就好了。杯子其实是一个成形的产品形态，它不是背后的本质。

我们最后经过上面的阶段是要形成一个报告的。我们最好以一个月为周期，汇总这个团队的需求变化情况，形成文档做储存。

这个报告也要定期更新。比如以一周或者一个月为周期，哪些需求是要去做的，需要什么样的人员来参与其中等，这个文档就叫《产品管理分析文档》（见图 13-16）。

需求汇总表模板一（以部门属性为基准）

1	自己提出			公司内部			公司外部		
2	需求描述	备用信息	后续计划	需求描述	备用信息	后续计划	需求描述	备用信息	后续计划
3	需求性质：1xxxx……优化/新增/bugfix(已经上线的需求但是这个点有问题……）/idea 需求详述：……	提出人： 提出时间：	留存	需求性质：优化/新增/bugfiz/idea 需求详述	提出人： 提出时间：	合并	需求性质：优化/新增/bugfiz/idea 需求详述	提出人： 提出时间：	合并
4	需求性质：2xxxx…… 需求详述：……								
5	需求性质：3xxxx…… 需求详述：……								
6	需求性质：4xxxx…… 需求详述：……								
7	需求性质：5xxxx…… 需求详述：……								

不要写的特别大的需求，把一个完成的产品整个 需求都写在一起是不正确的。每一个需求都是要拆分成很具体的点。所以我们要罗列出需求点1、2、3……，在excel表上用颜色把需求点区分出来

需求汇总表模板二（以功能模块为基准）

模块	子模块	特征	任务描述	商业价值描述	需求属性	商业优先级	开发量	性价比	提交人	时间	备注
某某模块xxxxxx…	邮件列表模块	邮箱可视化	繁体中文支持	大概描述一下这个需求的商业价值……	扩展	5		高	XXX	XX-XX-XX	
某某模块xxxxxx…			邮箱总容量可视化和		扩展	4		高	XX	XX-XX-XX	
某某模块xxxxxx…			容量自动报警			2		低	XXX	XX-XX-XX	
某某模块xxxxxx…		邮箱设置	皮肤设置		新开发	3		中	XX	XX-XX-XX	
某某模块xxxxxx…		可视化支持	邮箱各个属性统一设置模块，如：邮箱规则，自动过滤器，黑名单，提醒设置等……		完善	1		低	XXX	XX-XX-XX	

图 13-16　需求池实例

每个月最好再做一个需求简报（见图 13-17）

1	2017年X月需求管理汇报表	28		汇报人	某某某
2	提交人	模块	分类	状态	商业价值
3	张三	前端	页面优化	已经排期，月底27号进行	解决会增加用户的体验
4		后台	用户管理	描述……	描述……
5		后台	运营管理	描述……	描述……
6		支付	流程优化	描述……	描述……
7		管理	商品分类	描述……	描述……
8	李四	前端	页面优化	已经排期，月底27号进行	解决会增加用户的体验
9		后台	用户管理	描述……	描述……
10		后台	运营管理	描述……	描述……
11		支付	流程优化	描述……	描述……
12		管理	商品分类	描述……	描述……
13	王二	前端	页面优化	已经排期，月底27号进行	解决会增加用户的体验
14		后台	用户管理	描述……	描述……
15		后台	运营管理	描述……	描述……
16		支付	流程优化	描述……	描述……
17		管理	商品分类	描述……	描述……

图 13–17　月需求汇报表模型

第 14 章　眼球下的 H5

H5 页面的特点，相对于 App 开发，开发周期时间短，传播范围广，更新迭代成本小。基于 CSS3、音、视频以及 Canvas 动画等新技术形式丰富多样。

1.H5 页面的类型

（1）活动推广类型：有 H5 小游戏、贺卡、测试题等。

（2）品牌宣传类型：不同于活动运营页面，品牌宣传型等同一个品牌的微官网，更倾向于品牌形象塑造，向用户传达品牌精神态度。在设计上需要运用符合品牌气质的视觉语言，让用户对品牌留下深刻的印象。

（3）产品介绍型：聚焦产品功能介绍，运用 H5 互动技术优势展示产品特性，吸引用户消费。

（4）总结报告性：自从支付宝的十年账单引发热议后，各大企业的年终总结现在也热衷于 H5 技术实现了，优秀的互动体验令原本乏味的总结报告有趣生动起来。

2.H5 页面的形式

（1）简单的图文专题页形式，简单体现在交互上简单，这类页面考验的是高质量的内容本身和讲故事的能力。

（2）礼物、贺卡、邀请函：通过提升用户好感来潜移默化地达到宣传品牌的目的。这里考验的是 UI 的设计能力。

（3）问答、评分和测试：比如旅游区的评分测试。

（4）H5 小游戏。

这里着重说一下，要借助社会热点炒作自己。比如优衣库的视频出来后，有一家游戏公司马上推出通关玩游戏，去掉马赛克，当时即成为下载量最大的 H5 游戏。

3.H5 设计技巧

（1）故事化：H5 本身是一个信息承载和传达的工具，讲故事是让信息快速传播的最好方式。

（2）融入场景：让用户参与其中找到熟悉的感觉，这样，H5 页面场景承载的品牌信息，让用户在特定场景里唤起他们的认知，从而加深对品牌的印象。

（3）强化互动：比如空气净化器 H5 宣传页面，我们加入互动，比如长按清除 PM2.5 吸收怪味等提高产品的购买欲望，增加广告的互动乐趣。

（4）参与感：比如是一个服装移动端，我就可以开发让用户可以在线穿衣搭配的效果，提升用户的参与感。

（5）社交性：要让品牌能够传播得更远还需要 H5 在社会化思维上做功课，借助用户的社交关系链传播，通常用户会通过谈资、帮助、比较、炫耀、窥视等与好友维持或促进社交关系。因此在 H5 设计中应该融入这些能让用户分享的动机。

（6）话题性借势营销：比如优衣库事件。

（7）流畅性：切记我们实现动效一定要坚持流畅性，否则别加。

4.H5 用户行为报告

（本文节选整理自腾讯大数据以及腾讯互娱市场部创意设计中心出品的移动页面用户行为报告第一期和第二期）

（1）加载超过 5 秒就会有 74% 的用户离开页面。

（2）中午 12 点左右和晚上 10 点左右是页面访问高峰期， 注意推广要在高峰期前的一个半小时开始。

（3）移动页面热度持续两天左右。通过用户口碑扩散的移动页面，其访问热度往往持续两天左右。两天后增加页面新的元素，可以延长热度时间。

（4）大多数用户习惯滑动切换，放置的按钮点击率低。

（5）层级越深流失越多。用户随着页面层级的加深而不断流失，流失率在前几页最高。

（6）复杂交互导致用户流失。输入行为或者复杂交互行为会导致用户流失。

H5 出现场景往往是在社交平台。社交平台短时间、碎片化是其特点。大家不会花大量时间停留在某页面，更不会在某页面里做复杂的操作，比如输入汉字等。所以我们要尽可能地用选择的方式代替输入的方式以减少用户流失。

（7）转化率：H5很重要的作用是给App引流。

由H5页面引导去下载App的转化率平均值为11.3%，最高值为36.6%。

由H5页面引导去打开App的转化率平均值为17.52%，最高值为63.83%。

（8）分享率：H5页面的分享率平均值为3.93%，最高值为22.39%。

（9）页面寿命长期、固定位置的资源投放可以延长移动页面生命周期。

（10）功能型页面的停留时长比展示型页面的平均停留时间长。

（11）首屏和尾屏的停留时间更长，页面首屏和最后一屏的平均停留时间比中间页面的平均停留时间长。

（12）首屏和尾屏的按钮点击率更高，按钮摆放在第一屏的点击率最高，第二屏骤减，最后一屏回升。

（13）按钮点击。同样功能的按钮，名字设置为"前往领取"点击率67.9%，"立即下载＋下载游戏"点击率为32.1%。所以按钮的名字也很重要，影响点击率。前往领取更能激发人的旧脑和中脑参与到决策中来。

（14）按钮点击受动画影响。动画明显的元素更容易引起用户注意并点击。

（15）用户会选择性忽略页面提示。用户可能会忽略页面提示直接开始页面交互。

（16）操作习惯。用户习惯沿用上一屏学习到的操作行为，如果当前操作不同，需要提示用户。

5. 消费者购买决策模式

消费者购买决策的模式，根据S-O-R模式所揭示的：消费者在内外部各种因素的刺激下，产生一系列心理决策的活动，作出购买决策并实施购买行为。

内部外部因素的刺激→消费者心理的活动过程→购买行为。

（1）产品本身，功能、性能、外观、质量等吸引力。

（2）商家及其营销刺激，品牌信誉、价格折扣、饥饿营销、粉丝营销、促销等。

（3）消费者个人情况变化，生病、结婚、生娃等。

（4）社会文化，流行趋势、节日送礼、社会热点。

（5）自然环境变化，冷、热等。

消费者购买心理活动，如图 14-1 所示。

图 14-1　消费者消费演进模型

双十一的成功就在于商家的刺激，在别的环节其实是没有什么变化的，比如产品、消费者个人情况等（见图 14-2）。

图 14-2　商家营销刺激模型

6. 减少用户心理犹豫的方法

（1）营造"稀缺"的紧张氛围。页面上展示已售完的热门产品，激发用户的遗憾心理。导致看到另一件未售罄的产品时候会倾向快快出手。专门做特卖的网站的特点就是很容易出现售罄，所以可以这样操作。添加进购物车的商品 20 分钟不买就被清空，与别的不一样，要是不买永远在购物车里。就是要造成一种不买别人就会买走的效果。

（2）"限时＋限量"营造紧张感。利用用户的"心理账户"，减少"舍不得"。比如，①日常衣服支出＜人情或者情感维系支出；②免费所得＜花钱购买；③零食

157

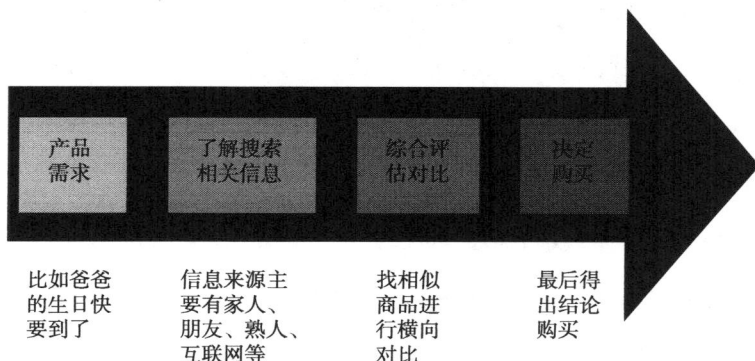

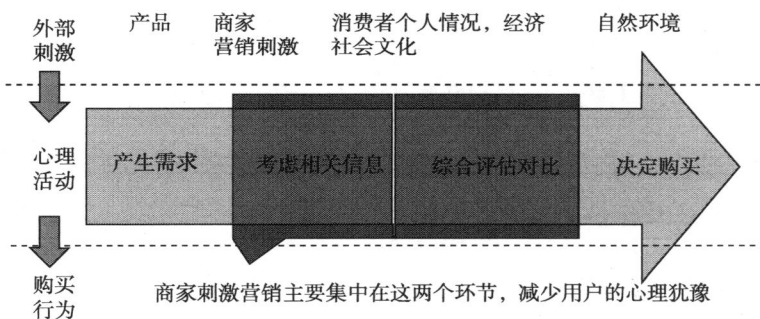

支出＜爱的支出。

（3）巧用"捆绑"技巧。①核心就是凑单获得更大优惠，绕开复杂的心理决策过程；②搭配购买，比如买个上万元的相机再搭配个 1000 元的相机包，如果单买相机包会觉得 1000 元很贵，但搭配起来买会因为心理衡量标准是上万元的相机而觉得 1000 元的包也不是很贵；③打包销售，一支牙膏和十支牙膏；④折扣拆分，买东西打折，分享再次打折等。

（4）定价策略。①比如 20 元一件，两件 38 元（感觉降价不足，没有诚意），34 元一件，"满 67 减 30"实际两件也是 38，但是感觉力度大；②折扣百分比力度大展现折扣，价格折扣好看就展现价格，两个都好看就都展示。

（5）用户场景要素。比如，某某时间、某某地点、周围某某事物、特定用户类型、萌发某种欲望、会想通过某种手段满足某种欲望等用户场景需要考虑。

用户场景和用户需求是相互联系的，如果我们的产品能够出现在这个场景里面并帮助用户满足某些需求，那么我们这款产品就是好的产品、有市场的产品。

关注用户场景的主要作用有判断需求的存在必要性、深刻理解产品需求、深入考虑用户如何使用产品等。了解这些后，可以根据用户场景指导产品计，比如，地铁里看手机，单手操作是最大的行为。

第 15 章　产品设计过程

15.1　产品设计综述

1. 导航梳理和架构

产品设计是一个从抽象到具体的过程，通过文字或图像等方式将我们策划和规划的产品需求展现出来。它是将用户的某种目的或需求转化为具体架构，并通过操作流程表现出来。

产品设计阶段要全面确定整个产品策略、架构、功能、外观，从而确定整个产品系统的布局，因此产品设计具有牵一发而动全身的重要意义。

什么是产品设计：经过市场分析和产品策划，将挖掘出来的需求进行验证和规划，然后梳理和细化产品需求，设计产品架构和功能，定义产品体验和价值。

产品设计共有 3 个阶段。

（1）架构设计，这个阶段建立产品骨架，确定产品内在模块。

（2）原型设计，这个阶段确定产品表现层的基本轮廓，确定产品的功能逻辑。

（3）体验设计，这个阶段确定产品的风格形象，设计用户体验流程 。

在进行产品设计之前，关于产品的很多表述都是概括性的介绍。产品设计工作就是将这些还是大概方案、设想的需求，用具体形象化的表述手法给呈现出来。

通过产品设计的创作过程，包括市场调研、用户画像、竞品分析等，让我们对产品需求进行梳理和推演。将策划的想法更加细化和具体化的呈现出来。并以 PRD 文档形式记录、分解具体需求说明，这一步是在产品开发之前最后一项非常重要的工作。

产品设计的逻辑是先从宏观角度解读全局，再逐步细化微观细节的过程。这是一种由粗到细的思维方式，产品原型就是放在最后一步。因为原型就是产品的细节和逻辑层面的东西了。宏观角度的工作，我们都已经明白，市场调研、竞品分析、用户画像等。那么我们产品经理还需要了解的一个知识就是架构设计。

不懂技术的产品经理不是一个好架构师这是一句玩笑。产品经理有很多，但是能真正做好的却很少，大部分产品经理都是流于表面的去设计产品，深入不进去。因为不懂技术架构，这里并不是让我们像开发一样编程。而是指产品经理对于技术要掌握到了解的程度。

产品的规划和设计其实就是产品架构的规划和设计。一般稍微大一些的公司都会有产品架构师的岗位。

决定一个产品的成功与否，涉及的因素有很多。除了细节设计对产品成败有比较重要的影响作用，决定产品成败其他的因素还有市场方向的把握、用户定位和需求的把握和产品架构等。

那么，什么是架构设计？

架构设计是基于对用户需求和产品意图的充分理解情况下，从底层开始规划设计产品的整个模式方案的过程。只有全新产品或者重构产品的情况下才会涉及产品架构设计。

架构设计5个层面包含了产品的一整套构造和运转逻辑，分别如下。

（1）系统层：基于我们对用户需求和产品意图的了解，将产品的模式和形态确认一个范围，帮助我们在接下来规划设计的时候有一些样本可以参考。比如B2B\B2C众筹等模式，形态结构有C/S、B/S。

（2）数据层：指数据结构，非技术出身的产品经理可以使用信息结构图来代替，用思维导图来罗列信息元素标注彼此关系，最后由技术人员来构建数据层。这里注意不要过多干涉技术人员工作，避免被人嫌弃。

（3）业务层：产品的业务模型，算法公式、功能流程和层级主要描述产品的逻辑特征。比如电商产品，业务模型有品牌、商品类型、分类、商品、优惠券、购物车等模型，算法公式对应特殊功能，比如购物车结算公式、打折扣费等，功能流程则是产品功能的用例、用来描述功能逻辑，用任务流程图、业务流程图、页面流程图等表现。

（4）框架层：指产品的导航、频道、页面和模块元素。即产品结构图，它是产品的骨架。从产品逻辑顺序来讲，框架层在业务层之后，但是现实工作中由于在确定框架之前，我们对产品的很多业务逻辑只是一个概念，所以工作中往往会先确定产品框架之后再梳理业务逻辑。具体因为个人习惯或者工作环境的不同，对于业务层和框架层的顺序也会有不一样的理解。

（5）表现层：产品的视觉界面和用户体验，它是产品的皮肤和相貌。

产品的本质是基于业务逻辑来定义代码指令对数据库进行读取、增加、删除、修改等操作。架构设计就是梳理这些逻辑和指令。

要能够以技术人员的视角出发，以"实现模型"的思维方式在还没有形成具体产品形态和概念的情况下，能够清晰地梳理出数据形态和流程的过程。

数据结构是计算机存储、组织数据的方式，是相互之间存在一种或多种特定关系的元素组合。对于产品经理，可以用思维导图去理解这个技术问题。

先来看下信息架构（见图 15-1），除了图中罗列的信息之外，实际产品中，还会有用户收藏、用户通知等其他内容，如果我们想知道用户行为，还会有用户行为的数据。

有了这个信息架构，我们再来理解数据架构。

图中的各个模块内就是数据元素，所有信息就是一个集合关系。

算法：案例微信朋友圈有一个算法，达到的"需求"（我们为什么要讲解一下算法，因为产品经理再提需求的时候，要知道内在的逻辑）判断某条信息是不是在该用户的信息流中显示过，以及显示的频次。根据算法计算出来的结果决定同样的信息是否还要再次在同一个用户显示。

需求目的：降低信息同质化，减少重复信息对用户带来的骚扰。

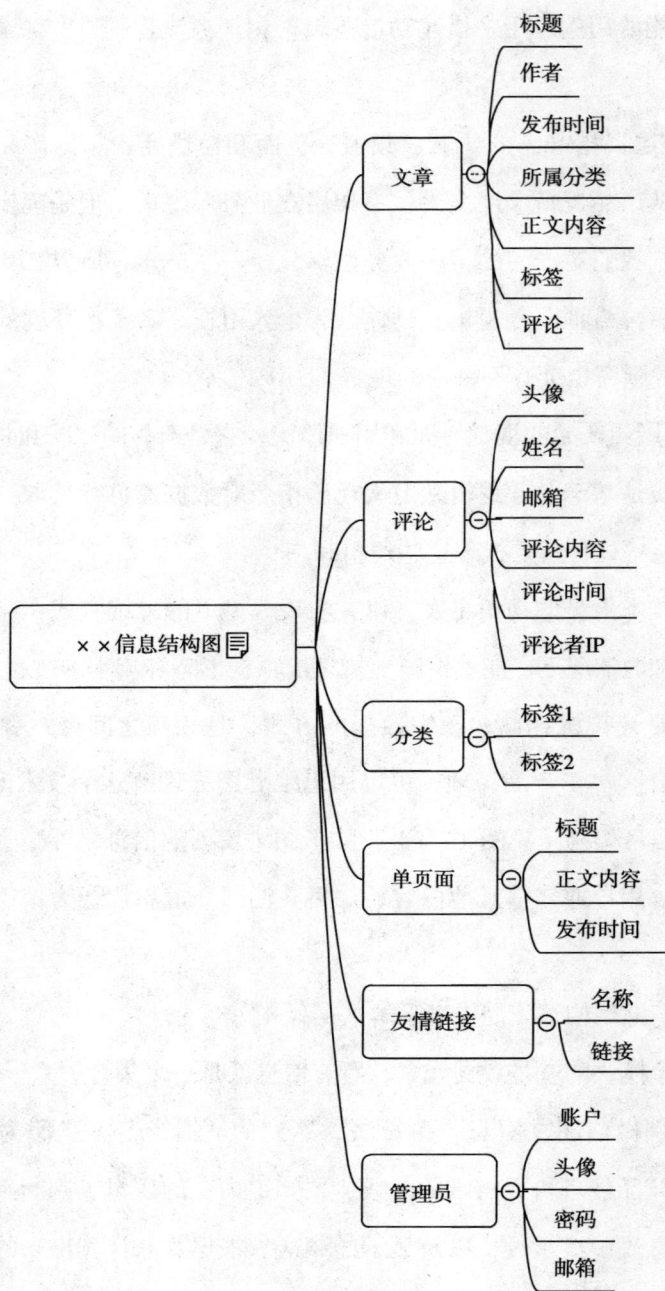

图 15-1　信息结构图

2. 产品形态模式

（1）C/S：Client/Server 结构由用户操作使用的客户端，常见的产品有 QQ、阿里旺旺和 App 等。

（2）B/S：Browser/Server 用户变成了浏览器，常见的产品有 QQ 空间、微博等。

功能性产品（玩数据）：比如电商服务产品，后台的增删改查、前台的展示。

智能型产品（玩技术）：比如人脸识别、语音识别等。

产品架构：基于产品的市场需求和意图，规划设计是一个功能集合的综合体。上面我们讲到有 5 个层面的内容。产品架构的目的是树立产品的功能逻辑和交互体验，背后隐含的是一套基于运营角度的规则机制。

这套运营机制又有两个目标：一个是用户的目标；一个是网站的商业目标。那么产品架构的设计第一要满足用户的目标，即所谓的刚需，进而用合理的架构引导用户完成网站的商业目标。这样的网站才是一个合理发展框架。两者缺一不可。如果缺少满足用户的目的，结果就是吸引来的流量很快流失，缺少商业目的，那就不用说了。

技术架构：基于产品的资源属性和流量请求，规划设计的一个系统性的服务架构，目的是能够承载产品的使用以及安全，由"服务端"和"开发框架"组成。

架构设计的误区：因为架构设计牵涉到很多技术方面的问题，很多产品经理会产生误区——这不是我所要负责的。但是从整个产品商业形态考虑，是没有前后台之分的，因为前台和后台都是在完成网站或者产品商业逻辑。只不过前台面向的是用户群体，后台面向的是运营群体。这两个群体合在一起就是完成达到产品的商业目的。

这部分内容零碎，我们尽可能的对文中提到的技术节点，自己在网上找专门的文章深入和了解。

15.2　产品设计导航

让我们再一次回顾一下之前做的一对一访谈。

基于用户的目标、观点、行为、时间等维度梳理出标签。

想转行拿高薪，零基础转行，对比多家机构，课程体系，上课具体多长时间，了解学费，害怕被骗学不会，害怕学完不能就业，了解课程，上课安排，上课地点，同学人数，学习多长时间，能不能兼顾上班，有基础深造，课程深入讲解还是粗浅表面，老师的水平资历，横向评比，最好能在线学习，有专题知识讲座，能扩大圈子，上课时间灵活，有问答能解决针对性问题，学费贵不贵。

然后我们通过贴标签的方式梳理出细分用户群体。比如定位梳理出一个细分用户群体为零基础用户，根据他们的关于目标、观点、行为的标签，我们再一次列出清单，分为3个维度：①用户目标；②可能的频道、功能和内容；③商业目的（见表15-1）。

表15-1　初学者想了解的内容

用户目标	可能的频道、功能和内容	商业目的
了解课程	频道：课程展示 功能：1.免费试听视频课程；2.想要听更深入的注册 内容：1.课程展示；2.课程免费试听；3.免费视频课程	访问网站（量多决定传播范围） 将网站推荐给别人，转化为收费学员
了解教师资历	频道：教师团队 功能： 内容：教师介绍	打消学员心理疑惑，转化为收费学员
了解学费和折扣	频道：多种付款方式 内容：1.分期付款；2.先学后收费	访问网站（量多决定传播范围） 将网站推荐给别人，转化为收费学员
了解班级，地点	频道：班级类型上课地点 内容：1.班级类型；2.班级安排；3.交通图；4.清晰的交通工具乘坐说明	访问网站（量多决定传播范围） 将网站推荐给别人，转化为收费学员
了解就业	频道：市场职位前景 内容：1.社会就业趋势；2.学生的就业情况	访问网站（量多决定传播范围） 将网站推荐给别人，转化为收费学员
了解评价	功能：学员评价 内容：1.学员视频评价；2.学生就业情况	访问网站（量多决定传播范围） 将网站推荐给别人，转化为收费学员
了解售后	频道：我们的服务承诺 内容：1.学不会免费无限次数学习；2.就业后也随时帮扶学生	访问网站（量多决定传播范围） 将网站推荐给别人，转化为收费学员
用户类	频道：我 功能：设置用户信息、买课的信息、听课权限、密码等增删改查操作 内容：关于用户的人口属性，和平台的交互内容	设置学生买的课程可以共享出去，将网站推荐给别人，转化为收费学员
注册／登录	功能：注册／登录 内容：注册内容、登录内容	黏性和频度也是商业价值，注册会员的频度和黏性更强
首页Banner类	功能：展示网站动态宣传内容 内容：课程宣传、优惠宣传等	

卡片开放式归类：

不预先设置导航，把梳理出来的功能点做成贴纸，然后把相似的一类归纳放一起，最后再根据分类设置导航架构（见图 15-2）。

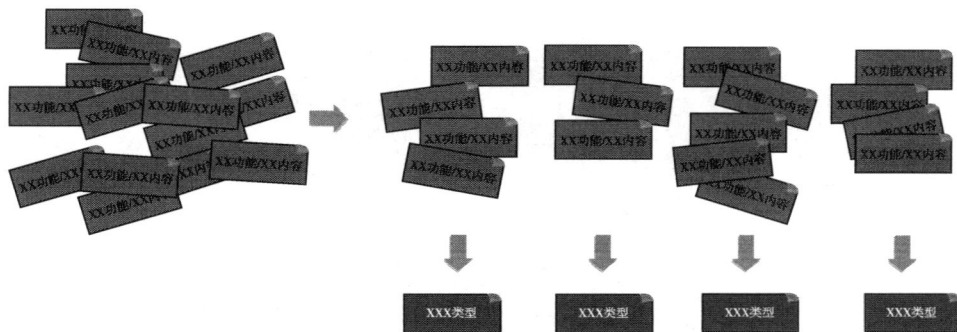

图 15-2　开放式标签梳理法

卡片封闭式归类：

预先设置导航架构，然后把梳理出来的功能点做成贴纸，按照相似原则，排列在每一个属性相似的导航后边（见图 15-3）。

图 15-3　封闭式标签梳理法

最后梳理出来的就是产品导航。

依据以上方法我们就能很轻松地梳理出网站导航 / 频道和功能及内容，下面就可以根据梳理出来的元素去绘制产品结构图。参考快乐学产品 www.kuailexue.net 产品架构图（见图 15-4）。频道部分是我们设计的平台，承载用户需求以及我们网站商业价值的架构。延伸的页面是承载功能和元素的框架，它们之间形成的递进关系就是流程逻辑。有了这个我们进而可以深入到为每一个递进关系细化为页面流程图，这些递进关系就是用户达到目标的路径通道。

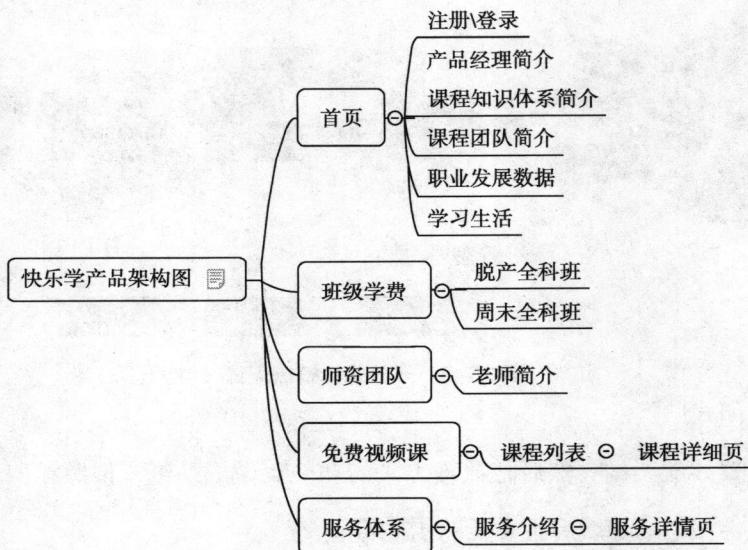

图 15-4　快乐学产品架构图

现在我们画完了产品结构图，整个产品的宏观架构已经呈现在眼前。那么任务流程图又该如何绘制呢，这一部分请参考本书第十二章节内容。

15.3　导航系统的设计

产品经理要将页面模块组织起来，梳理出其中的逻辑，按照层级关系，归纳出几个链接。导航系统是一个网站平台的基础。

让用户在导航系统中清楚的认识到流程逻辑结构和自己所处的位置，为用户解释"我从哪里来"，将要到"哪里去"。

"面包屑"记录了用户的访问路径，用户可以通过它返回上一级任何一个节点。一般网站左上角的 Logo 可以使用户一步回到首页（见图 15-5）。

图 15-5　面包屑

（图片来源：www.kuailexue.net 官网）

导航的深度和广度在导航结构中，层级的数目指深度，每一层的数目表示广度。这里我们要考虑平衡。

导航架构层级过深，用户需要多次点击才能达到目的。在互联网平台多一次点击就会多一层流失用户。用户也不太可能从第二层级的目录判断是第 5 层级的内容。同时过深的层级也会让用户迷失在架构中（见图 15-6）。

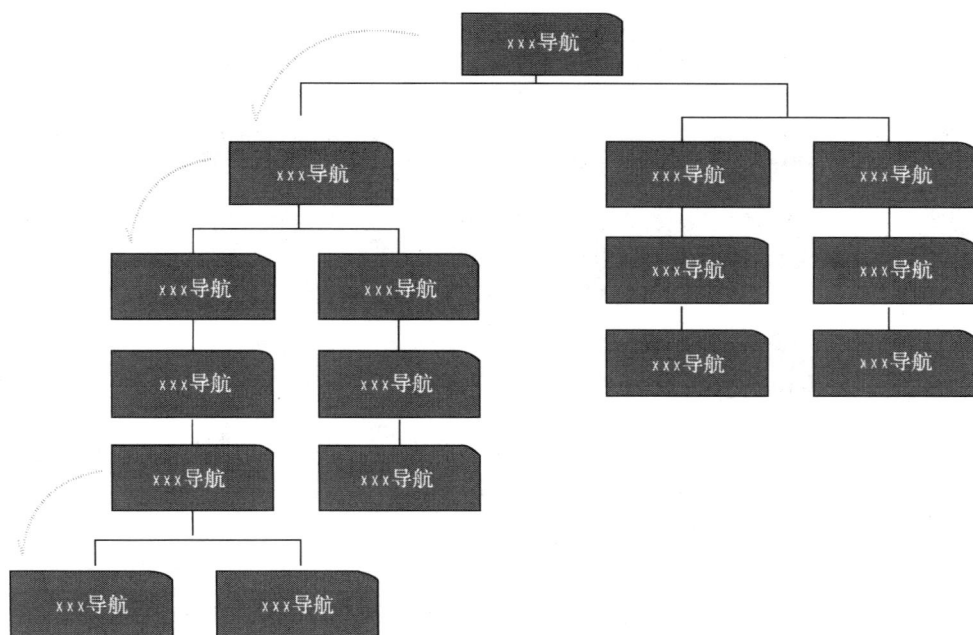

图 15-6　导航模型架构过深

导航架构延展过于分散（见图 15-7），虽然用户平面上扫视的成本要低得多。虽然广度导航更利于用户发现有用信息。但是如果广度超过用户可以接受的范围，用户必须一次阅读很多项才能在其中进行选择，也会大大增加用户的负担。 一般来说，超过 7 个选项用户就很难记住了。

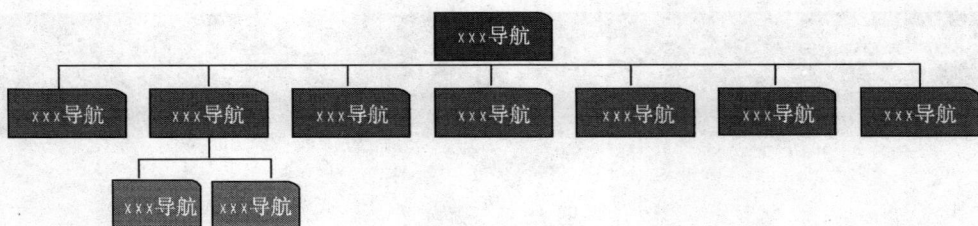

图 15-7　导航模型架构过于分散

所以导航设计要合理地进行分组，在分组的时候注意深度和广度的平衡。明确每一个层次的焦点，让用户知道当前的层级有哪些内容，并且知道自己的目标在哪里。深度和广度平衡的导航，用户用不必面临过多的选择，通过每一个选项的名称就可以明确自己要找的方向，在选择正确的方向下，逐层关注下一级的内容。快速准确达到自己的目标（见图 15-8）。

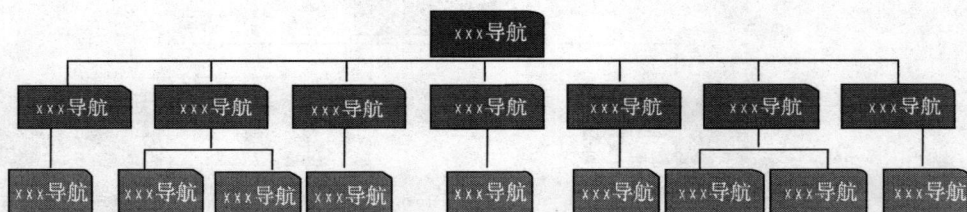

图 15-8　导航模型合理架构

1. 用户所需信息和商业推广信息的平衡

对导航的设计，一方面要了解用户的需求，同时要了解我们自己的商业目的。用户目标和商业目标肯定存在着矛盾，只满足用户的目标，忽视我们的商业目的肯定不行，毕竟我们还是要盈利的。但是硬推广的方式也会吓跑一大批用户。

我们看看"亚马逊"的例子，当用户进入网站选择商品，并不会被铺天盖地的广告所困扰，而是在用户选择的附近默默的推送出和用户选择商品属性一致的商品。这样的广告推广更接近用户的目标，也就更容易被用户接受和认可，也会提高广告的点击率和曝光率（见图 15-9）。

图 15-9　亚马逊官网首页分类和广告

（图片来源：亚马逊官网）

2. 为重要功能和常用功能设置快捷入口

导航结构要清晰并合乎逻辑。这是产品设计必须达到的要求。如果用户有明确的目标，凭借清晰的逻辑可以快速找到自己想要的内容。但是还有很多用户属于没事随便溜达溜达，由于他们上网站浏览并不会刻意思考，所以如果重要或者常用功能藏得过深，可能会令他们失去对网站的兴趣（见图 15-10）。

图 15-10　天猫官网导航架构

（图片来源：天猫官网）

我们看看"天猫"这个例子。从逻辑上来讲，"购物车"属于"我的淘宝"这个模块下。左侧导航也清晰反映这点。但是无论对网站还是对用户，购物车功能都是重中之重，所以"购物车"被提出来，设计了快捷入口。从这个逻辑上看，"购物车"和"我的淘宝"似乎成了平级关系。但是用户在使用的时候，并不会考虑产品逻辑关系，只是希望在需要的时候能快速的找到它。

为重要功能和常用功能设置快捷入口，也需要有一个权衡的过程。快捷入口过多，产品架构会变得混乱复杂，给用户造成困扰，反而会降低效率（见图 15-11、图 15-12）。

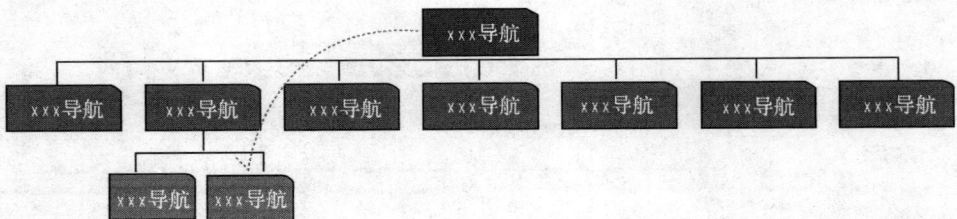

图 15-11　导航快捷入口模型 I

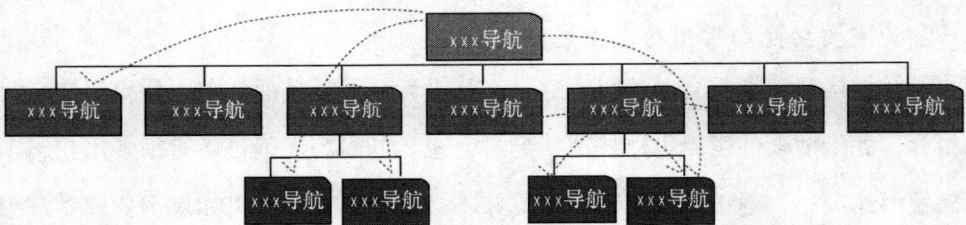

图 15-12　导航快捷入口模型 II

3. 主要任务与次要任务

设计界面架构时候，我们常常会遇到的困惑——看内容都很重要，按钮放左边还是放右边，这么多信息用户能找到重点吗？

我们投放广告时，文字越多，内容越复杂，用户点击量就越小，其他形式的产品都是这样的。没有人会认真的从头到尾阅读界面上的长尾文字。用户只会快速地浏览锁定他关注的内容（见图 15-13）。

图 15-13　热力图

（图片来源：www.kuailexue.net 官网）

图 15-14　招聘网站首页

（图片来源：智联官网首页截屏）

　　所以我们在组织界面时候，必须明确哪些是主要信息，虽然在文档上我们会列出优先级，但是"贪心"的产品经理永远希望能让页面饱满一些，不愿意浪费一点页面。图 15-14 的招聘网站就是一个很不好的案例，广告太多，用户没有视觉焦点。

15.4 产品设计文界面中的引导

引导用户完成任务，有以下几种方式。

（1）相似性引导。如果大小、色彩、形态、视觉元素等因素相似，那么这些相似的因素可以牵引着用户的视觉引导用户的操作（见图 15-15）。

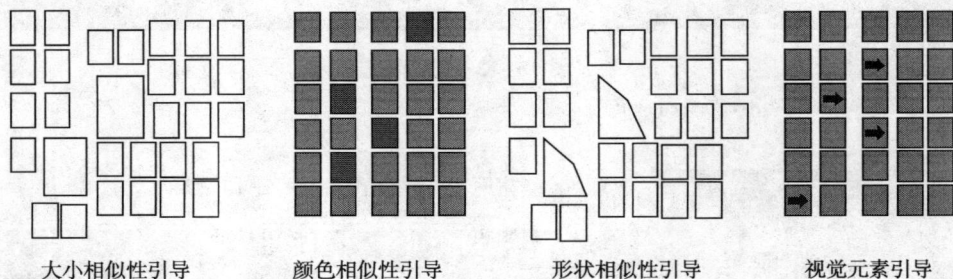

大小相似性引导　　　　颜色相似性引导　　　　形状相似性引导　　　　视觉元素引导

图 15-15　相似性引导模型

（2）方向性引导。清晰的视觉线条可以建立起方向性，可以看到线条型箭头标示出当前课程的标签（见图 15-16）。

图 15-16　方向性引导

（图片来源：www.kuailexue.net）

（3）运动元素引导。如果你迷失在黑暗的空间里，这时有人拉住你的手，那么你会从心里愿意被引导快速离开黑暗的空间。产品经理课堂的课程介绍就是利用运动元素奔跑的恐龙去引导用户视觉注意现在看的那个类型班级的课程（见图 15-17）。

图 15-17　运动元素引导

（图片来源：www.pmketang.cn）

（4）向导控件。向导控件是一种常用的交互方式，用来引导用户完成多步骤操作（见图 15-18）。

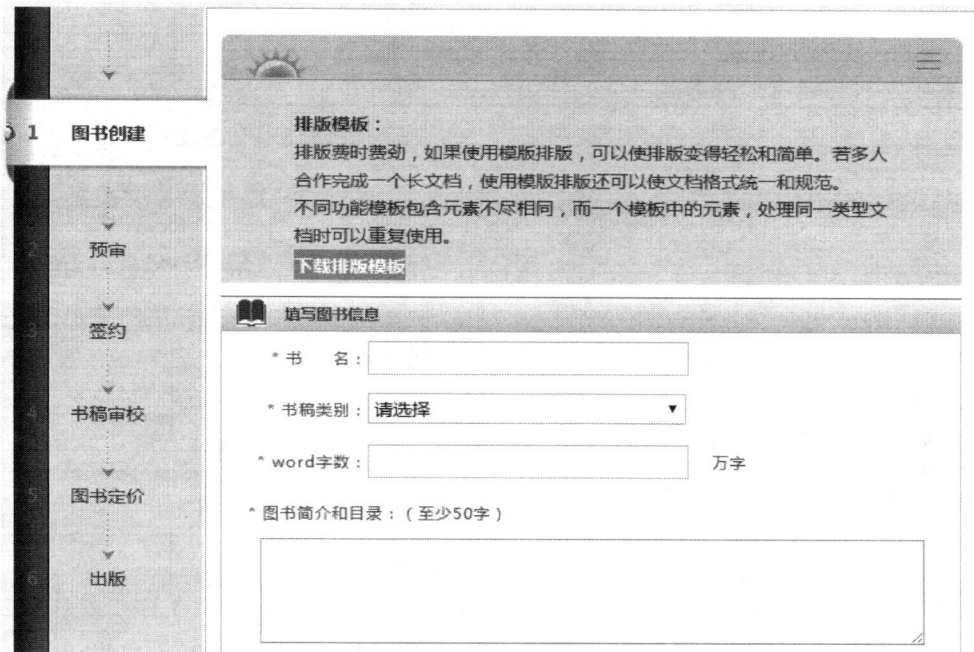

图 15-18　向导控件模型

（图片来源：来出书网）

第 16 章　界面设计原则和原型

16.1　设计友好易用的界面

1. 减少冗余步骤和干扰项

看下面的团购网站截图，用户点击后会进入团购详情页，这个页面细节信息完整，用户不用再一次点击（见图 16-1）。

图 16-1　减少冗余模型

（图片来源：美团截屏）

试想一下，如果点击进去后，页面缺少元素，比如地址、电话、营业时间、消费限制、配菜、是否需要预约等，那么用户要知道这些信息必然要再一次点击"去看看"才能进一步了解，增加了用户的步骤。

在互联网多一次点击意味着多一次的用户流失（见图 16-2）。

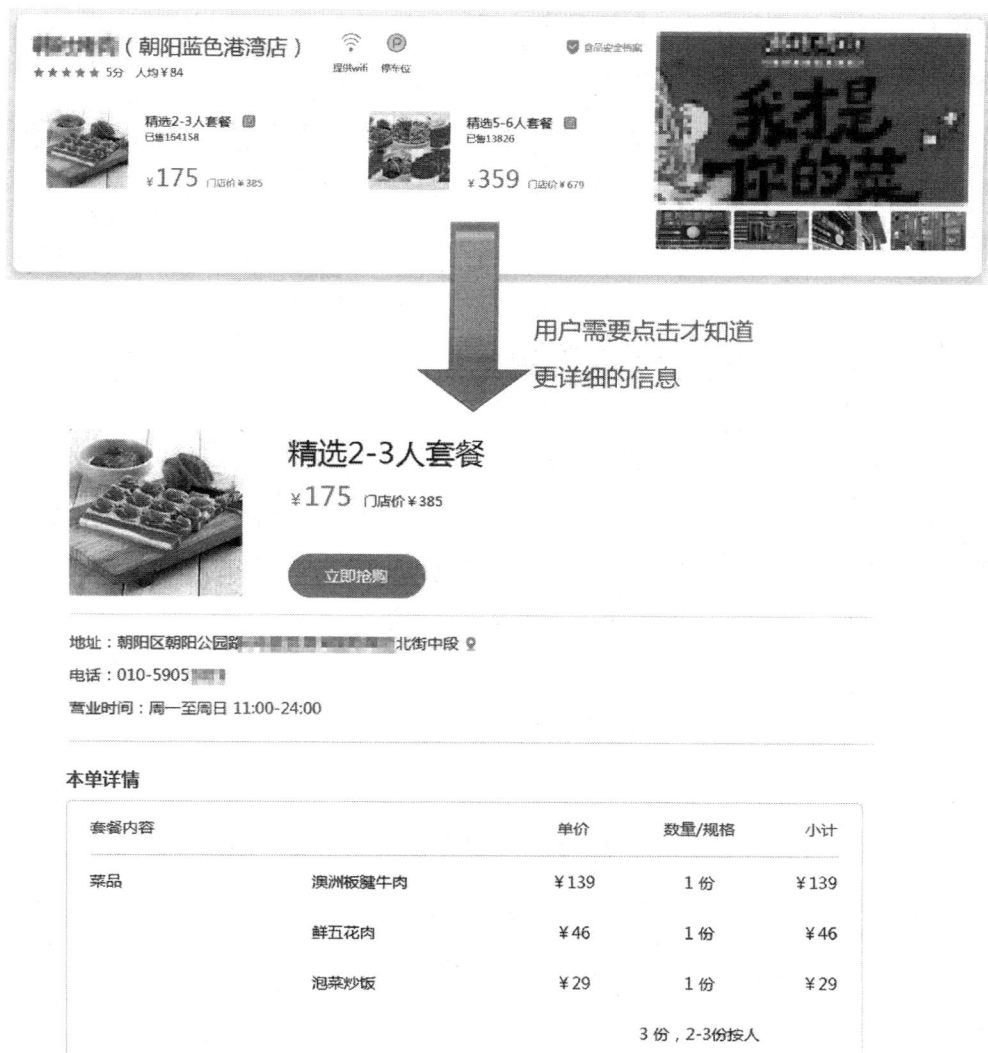

图 16-2 减少冗余差范例

从用户的消费心理学上来讲，如果只为用户提供 6 种以内的商品，那么用户会很快选择到自己想要的商品。如果给用户提供十几种甚至更多商品，那么大部分用户就会因为选择恐惧症，最后拒绝选择。哥伦比亚大学曾经做过一个实验，在商场同一位置、时间和地点第一次展示 6 种的口味饮料免费品尝后选择消费，第二次展示 24 种口味的饮料供大家免费品尝后选择消费，最终结果 6 种的消费转化率是 24 种的消费转化率 10 倍。

所以我们在设计 App 应用的时候，并不是给用户提供很多操作就觉得用户会感

谢我们。很多时候太过于复杂的操作功能往往
给用户造成困扰，就像下面这个遥控器（见图
16-3），90% 的按钮大家从来都没有用过，最
常用的几个键就像右边图，也就是换频道，调
整声音大小。所以这个电视遥控器看上去不像
给用户用的，而像是给工程师用的。我们做互
联网产品也是同样的，用最简单的功能，最快
捷的流程，让用户快速的达到他想达到的目的，
就是最好的互联网产品。不要想当然地以为给

图 16-3　遥控器的按钮

用户提供了这个那个功能，用户就会觉得你是从他的角度考虑。如果你这样想就像
这个电视遥控器一样，给用户造成了很大的负担。用户一旦按错键，发现坏了不知
道如何退出来，电视正在上演精彩的地方，自己要错过了。此时此刻估计用户已经
在心里问候你家人上百次了。

　　我们做互联网产品的原则的是，找准需求，避免复杂和冗余，架构和流程简单
便捷易于操作。

　　（1）将复杂的操作交给系统。在一款地图的应用中如果用户想询问路线，"起
点"和"终点"成为逃不掉的环节。但是某款地图 App 会利用定位功能自动将定
位点设置为"我的位置"，从而减少用户的操作。

　　其实将复杂的操作转移给系统，就是让机器变得更智能一些。无论是记录"用
户名"还是自动识别用户"ID"所在城市，自动补全等常见的交互细节，都是通过
增加工程师的工作将用户解放，让应用变得友好和更加简便快捷。

　　（2）优化操作过程，及时保存用户填写的内容。试想一下，你在互联网上填写
一个表单的时候，费了好大劲填写完成，结果突然手一抖按错了退出键，或者网络掉
线，或者什么奇葩的原因必须要重新填写，那么你是不是吃了电脑的心都有了。

　　2. 信息量太大，我们应该怎么布置版式

　　有很多时候，因为业务的需要页面会有很多元素都必须呈现，这个时候我们要
做到的是井然有序，而不要像集市一样杂乱无章（见图 16-4）。

图 16-4　杂乱的动批和井然有序的商场

（图片来源：CCTV 截屏和大悦城官网）

（1）让页面层次清晰。我们可以将要呈现的大段信息分解成易于理解的信息模块，根据"用户想看什么"和"我想让用户看什么"为内容模块排列优先级。再根据用户的浏览习惯，将不同优先级的信息放置在相应位置。

逻辑相关的在视觉上分为一组，如图 16-5 所示。

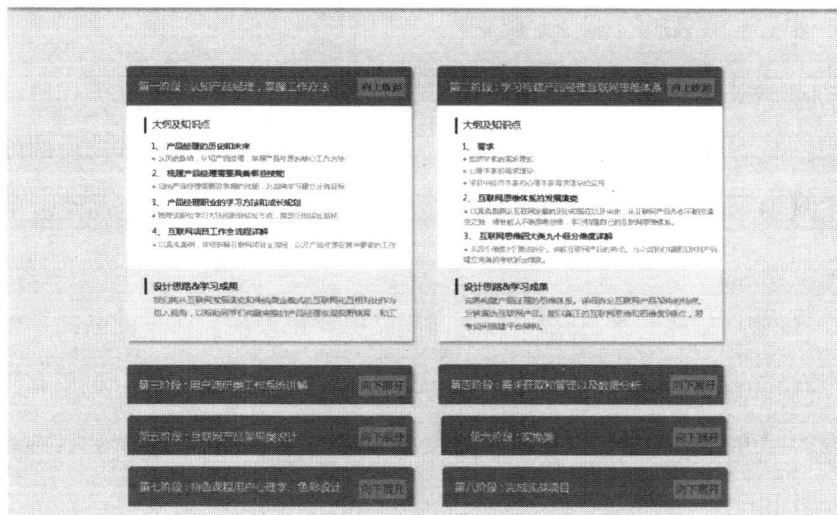

图 16-5　逻辑相关内容归为一组

（图片来源：www.kuailexue.net 官网）

（2）内容或者重要程度不同的在视觉上体现差异，如图16-6所示。

图16-6 不同权重内容归为不同区域

（图片来源：www.kuailexue.net 官网）

（3）逻辑上有包含关系的在视觉上进行嵌套，如图16-7所示。通过深色背景，可以清楚看到页面内容的层级关系。大包含整体介绍课程学完后的效果和整个职业发展前景。同时二级包含里强调数据的展示，告诉用户产品经理的未来发展前景。

（4）让重点信息"跳出来"。电商网站的评论模块，对于商品的评价，以及用户最想看到的综合评分，然后扫描每一条评论的标题和个人评分，只有当看到自己感兴趣的评价时，才会往里面深入的去看。所以通过设计我们就能看到这种递进关系（见图16-8）。

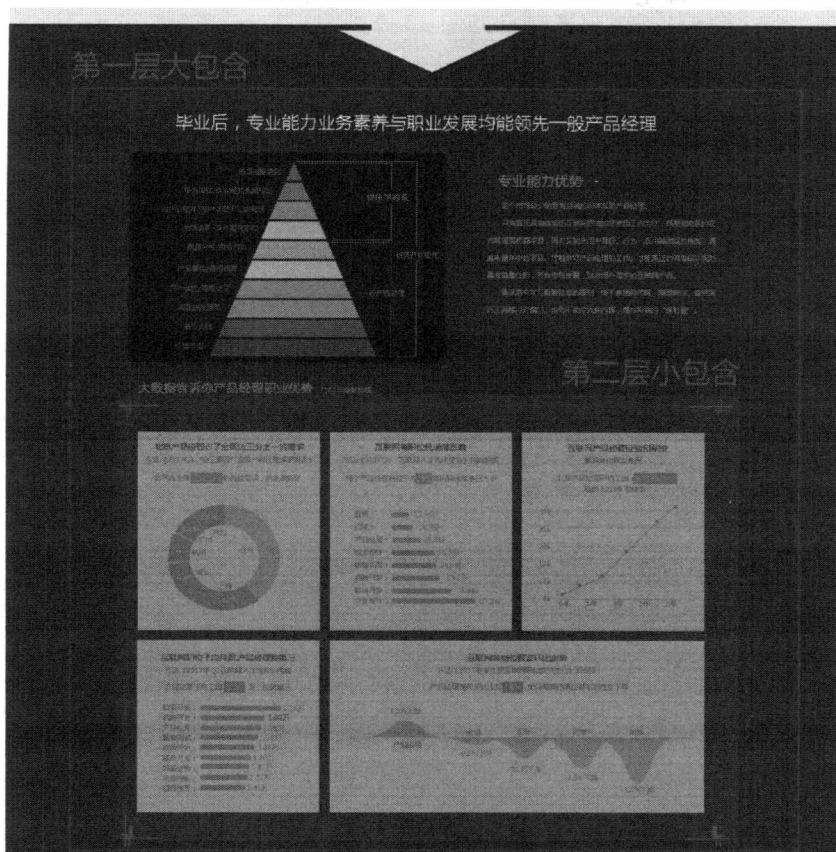

图 16-7 视觉嵌套

（图片来源：www.kuailexue.net 官网）

图 16-8 重点信息跳出来

（图片来源：京东官网）

（5）将次要信息"藏起来"，如图16-9所示。

图16-9　次要信息藏起来

（图片来源：百度首页）

3. 理性规划，感性的界面

（1）以人为本的界面：①了解用户，知道用户需求；②保证页面的逻辑，可以让用户顺利达到目的。

目标明确的用户使用产品时会一步步完成任务，但是目标不明确的用户则需要更多的展示和引导来尝试操作完成任务。比如淘宝的"收藏夹"和"购物车"。购物车的商品，用户购买的意愿更强烈，所以界面元素要规划得简洁明了，便于用户更快的完成消费。而收藏夹的商品用户购买的欲望小，我们就应该适度的突出商品图片、评论、人气等能够刺激用户下决心的因素。

（2）帮助用户找到想要的东西：①目标明确的用户快速找到信息；②不确定目标的用户，通过浏览和寻找，一点点明确自己的需求，最终找到自己想要的信息；③没有目标的用户在浏览中激发需求（见图16-10）。

（3）吸引无目标的用户。老版微博登录或注册页面，对于想要登录的用户，逻辑和关键要点的呈现没有任何问题。但是对于懒得注册只是"闲逛型"的用户，这个页面就不能吸引他们了。

新版改版之后的微博页面给出了很多推荐内容，对于吸引"闲逛型"用户转化率就更高了。因为除了登录注册，还提供了更多的内容信息。

（4）符合用户心理模型。试想一下，下面App天气预报虽然在使用逻辑上都没有什么问题，也满足了用户简单易用的特点，但是如果在用户心理上把握不够，比如寒冷的天气，结果用成暖色，这样就会导致用户需要看清楚具体温度显示才能确切的知道今天的温度。所以我们要充分考虑用户的使用场景和心理模型去设计互联网产品，让用户不用仔细看多少度就已经从颜色上感觉到今天的冷暖了。这才是我们追求的最佳的互联网产品设计（见图 16–11）。

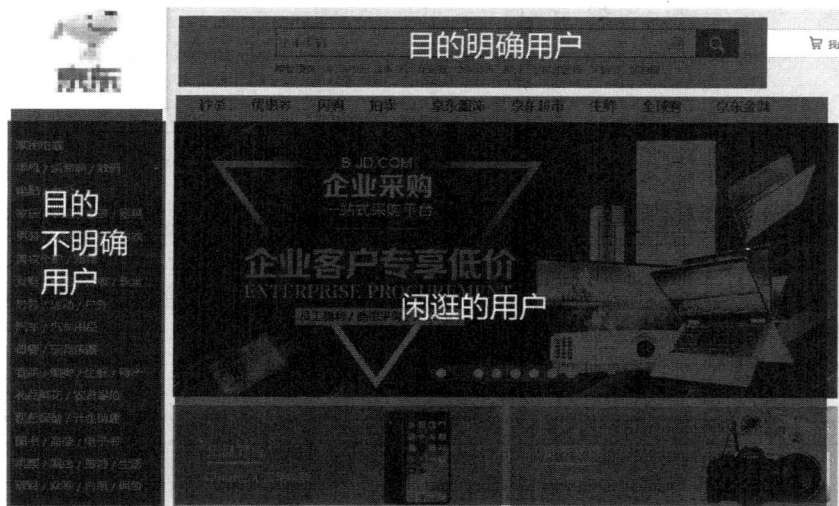

图 16–10　用户目的模型

（图片来源：京东首页）

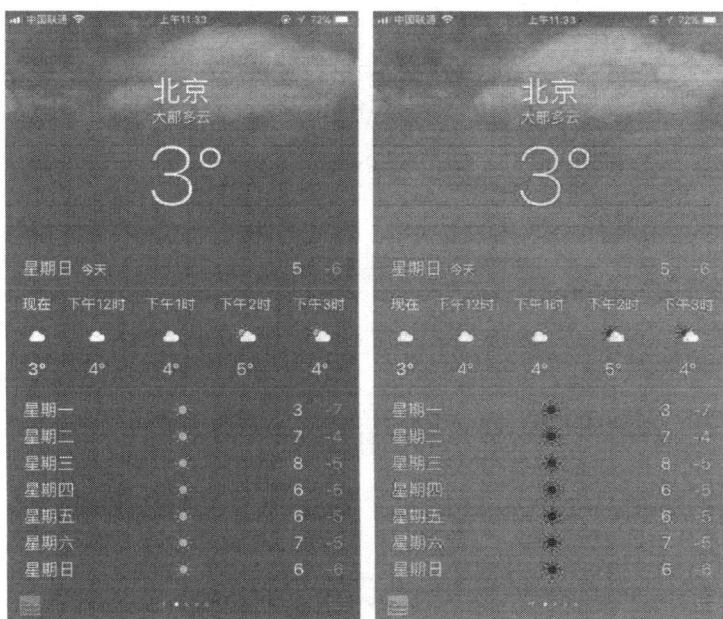

图 16–11　天气应用页面

（图片来源：手机截屏）

（5）俘获用户。界面的元素能够和用户的目标需求达成一致，勾起用户的回忆，引起用户的共鸣，让用户看到界面能够产生认同感的情绪体验，与界面产生情感互动，从而引导用户积极地操作。

（6）拟物化的视觉。iOS6的备忘录设计，细腻地模拟了纸张和皮革的材质。光照、边角、装订线、画笔圈都表现出来真实世界的肌理材质，让用户有一种亲近感，有一种想要使用它的冲动。

最初的拟物化设计是为了降低用户的学习成本，引导用户正确的操作。但是随着人们越来越多的使用电子产品，对虚拟界面的接受程度越来越高，不再那么需要拟物化的引导。同时拟物化界面对于细节的处理过于精细，也给用户造成视觉上的负担，所以人们越来越倾向于和喜欢简约的扁平化设计（见图16-12）。

（7）隐喻化的操作。当应用的可视化对象和操作与现实世界中的对象与操作类似时，用户能快速领会到如何使用它，如图16-13所示。

图16-13 网易云拟物化设计

（8）贴心的设计，可控的感受，如图16-14所示。

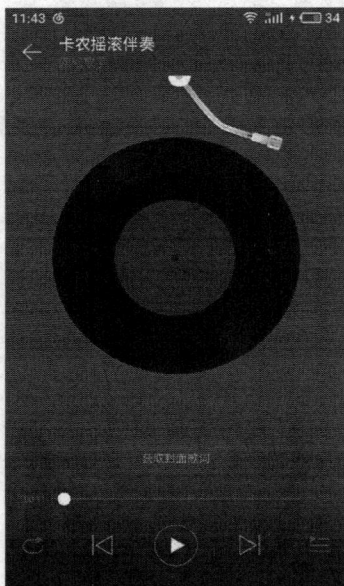

图16-12 网易云拟物化设计
（图片来源：网易云音乐截屏）

数据显示，如果没有任何提示，80%的用户等待超过2秒就会直接关闭窗口。如果画面有加载或者提示的话用户离开的概率就会大大降低。

为了增加用户的可控感觉，界面还需要预先提供提示，向用户提示将要发生的步骤。还有很多即时通信可以向用户展示对方的状态，比如"对方输入中……"，让用户能感知对方的存在，缓解用户等待的焦虑。

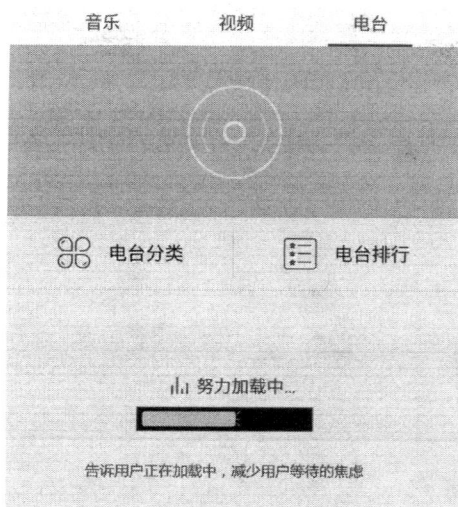

图 16-14　可控的设计

（9）积极的反馈。人在表达后总是希望得到积极的反馈，如果在操作后网站长时间没有响应，用户就会有被忽略的感觉。积极地反馈可以提升用户的愉悦感，特别是新进来的用户更需要这样的体验感觉（见图 16-15）。

图 16-15　360 的勋章

（图片来源：来自 360 截屏）

（10）贴心的提醒。要及时地给出用户操作失误的提醒以减少用户烦恼，是提升用户体验的最基本方法。特别是在移动端时代，屏幕小，操作输入成本都很高的情况下，如果不能及时对应用户的操作给出相应的提醒，那么用户在受到挫折后流失的概率就会相当大（见图16-16）。

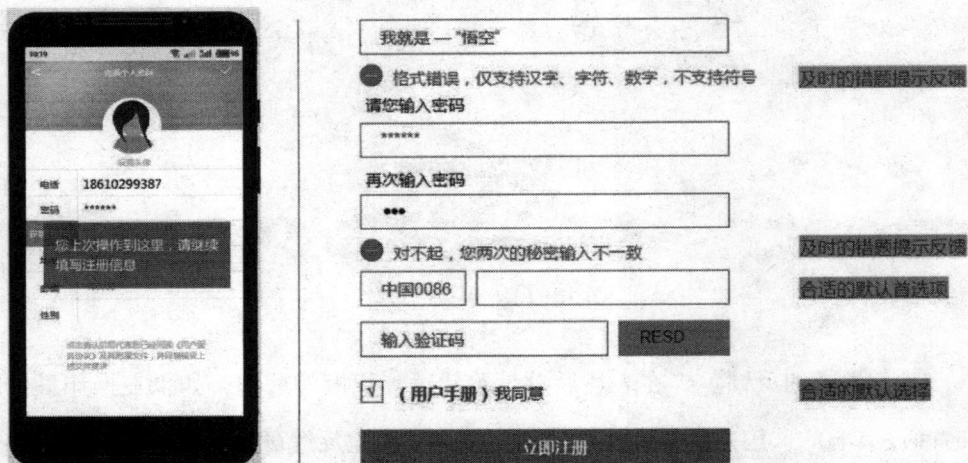

图 16-16　贴心的提醒

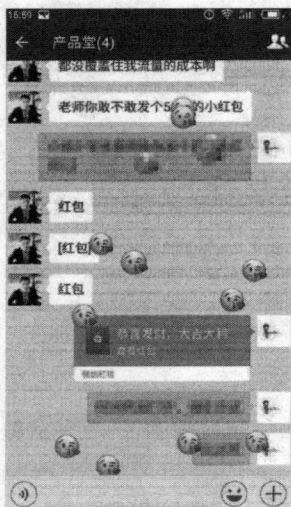

图 16-17　调动用户的情感
（图片来源：微信截屏）

（11）调动用户的情感。丰富的动效可以使界面更加生动，充满活力，也可以提升产品的品质。同时对用户操作及时响应，可以使用户知道现在在干吗，然后会干吗，从哪里来，到哪里去。

调动用户的情感，微信这方面就做得很好，如图16-17所示。

（12）情景烘托和调动用户的情感，如图16-18所示。

图 16-18　烘托气氛

（图片来源：OFO 小黄车活动截屏）

16.2　原型综述

原型是产品方案的表达，是产品经理的重要产出物之一，也是项目团队参考、评估的依据。它是产品功能与内容的示意图，既包含静态页面样式（线框图），也包含动态的操作效果（交互说明）。需求文档包含了对功能和内容的说明（见图 16-19）。

图 16-19　线框原型

在原型之前的方案都是面向市场、用户的构思和策划。对于产品的功能需求都是描述性的内容。因此在原型之前，我们还需要把产品的信息内容和功能结构进行一次梳理，产生一个轮廓框架概念之后才能更好地入手设计工作。

低保真原型，可以是纸面原型也可以是线框图：高保真原型，外观与操作上与最终产品基本一致，包含内容。

纸面原型的功能是为了沟通、尽快解决那些不确定的问题。纸面原型具有可塑性强，快速修改和重建帮助产品和团队成员探索尽可能多的想法并且否定掉那些不靠谱的想法。只需很少的时间就可以收集到反馈，验证产品功能、交互、逻辑的可行性（见图 16-20）。

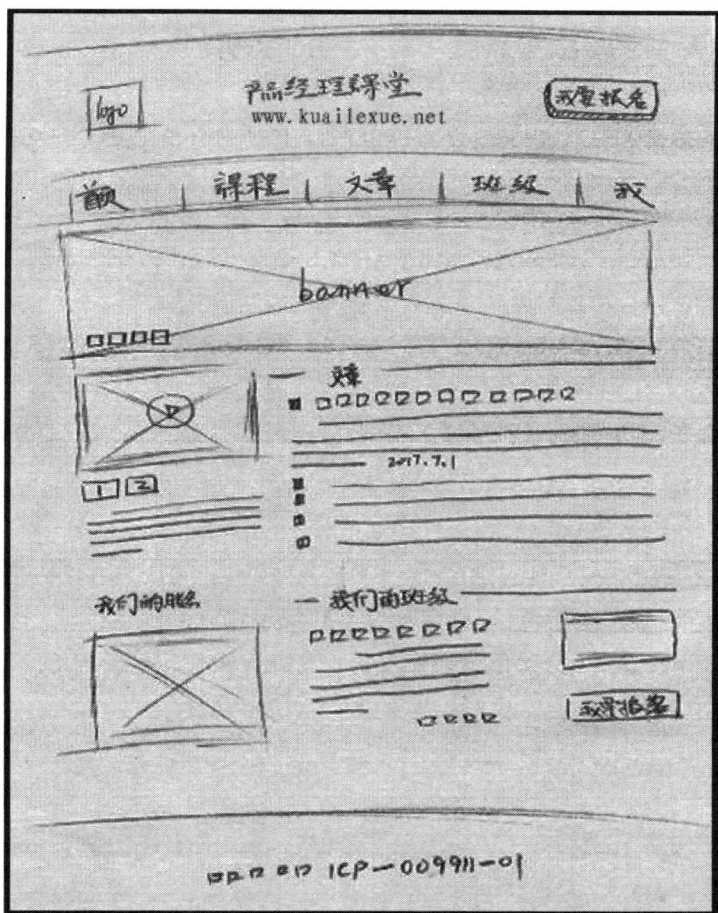

图 16-20　纸面原型（仅为讲课模型不代表真实业务场景）

1. 简要说明

简要说明与信息结构变更日志，如表 16-1 所示。

表 16-1　信息结构变更

日期	变更内容	变更原因	备注
2017-01-23	增加侧边栏	需求的扩展性	
2017-02-04	搜索关键词加粗展示	之前未考虑到	交互规范修改
2017-08-01	分类页增加购物车入口	评审结果	上线后检测结果

　　原型的设计也不是一步到位，一般需要反复的沟通修改再沟通，所以版本的归档记录就很重要了，方便团队成员看到每次更改的内容以及项目的进度。

试想如果没有版本号，那么我们沟通工作会有很多麻烦，比如说就是那个吗，我们刚修改的什么导航注册系统，就是昨天那个吗……最后就彻底混乱了。

版本说明和更新日志类似，只不过更新日志以天为单位，而版本说明以版本号为单位，如表16-2所示。适合快速迭代且迭代周期比较固定的项目。

表16-2　版本说明

版本号：V1.0.1
1. 修改了我的收操和播放记录列表
2. 修改了"课程列表"中已翻译的无数据说明
3. 增加了意见反馈页面

版本号：V1.2.0
1. 增加订阅功能
2. 增加抽奖功能

原型的使用者有前端、后端、UI\UE、运营等。为了让团队都理解你的产品，原型务必要表达清楚、规范。

原型将产品形象化的展示出来，但是在产品功能的逻辑细节方面，原型无法直观的展示，所以在设计好原型后，我们还需要完善产品的业务逻辑，同时可能还会涉及一些原型的调整。

完善产品业务逻辑的时候相关的体验设计工作就可以开展起来，这时UI/UE会协同产品完成视觉和交互方面的工作。

等所有工作完成，产品经理就会把这些整合成PRD文档，然后产品就可以进入开发阶段。

2. 用例模型

用例模型是一种描述产品需求的方法，由用例图和每一个用例的详细描述文档所组成。

产品人员的用例主要是为了方便技术研发和功能测试，让参与者更好地了解功能逻辑。每一个用例用"椭圆"表示，整个系统用"矩形"表示。矩形外的小人表示参与者（不一定是人，也可以是产品、软件、硬件），某一参与者和某一用例用线连起来，表示该参与者和该用例有交互（见图 16-21）。

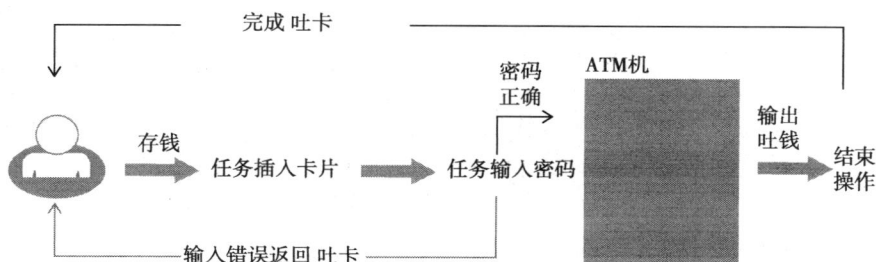

图 16-21　用例模型（仅为讲课模型，不代表真实业务场景）

用例图只是在总体上大致描述了产品所能提供的各种服务，让我们对产品的功能有一个总体的认识。除此之外，我们还需要描述每一个用例的详细信息，这些信息应该包含下面 5 点内容。

（1）用例名称：本用例的名称或编号。

（2）行为角色：参与或者执行本用例的角色。

（3）简要说明：简要描述本用例的需求 。

（4）前置条件：参与或操作本用例的前提条件或者所处的状态。

（5）后置条件：执行完毕后的结果或者状态。

3. 线框图

通过明暗对比线框图表达更复杂的模块间关系，更加直观（见图 16-22）。

图 16-22　线框图（仅为讲课模型，不代表真实业务场景）

4. 不使用截图与颜色

很多产品为了清楚地表达意思，堆积各种截图。但是这样做往往给 UI 造成很多大困扰，干扰了他们的工作（见图 16-23）。

图 16-23 原型（仅为讲课模型不代表真实业务场景）

互联网产品发展到现在，布局基本上都被前人归纳整理完毕，我们切记不要打破常规做一些莫名其妙的布局，为了创新而创新只会，弄巧成拙。还有包括文字和版式的设计排列尽量遵循已经成熟的案例。产品创新应该立足用户的角度，发掘需求方面的广度和深度方面（见图 16-24）。

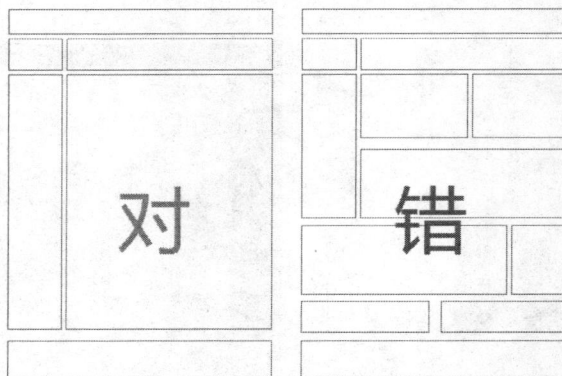

图 16-24 版式（仅为讲课模型，不代表真实业务场景）

5. 记住第一屏幕高度

首屏是最重要的区域，原型一定要要根据实际宽高去绘制原型，避免出现原型中展示的东西到 UI 阶段放不下的问题（见图 16-25）。

图 16-25　首屏高度和关键内容

（图片来源：新浪军事首页）

6.UI 设计规范文档

基于用户画像，按照用户属性，规范一套 UI 规范文档。这样可以提高效率，避免逻辑在 UI 层面的前后表现上出现混乱（见图 16-26）。

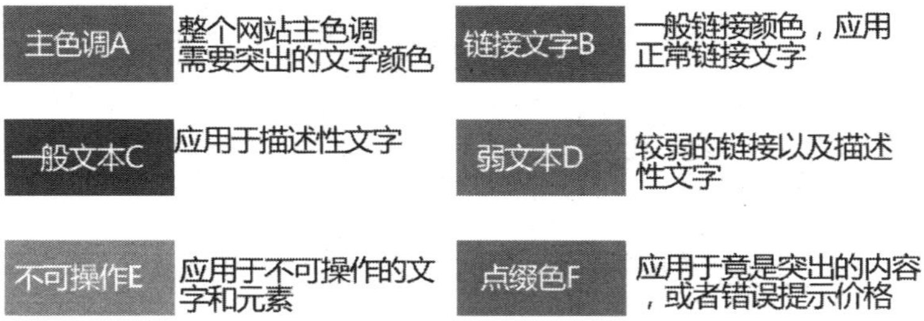

图 16-26　UI 规范

通常情况下，产品经理也给出了逻辑界面都很清晰的设计图，但是 UI 经手之后的效果却大打折扣，为什么会出现这样的问题呢？

造成这样的原因是 UI 不懂产品，心中没有色彩概念。因为线框图整体黑白灰，营造了虚假的整体感。但是经过设计之后，色彩增多，那么一些低级的错误就被表现出来。产品经理要了解的设计趋势应是留白增多、渐变减少、视觉扁平化、用空隙和留白区隔版块，去掉不必要的视觉元素。

16.3 写交互说明的方法

原型不仅包含线框图，还包含非常重要的交互说明，很多开发人员不愿意去操作你的原型，费时间的去体验如何交互，更愿意阅读交互说明。所以清晰、简洁的交互说明是提高团队协作效率的重要关键所在。

1. 页面流程图

页面流程图注重于用户操作、界面反馈，引导用户完成目标，如图 16-27 所示。

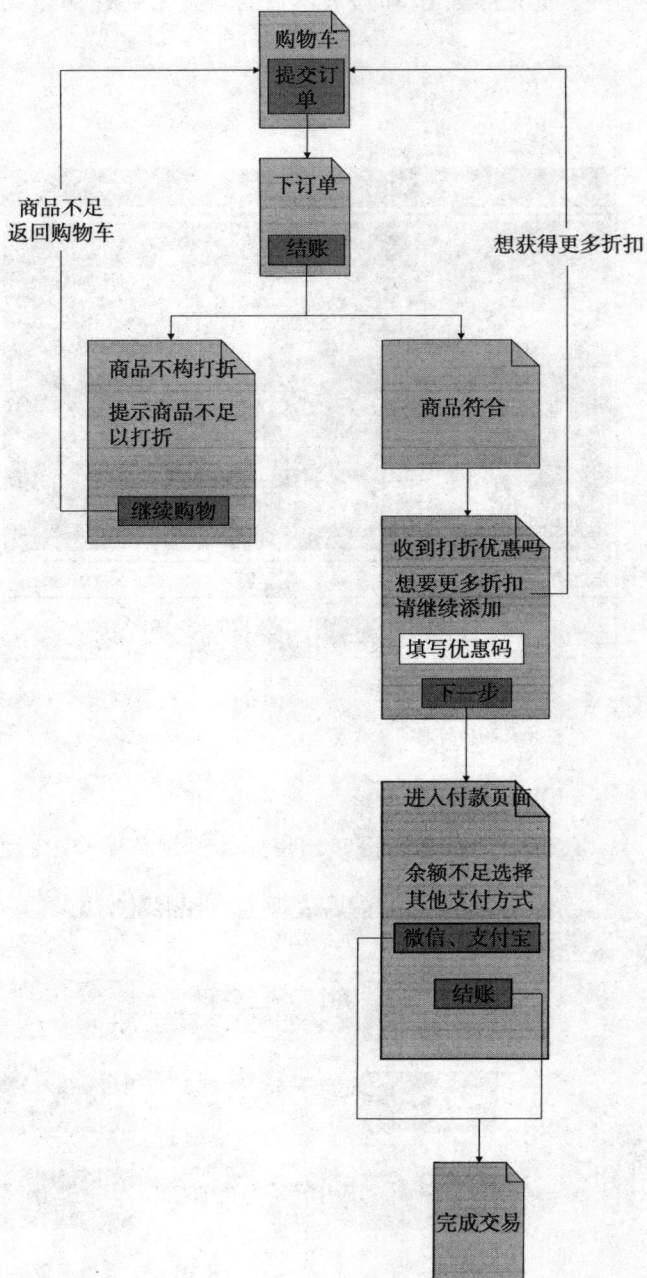

图 16-27 页面流程图

2. 线框图与交互说明

原型既包含静态页面样式，也包含动态操作效果。线框图代表静态部分，而交互说明则代表动态部分。

交互说明是原型中不可缺少的内容，逻辑严密，内容详细的交互说明会让原型更专业。例如，文字过多怎么显示？操作瞬间会出现什么提示？点击页面某内容出现什么反馈等。

3. 互说明规则

互说明规则限制包含范围值、极限值。

（1）范围值：主要指数据取值范围，当页面出现"下拉菜单""筛选按钮""滑块"等控件时，必须标注清楚它们的取值范围，否则开发人员就不清楚该如何设定（见图 16-28）。

图 16-28　极限值说明

（2）极限值：数据显示限制多少字符，超过极限值如何显示（见图 16-29）。

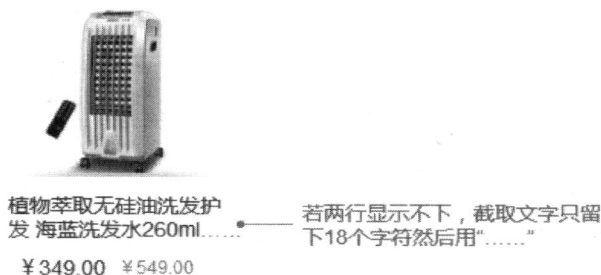

植物萃取无硅油洗发护发 海蓝洗发水260ml......

若两行显示不下，截取文字只留下18个字符然后用"……"

¥349.00 ¥549.00

图 16-29　极限值说明

（3）状态：包含"默认状态""常见状态""特殊状态"（见图 16-30）。默认状态指默认的"文字""数据""选项"等；常见状态指针对某一模块经常遇到的一些状态，这些状态都需要在原型上展示出来，比如一个普通的积分模块，一般会出现"未登录""登录后未签到""登录后已签到"3 种状态；特殊状态指的是特殊情况说明。

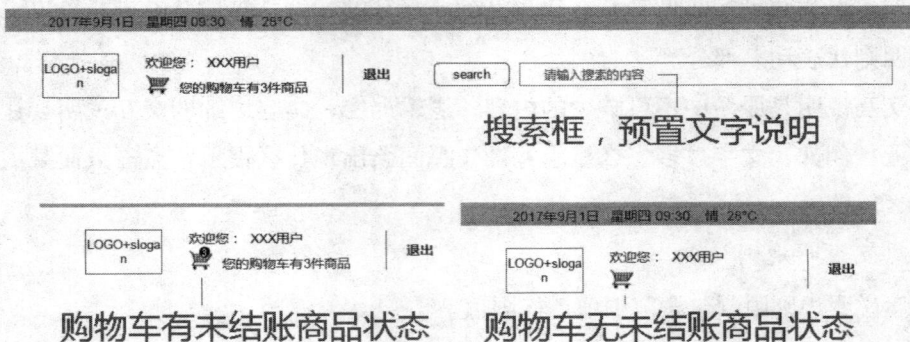

图 16-30　各种状态

除列出来的这些外，实际项目中还有很多，都需要在原型图中加以说明。

（4）操作：包含"常见操作""特殊操作""误操作"（见图 16-31）。常见操作指正常操作时得到的反馈状态，比如普通的翻页空间，在经过不同操作后会立即出现如下状态；特殊操作指的是极端情况下的操作，比如提交表单后覆盖原来储存信息了吗、如果勾选了两个人，再勾选第三个人怎么办等，面对复杂的情况，需要和技术人员探讨和沟通清楚后，把交互说明写清楚；误操作指的是虽然在设计原型时尽量避免用户出错的机会，但是仍要考虑用户误操作。

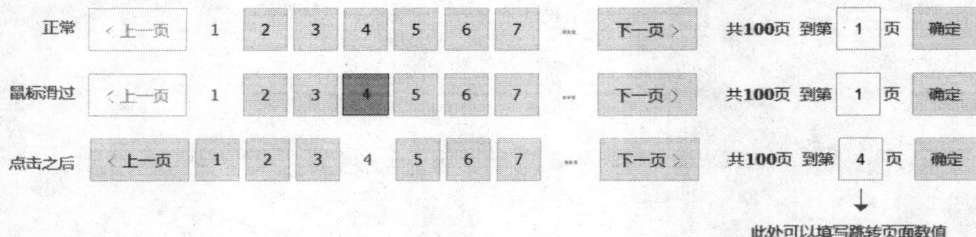

图 16-31　不同状态显示

（5）反馈：用户操作后得到的反馈动作，包含"提示""跳转""动画"等。提示主要指操作后，系统反馈给用户的文字说明等；跳转指的是点开这个网页几秒后，此页面就会自动跳转到其设置的另一个被指定的页面上；动画通常指的是视频设计、多媒体 GG 设计等。

（6）避免流水账似的说明。用各种流程图讲解原型中包含的流程和逻辑；用表格罗列各种状态，避免流水账似的大段文字说明。

如果原型有修改，一定不要口头通知，而要更新交互说明并且通知大家。

第 17 章　PRD 产品需求文档

PRD 产品需求文档是产品经理最重要的一个文档，这个文档的核心是让你的团队成员能清楚地明白产品可以做什么，依照你的需求文档，如何一步步地进行项目分派和开发。

17.1　PRD 产品需求文档撰写方法

首先，并不是所有的功能需求都要通过需求评审会，比如"双十一"活动的需求，这样的工作就不需要上评审会，直接开始按部就班做就可以。以"双十一"为例，那就是首先和运营沟通活动细节，然后开始梳理功能点，画任务流程图，进而画原型页面，最后设计并开发。

产品需求文档由明确产品的背景、用户的需求、流程、原型、交互和周边需求构成。

产品需求文档的作用有内部沟通、明确产品需求、明确产品要求和细节、让参与者明确实现的结果、存档、有据可查、交接更容易、跟进了解之前的做法和过程。

那么，用什么工具写需求文档呢？通常情况下，大的项目都是用 Word 来写需求文档，小功能、初创团队，团队配合融洽可以用 Axure 标注。

最佳的产品需求文档需要达到以下要求。

（1）结构：逻辑清晰、层次分明 VS 没有标准过程。

（2）背景：需求背景描述清晰 VS 上来就进功能和原型。

（3）流程图：流程图和页面流程图都有 VS 上来就讲原型。

（4）目标：考核指标、算法清楚 VS 没指标、凭感觉。

（5）习惯：变更过程简单 VS 改来改去。

产品需求文档撰写流程如图 17-1 所示。

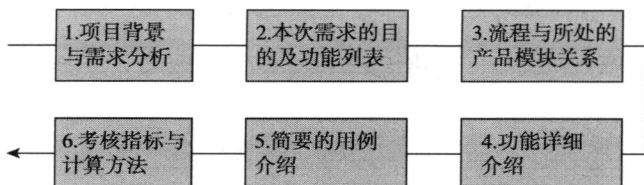

图 17-1　产品需求文档撰写流程

（1）项目背景。

①项目背景：谁提的需求？什么场景？遇到什么问题？

②简要描述分析过程：决策过程和依据是什么？解决方案是什么？

③背景资料：有没有相关的背景资料？

④明确本次需求：用户、场景、需求、解决方案是什么？

（2）本次需求的目的及功能列表。

①这个需求整体是什么样子的？是否要分阶段？比如这个功能需求的完成需要四个阶段，那么现在这个需求是集中在哪个位置的？这一次是完成整个链条里面哪个阶段的需求？ PC 端的产品，这个阶段问题就要说清楚。因为 PC 端的迭代不是特别明显，所以更要详细的指出来。完成一个需求需要哪些阶段，现在处在什么阶段？而 App 产品这个阶段就相对来说弱些。因为 App 之间的迭代会更明确。

②这次的需求做哪些？前后的关系是什么？比如第一代产品导航充电，迭代产品是第一代产品的扩展，附加更多的使用价值。

③功能清单是什么？比如本次需求做预约，那么这个预约里面的功能有"打折""到这个预约时间段给预留"。

④涉及的功能或者页面有什么？要把它列出来，让参与的人很清楚地知道，你这个功能关联的有什么功能。比如我们要做与财务系统有关的，那涉及的功能可能是你收入的这个系统。例如你要做的是跟收入有关的产品，那它涉及的功能肯定是有 CRM 的系统、财务报表的功能等。这些功能是要和你做对接的。包括页面也是

一样的。前端改了什么地方会不会有关联的地方都要做修改。这个时候如果你能很清晰的把这些周边给列举出来的话，对研发来说会很轻松。

（3）流程与所处的产品模块之间的关系：①业务逻辑图；②业务流程图；③任务流程图。

（4）具体功能的详细描述。

①页面流程图。

②原型图，加标准说明并且详细解释每一个功能点和它的极限值、限制、详细的交互说明。

（5）测试用例图（如有测试团队可不做，如果没有，需要自己完善）。

①关键用例是什么。

②重点关注点。

③错误提示等。

（6）考核指标。

①本次需要统计哪些指标？如果你改了列表页和详情页面，这个时候一般会有点击的转化率。那么这个指标一般不要搞多了，2~3 个就可以了，这个指标和 KPI 没有关系。

②如何计算这个指标：点击转化率 =A 页面的 UV ／ B 页面的 UV ×100%。

③怎么埋点。UV 可以直接在比如百度统计等统计应用获得，如果涉及商业产品或者跟电商销售有关的产品，这个时候的埋点就更重要了，可能会加上用户的行为等。市面上现在有一些所谓的无埋点的工具也不错，但是如果你是跟业务深度绑定的话，这个埋点就躲不过，这就需要你提出数据需求，然后和技术沟通。

17.2 PRD 文档范例

这里给大家提供一个参考的 PRD 文档模板（见表 17-1），大家在工作中可以参考进行 PRD 文档的撰写。

表 17–1　XXX 产品需求文档

文件状态	［√］初稿 ［ ］正在修改 ［ ］已发布
当前版本	V1.0.3
作　者	×××
创建日期	××××–××–××

修订历史：

版本号	修订内容	修订人	修订日期
V1.0.0	初始化版本	×××	××××–××–××
V1.0.1	去除运营中心	×××	××××–××–××
V1.0.2	去除商家管理员管理	×××	××××–××–××
V1.0.3	去除商家活动管理功能	×××	××××–××–××

1. 项目背景

这个"登录注册"的需求，是因为网站发展到现在这个阶段，用户对于上官网所要学习的知识体系越来越系统化，已经远远超出免费课的范畴，各种知识层次的用户杂糅在一起，无法针对性地提供知识体系。

总结一句话就是，用户量大，知识层次不同，需求知识点不同，无法有效管理提供相对应服务。在进行了不少于 6 个样本的一对一访谈之初，将基于用户的访谈得来的目标、观点、行为作为决策的依据。

所以本次功能需求就是建立会员系统。把分散的游客纳入客户管理系统中来。解决现在网站所有知识不分维度的一股脑展现给用户，增加用户的挑选课程的时间成本，用户体验很差，很多用户吐槽学不到想学的知识。把用户纳入管理系统，更好地为不同类型用户提供不同维度的服务。

2. 本次需求的目的以及功能列表

（1）这个功能需求整体分为两个阶段（见图 17–2）。本次功能点我们处在整个需求的第一个阶段，主要是建立完善的用户系统，把游客归纳进来，便于我们提供更精准的服务。第二阶段的目标是把用户按照知识层面的深度进行分类，提供相应的服务。

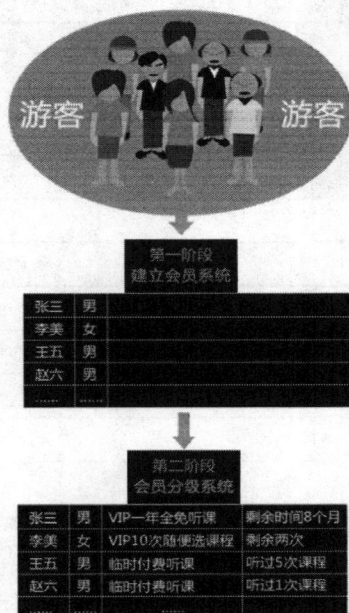

图 17-2　阶段模型图

（2）注册功能及清单。用户注册主要功能，如表 17-2 所示。

表 17-2　注册功能及清单

二级功能名称	三级功能名称	功能说明
注册	注册页面	实现电话逻辑判断，错误信息提示
	设置密码	实现业务逻辑判断，错误信息提示
	完善资料	完善用户账户资料

3. 原型和流程图

（1）原型图如图 17-3 所示。

图 17-3　原型图

（2）业务逻辑图如图 17-4、图 17-5 所示。

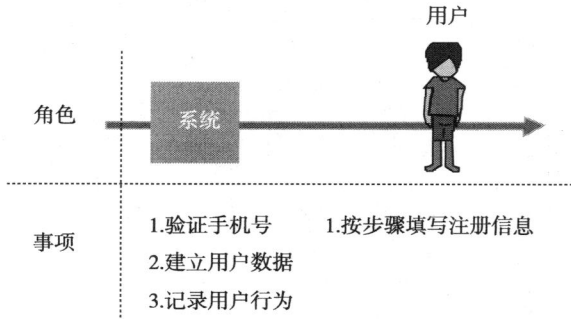

图 17-4　业务逻辑模型图 1

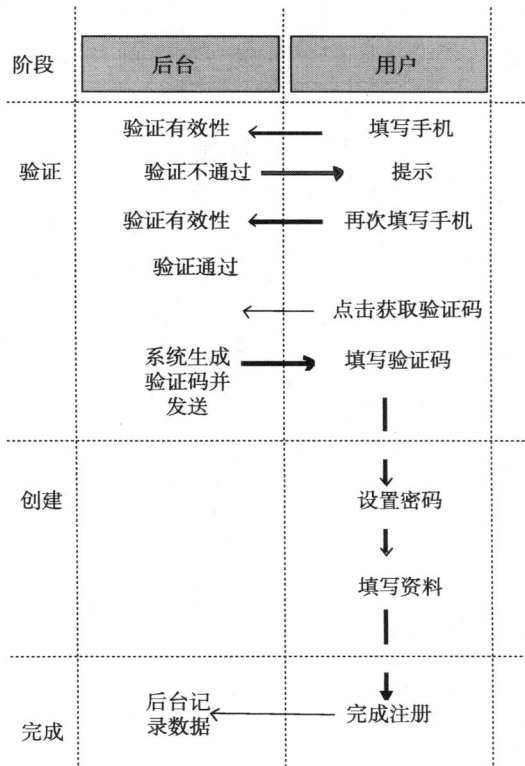

图 17-5　业务逻辑模型图 2

（3）业务流程图如图 17-6 所示。

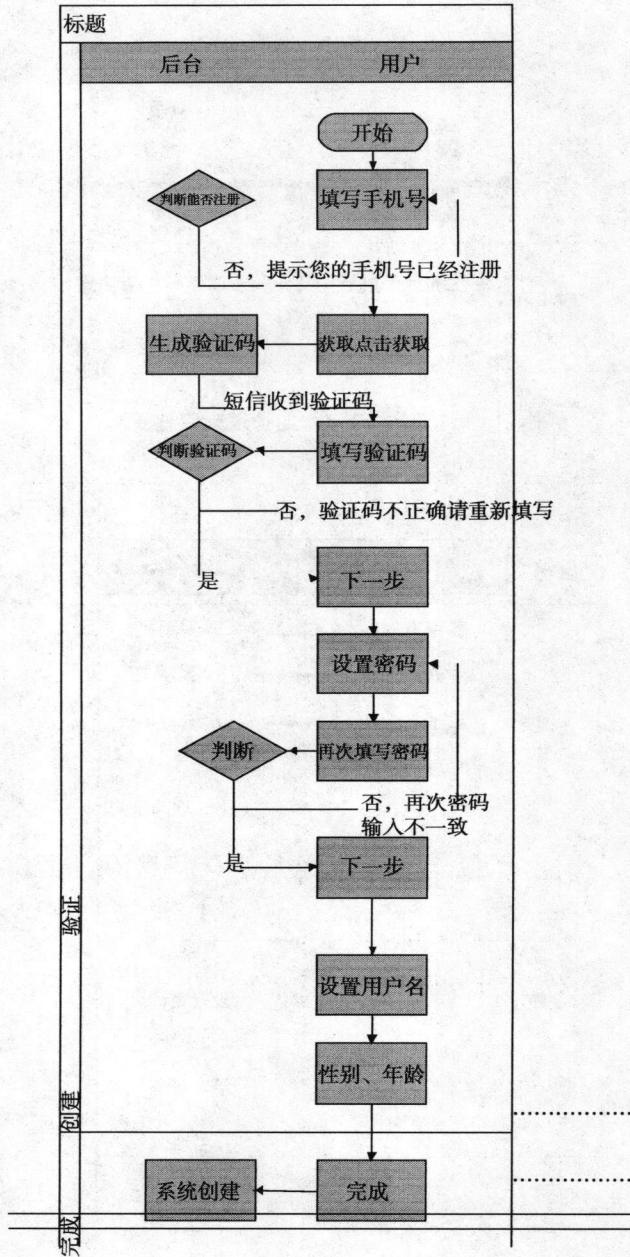

图 17-6 业务流程图

（4）任务流程图如图 17-7 所示。

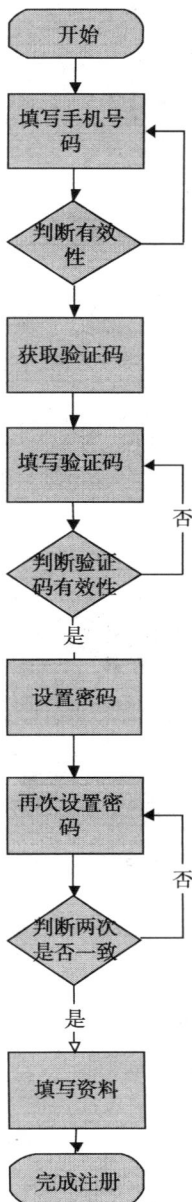

图 17-7　任务流程图

（5）页面流程图如图 17-8 所示。

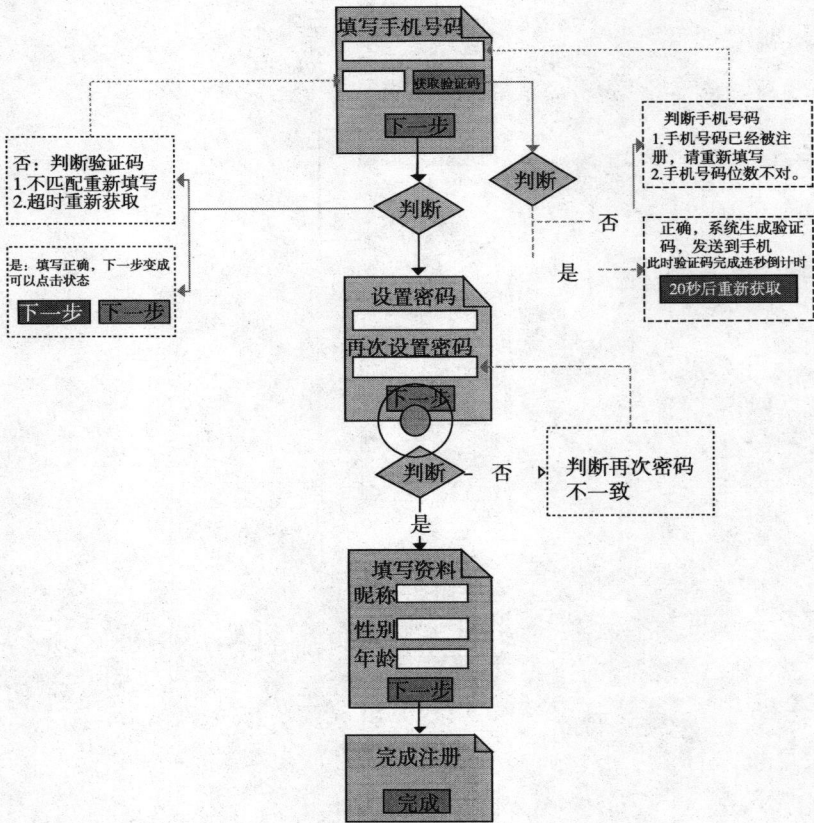

图 17-8　页面流程图

4. 用例

（1）用例描述，游客通过手机号码注册为用户。

（2）注明使用产品的各个角色（参与者）和角色描述（角色介绍），如表 17-3 所示。

表 17-3　角色和角色描述

角色（参与者）	角色描述
游客	申请成为会员

（3）用例图（注明角色在前后端的用例关系）如图 17-9 所示。

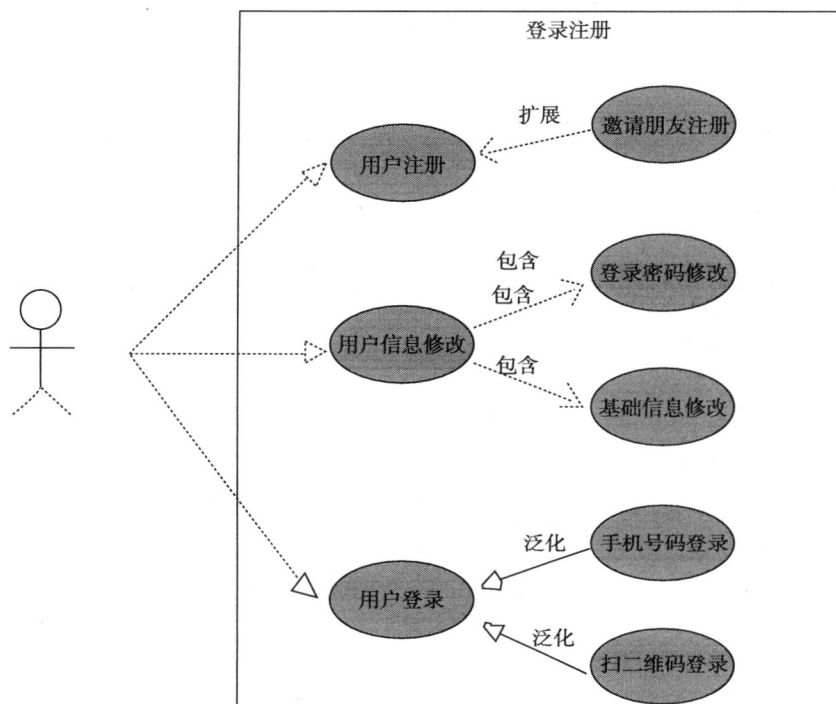

图 17-9　用例图

（4）流程图，此部分可以参见图 17-8 页面流程图。

5. 考核指标

本次需要统计的指标有：① UV；② PV；③有多少注册用户；④每天注册用户占每天 UV 的比例是多少？比如 1 天流量 980UV，注册用户 165 个，那么注册用所占户比例就是 16.8%；⑤注册用户比例浏览页数平均数，比如注册用户总 PV590，注册用户 165 个，注册用户比例浏览页数平均数 3.57 个页面　＝ 注册用户总浏览页数／注册用户数。

6. 项目非功能需求

项目非功能主要有以下需求：

（1）软硬件环境需求。

（2）数据库字段需求。

（3）UI 需求。

（4）产品质量需求。

（5）安全性需求（关于隐私保护）。

（6）产品升级维护需求。

（7）接口需求。

7. 测试需求

8. 产品上线需求

9. 运营需求

运营主要有以下需求：

（1）功能性兼容性。

（2）支持与培训。

（3）客服人员上线前培训。

第18章 移动端产品设计

18.1 移动端产品综述

关于移动设计，我们首先需要了解的是它的不同之处，这并不仅仅指尺寸的不同，移动设备的属性与规格也带来了不同的设计启示和要求。

由于移动设备更轻便和便捷，并且随身携带，使得它们更便于使用。通过频繁使用移动设备，我们与它们之间建立了独特而富有情感的联系。

1. 属性与规格

移动端都有触摸屏。移动端产品操作可以用手势触碰的方式操作。但是移动终端设备受制于屏幕尺寸大小，视觉呈现会有很大不同。还有联网的方式不同，再者带宽和速度上会受到制约影响。所以我们在做移动端产品设计时要考虑以下几点。

（1）如何优化加载时间。

（2）减少数据的请求。

（3）减少数据的大小。

2. 用户如何操作和认知

（1）操作行为的变化，比如手势操作。

（2）传感器，主要有以下几种：①重力传感器，横竖屏自动切换，陀螺仪等；②压力传感器，测试气压等；③麦克风；④加速传感器，摇一摇等；⑤位置传感器，指南针、地图等；⑥光线传感器，调节屏幕亮度等；⑦摄像头。

（3）小屏幕单窗口特点：让我们设计移动产品的时候有一套规则。

①最小的点击热区（44×44px），小于这个，用户点击会频繁误触；②页面层

级最好不超过 4 级，层级太多，用户会迷失在架构中；③及时的操作反馈提示；④跨平台，兼容性；⑤页面之间平滑的转场动效；⑥借助传感器挖掘更多的趣味性。

产品经理在做移动端产品的时候要能善于利用各种传感器优化产品的使用体验，改变 Web 端获取信息交互信息的单一模式。

3.移动产品实现方式

不同于传统网站，移动设计的实现存在 4 种主流方式。

（1）移动式网站。为移动设备而特地优化的网站。

（2）响应式网站。根据设备重新排列布局的网站。

（3）原生应用。原生应用是独立存在的，每一个应用的界面都被定义在平台层上方。

（4）混合模式应用。混合模式应用提供了更为灵活的方式，从网络中获取内容，但也提供了类似于原生应用的界面。

每一种实现方式都有正反两面。选择哪种样式取决于项目的设计背景。表 18-1 中，星星越多，效果越好。

表 18-1　移动产品实现方式

考量要素	移动式网站	响应式网站	原生应用	混合式开发	评价
用户优先级可调整性	★★	★★	★★	★★★	现在越来越多的运用混合式开发。用 H5 页面和微信结合在一起了
内容传达	★★	★★★	★★	★★★	响应式网站和混合模式应用在搜索引擎中更容易被应用
功能性	★★	★★	★★★	★★★	原型应用提供了设备功能接入，允许更多的使用体验
兼容性	★★	★★★	★	★	响应式展示方便在任何设备上都可以进行浏览。但是设计有局限性版式死板。而移动应用要给予何种设备进行设计
开发消耗	★★	★★★	★	★★	响应式网站需要额外的编译时间，但是仅仅是前端代码的部分。原生应用需要单独的安卓和 ios 开发人员。时间和成本都大
维护消耗	★★	★★★	★	★★	独立原生应用需要单独维护。响应式只是前端开发维护前端代码就可以了

Native App（原生应用）：本地应用，独立拥有，客户端需要发版，用户自动升级。

优点：

（1）最佳用户体验，华丽的交互，操作流畅。

（2）节省带宽成本。

（3）能够轻松调用图片相机、各类传感器、麦克风、电话等。

（4）可以使用 push 推送。

缺点：

（1）开发成本比较高，维护更新滞后，访问路径封闭。

（2）不是用户常用的应用，很难长时间存活在手机里，会被删除掉。

Web App（Web 应用）手机浏览器访问 html5 网站，支持新标签和脚本，可以做出类似原生应用的效果和动画。

优点：

（1）实时更新。

（2）不需要针对各种平台开发不同版本，开发成本低。

（3）输入网址即可访问，不需要下载安装。

缺点：

（1）部分浏览器无法调用相机硬件资源和传感器。

（2）无法使用推送功能。

（3）性能比较差，浏览器适配器容易出问题。

（4）缓存小，以 iPhone 为标准，所有图片和脚本都要小于 25K。随着硬件技术的发展，要及时跟进产品经理"html5 设计规范"。

（5）目前只兼容 webkit 为内核的手机浏览器，WP、Symbian（塞班浏览器）等平台的浏览器无法正常访问。

Hybrid App（混合式应用）：包含原生 App 和 Web App 两种方式，使用方式和原生相似，同时又继承了 H5 网站实时更新开发成本低等优点。做得比较好的应用有"微信红包"，入口在原生那里，使用抢红包的过程在 H5 页面里完成。包括淘宝的应用也是混合式的，里面会嵌入各种各样的 H5 页面。

平台操作差异化：虽然安卓的应用和 iOS 的应用有很多是没有太多差别的。但是安卓手机和苹果手机因其实体按键差别很大，导致操作习惯也不一样。iOS 所有的操作都可以通过手势完成，但是安卓就不一样，需要借助实体键。所以产品经理在设计产品时，要考虑目标用户群体对硬件的适用范围。

18.2 移动产品的信息架构

互联网产品的层级关系和层面，都是从抽象到具体——战略→范围→结构→框架→表现。无论是做 Web 产品还是移动 App 都是一样的过程，都是需要先考虑好宏观的、战略层面的设计，逐步向功能、内容去过渡，最后到视觉设计落地（见图 18-1）。

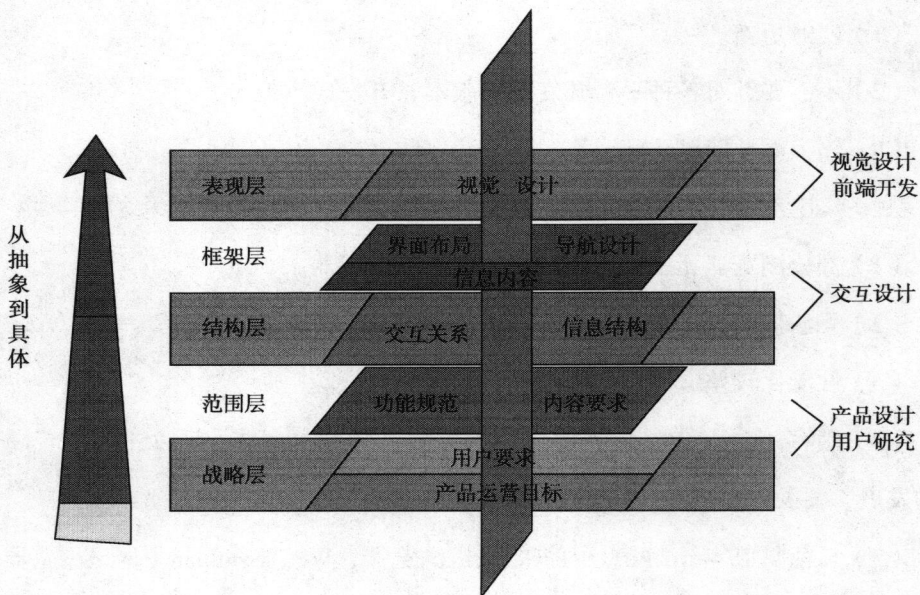

图 18-1 产品的层级关系和层面

移动端产品发展到现在，也有了自己的一套信息架构样式。尽管响应式网站的结构可能更多遵从"标准化"样式，而诸如原生应用则通常采用自己形成的一套信息架构样式。

这里要注意，并不存在构造移动网站或应用的"正确"或者"标准"方法。

接下来我们讲解一下常用的一套信息架构样式。

1. 底部式导航

如果此时你观察一下自己手机中常用的 App，就会发现 QQ、微信、淘宝、微博、美团、京东等全部都是底部式导航（见图 18-2）。这是符合拇指热区操作的一种导航模式，那么什么是拇指热区呢？

当你处于走在路上、站在公交车上等这些场景时，你最常用的操作就是右手单手持握并操作手机，因此对于移动端产品设计来说，为触摸进行交互设计，主要针对的就是拇指。

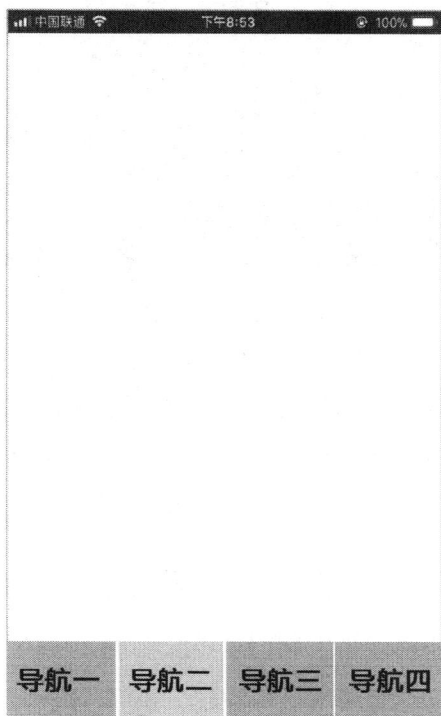

图 18-2　底部导航

手机操作中，拇指的可控范围有限，缺乏灵活度。尤其是在如今的大屏手机上，拇指的可控范围还不到整个屏幕的三分之一，主要集中在屏幕底部、与拇指相对的另外一边。随着手机屏幕越来越大，内容显示变多了，但是单手操作变难了。这也就是为什么工具栏和导航条一般都在手机界面的下边缘，而将导航放置在屏幕底部即拇指热区，这样的方式为单手持握时拇指操作带来了更大的舒适性（见图18-3）。

将导航放置在屏幕底部也不仅仅关乎到拇指操作的舒适性，还关系到另一个问题：如果放在上面，用手指操作时，会挡住阅读的视线。如果控件在底部，不管手怎么移动，至少不会挡住主要内容，从而给予清晰的视角。呈递内容的屏幕在上方，控制按键在下方。

图18-3　手指触控区

2. 顶部式导航

互联网产品，所有事情都需要从用户需求和使用行为作为考虑的基础入手。顶部导航也不是那么一无是处，网易云音乐现在用的就是顶部式导航，为了更好地浏览基本信息(歌手、歌曲名)，以及支持快捷操作(播放/暂停)，播放器需要固定在底部，那么顶部Tab导航不失为一个好选择（见图18-4）。

还有腾讯新闻和汽车之家这种新闻资讯类App，由于内容、分类较多，同时运用顶部和底部双导航，而切换频率最高的放在顶部，这是为什么呢？因为新闻资讯在每个板块都是沉浸式阅读，最常用的操作是在一个板块中不断地下滑阅读内容，将常用的按钮放在顶部，加入手势切换的操作，反而能带来更好的阅读体验（见图18-5）。

图 18-4　网易云音乐安卓版

　　实际上，底部模式导航在 iOS 和 Android 上一直是最安全的一种导航模式，它不怎么出彩，但是绝对不会犯错。在大屏幕时代，底部模式的导航更能适应，也更好设计。

　　适用于入口分类的数目不多，可以控制在 5 个以内，且用户需要在入口间频繁切换来执行多个任务。

　　需要注意的是，结构太过复杂而且不稳定的应用不适合标签式导航。

图 18-5 腾讯和汽车之家 App

（图片来源：腾讯和汽车之家 App 截屏）

3. 列表式导航

如果说标签式导航是 App 中最普遍的导航方式，那么列表式导航就是最必不可少的一种信息承载模式，这种导航结构简单清晰、易于理解、冷静高效，能够帮助用户快速定位到对应内容。在 App 中的应用也分为两种。

（1）作为主导航使用。如果该 App 主要表达的信息层级较为单一，且并不会在入口间频繁且反复跳转，那么将列表式导航作为主导航是一种不错的选择。例如杂志 ELLE，作为一个杂志 App，它以文字、图片表达为主，层级浅扁平化，用列表式导航作为主导航来构架内容，简单而直接（见图 18-6）。

图 18-6　ELLE 和微信 App

（图片来源：ELLE 和微信 App 截屏）

（2）作为辅助导航来展示二级甚至更深层级的内容。几乎在所有 App 中都能看到它的应用，作为信息梳理条目，列表数量尽量保持在一屏以内，超过一屏最好再分一级，而且按照人一次只能记住 4 项事物的心理法则，最重要的内容归纳在前 4 个列表更容易被人们记住。如果不同种类的内容放在同一页面，那么要注意为这些内容分类，比如微信的设置页面，用留白的方式来区分内容的不同。

列表式导航大多作为辅助导航来展示二级甚至更深层次的内容，若要作为主导航，必须满足层级浅的条件。

4.层级式导航

层级式，需要跟桌面端网站保持一致，平台结构层级样式是带有一个索引页和一系列子页面的标准网站结构，如图 18-7 所示。

适用项：需要跟桌面端网站保持一致结构的网站。

注意项：多层级的导航结构应用于小屏幕上可能会给用户带来的麻烦。

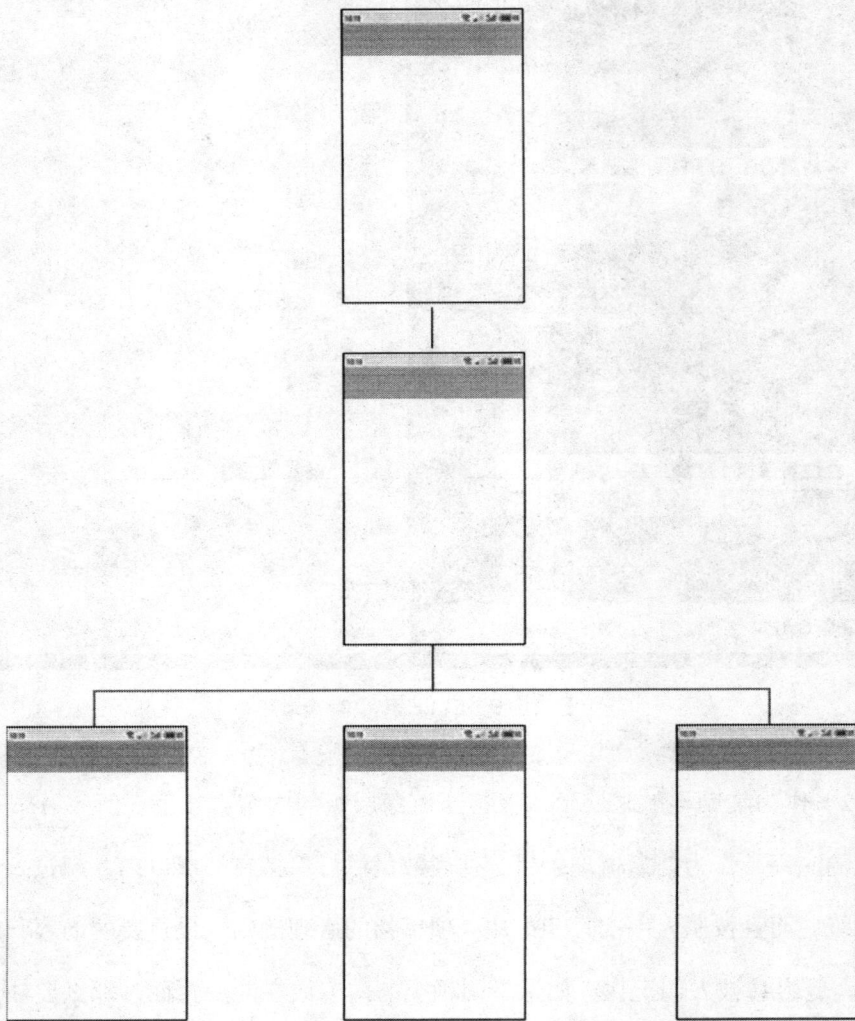

图 18-7　层级式导航模型

5. 辐射式导航

辐射样式向用户提供了便于跳转的中央式索引，这是 iPhone 的默认样式。用户无法在分页面之间切换，而必须回到中央跳转。一直以来，这种样式主要用于工作流程受限的桌面端，但是在 App 中不常用，大家可以翻一下手机里的 App，看看哪个 App 的主导航用了宫格式导航？你可能只能找到一个最常用的美图秀秀，如图

18-7 所示。

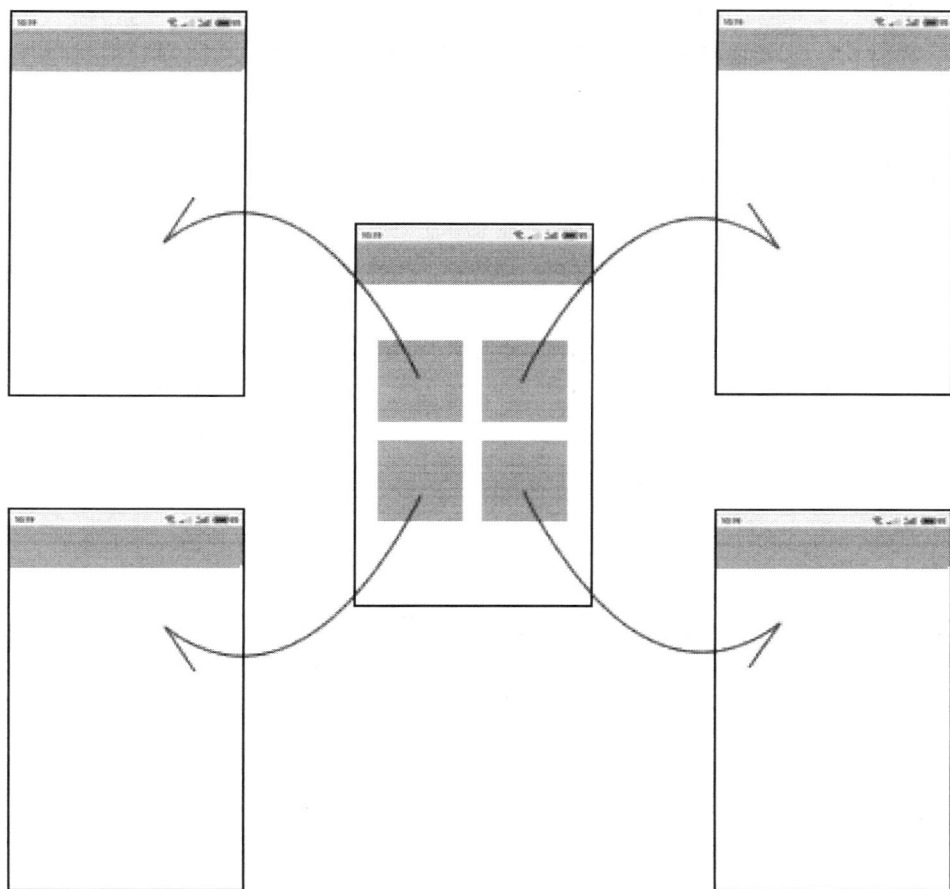

图 18-8　辐射式导航模型

适用项：多功能工具，其中每个都有不同的内部导航和目标。

注意项：经常使用美图秀秀的人都会有一个共同的烦恼，例如拍了一张图片，需要美图一下，心理模型是这样的：进入美图秀秀→打开一张图片→先祛斑祛痘、放大眼睛、瘦个脸→最后加上特效（自然 / 甜美可人 / 粉嫩系）→保存图片。

但是美图秀秀给我们的实际模型却是这样的：进入美图秀秀→打开一张图片→进入人像美容→祛斑祛痘、放大眼睛、瘦个脸→保存图片→再进入美化图片→加个特效→再次保存。这样做的结果是流程复杂，而且多存了一张没用的照片，还要到相册里进行删除。

这就是宫格式导航的缺陷，信息互斥，无法相互通达，只能给用户带来更多的操作步骤。

所以，宫格式导航适合入口相互独立互斥，且不需要交叉使用的信息归类。一旦入口需要有所交集，必然导致更多的操作负累，这个时候只能根据产品特性作出权衡，如果不适合，建议果断拒绝这种方式。

6. 套娃式导航

套娃式应用和网站的主题之间密切相关，同样适用于内置其他父样式的子样式，套娃样式采用渐进式导航引导用户查看到更详细的内容。当用户操作不方便时，这是一种快速简单的导航方法，通过点击"前进"或"后退"，用户可以强烈感知自己所处何处（见图18-9）。

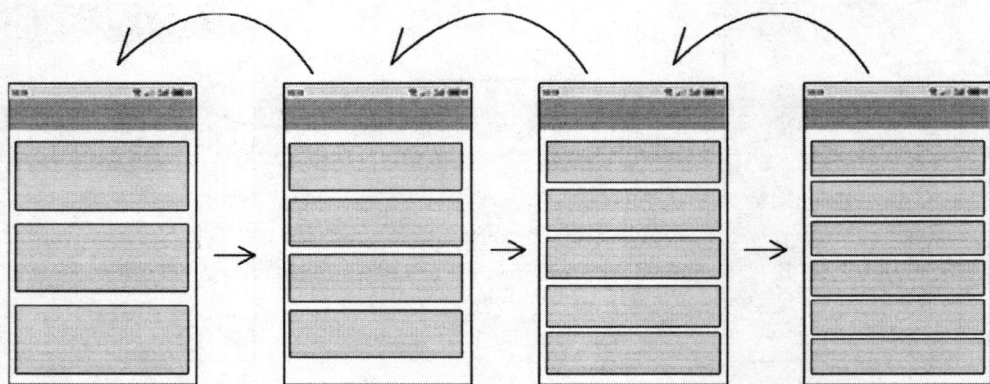

图 18-9　套娃式导航模型

适用项：应用在网站的主题之间密切相关，它们同样适用于内置其他父样式的子样式，诸如标准的层级样式和辐射样式。

注意项：用户无法在不同内容中快速切换，因此需要考虑这种样式是否方便查找，而不能让它成为查找内容的绊脚石。

7. 抽屉式导航

抽屉式导航是经常和底部式导航结合使用的。抽屉式导航将部分信息内容进行隐藏，突出了应用的核心功能。设想你的产品信息层级有非常多的页面和内容，难以在一屏内显示全部内容，那么你一定首先会想到去设计一个底部或顶部的导航，但导航太多无疑显得臃肿，而且使用户难以点击，那么这个时候，抽屉式导航是个不错的选择。但是，抽屉栏式导航有两大缺陷。

（1）在大屏幕手机上，单手持握时处于操作盲区，难以点击。我们看到随着iPhone7 和 iPhone7PLUS 的推出，大屏幕手机时代已经到来，而屏幕顶部左上角的抽屉栏位置，一个需要被经常操作的入口，现在处在了操作盲区（见图 18-10）。

图 18-10　抽屉式导航模型

（图片来源：网易云 App 截屏）

（2）抽屉式导航可能会降低你产品一半的用户参与度。抽屉栏为页面带来干净设计的同时，也让用户忽视隐藏的信息。既然你第一眼看不到这些入口，那么你也就会时常忘记它们在哪儿，这也导致了隐藏在抽屉栏内的信息内容用户点击率下降，参与感降低。

那么，问题来了，到底什么时候适合用侧导航呢?

放置用户设置这类低频操作，如果应用主要的功能和内容都在一个页面里面。只是一些用户设置这类低频操作内容需要显示在其他页面里。为了让主页面看上去干净美观，可以把这些辅助功能放在抽屉栏里。

在大屏时代使用抽屉栏，手势操作显得尤为重要，从屏幕边缘唤出抽屉栏是个不错的选择。如果你的应用有不同的视图，且它们是平级的，需要用户同等的对待，抽屉栏将会浪费掉大多数的用户对于侧边栏中入口的潜在参与度和交互程度。需要注意的是，需要用户有一定参与的信息层级，最好不要放置在抽屉栏。

8. 筛选式导航

筛选式，允许用户通过选择筛选项来切换不同视图，从而在一系列的数据中进行导航。筛选或同分类搜索方法一样，是一种很棒的适合用户查询内容的方法（见图 18-11）。

适用项：内容数量庞大的应用或网站，诸如文章、图像和视频。它可能为杂志样式的应用或网站提供了好的基础，或者是它可以作为其他导航样式内的子样式。

注意项：移动设备上，由于筛选和分类搜索很复杂，所以很难在较小的屏幕上展示。

图 18-11　筛选式导航模型

9. 悬浮图标导航

悬浮图标导航，是将导航页面分层，无论你到达 App 的哪个页面，悬浮图标永远悬浮在上面，你依靠悬浮层随时可以去想要去的地方，同时，为了让悬浮图标不遮挡某个页面的操作，通常悬浮的图标都可以在屏幕边缘自由移动（见图18-12）。

悬浮图标在大屏幕时代发挥的作用，当你单手持握手机，拇指在手机中部浏览时，你想回到主屏幕，但是手指却难以到达屏幕底部，悬浮图标在这个时候就能为用户提供快捷操作。

图 18-12 悬浮式导航模型

（图片来源：高德地图 App 截屏）

随着大屏的发展，悬浮式图标也会越来越广泛的使用

所以，悬浮式导航是一个非常便捷的操作入口，也适应大屏幕时代。但需要注

意的是，悬浮式图标会遮挡某些页面的操作，在设计的时候应该考虑进去。

在某些信息层级繁多且复杂的 App 中，让用户自主决定是否需要调出悬浮式图标，或者让用户自定义菜单会更加符合用户的心理预期。

最后总结一下：

标签式导航，最常用、最不易出错，请第一时间考虑它。

抽屉式导航，如果你的信息层级繁多，可以考虑将辅助类内容放在抽屉中。

列表式导航，作为辅助导航来展示二级甚至更深层级的内容，每个 App 必不可少，但请注意数量与分类。

平铺式导航，如果你的内容是随意浏览，无须来回跳转的，可以考虑它。

宫格式导航，不建议在 App 中作为主导航使用，如果非使用不可，请增加跳转的关联性。

悬浮式导航，更适应大屏的导航模式，不妨试一试，但注意不要让它遮挡住某些页面的操作。

18.3　移动产品的用户体验

1. 体验设计

（1）屏幕尺寸，因为移动终端产品很丰富，屏幕尺寸差距大，我们做一款普世性的应用，需要针对不同的规格进行调整。这就特别考究产品经理知识面的广度。需要针对那些重点的屏幕和尺寸做设计产品。

（2）手势操作，重要的区域在哪里，操作区域怎么放，怎么利用移动终端的物理按键？点击区域我们要考虑足够大和位置准确。一般最小尺寸是 $44 \times 44px$，如果是在视网膜（Retina）屏幕上最小的点击尺寸应该是 $88 \times 88px$。

各个厂商也会根据屏幕推荐不同的标准和视觉规范，产品经理也要经常关注。因为这个直接会对应在产品经理去写需求，或者是在布局产品信息结构的时候去做安排。比如做原型的时候，底栏菜单项目你画了 7 个，但是这个屏幕可能根本就放不下这么多。所以产品经理要了解这些关键指标，做出来的需求和产品方案才会更加的务实。下一步推进的时候会更加方便。

（3）iOS6 的标准和安卓设计规范：方便进行标准的产品设计，并与设计师顺畅沟通。

最新 iPhone X 界面标准参见 http：//www.gamfe.com/news/201709/sheji–10451.html。

界面尺寸如 18–2 表所示。

表 18–2　界面大小

设备	分辨率	状态栏高度	导航栏高度	标签栏高度
iPhone 6 plus	1242×2208px	60px	132px	147px
iPhone 6	750×1334px	40px	88px	98px
iPhone 5/5s/5c	640×1136px	40px	88px	98px

图标尺寸如表 18–3 所示。

表 18–3　图标尺寸

设备	App Store	程序应用	主屏幕	Spotlight 搜索	标签栏	工具栏和导航栏
iPhone6 plus	1024×1024px	180×180px	144×144px	87×87px	75×75px	66×66px
iPhone6	1024×1024px	120×120px	144×144px	58×58px	75×75px	44×44px
iPhone5/5s/5c	1024×1024px	120×120px	144×144px	58×58px	75×75px	44×44px

字体：百度用户体验部做过一个小调查，对于 App 字体大小的调查结论如表 18–4 所示。

表 18–4　字体大小的调查结论

系统	字体	可接受下线	可见最小值	视觉舒适值
IOS	长文本	26px	30px	32~34px
	段文版	28px	30px	32px
	注释	24px	24px	28px

颜色值：iOS 颜色值取 RGB 各颜色的值，比如某个色值，有时也要根据开发的习惯，有时也用十六进制。

内部设计：①所有能点击的图片不得小于 44px（Retina 需要 88px）；②单独存在的元件必须是双数尺寸；③两倍图以 @2x 作为命名后缀；④充分考虑每个控制按钮在 4 种状态下的样式，如图 18-13 所示。

图 18-13　按钮四种状态

Android 的面尺寸众多，建议使用分辨率为 720×1280 的尺寸设计。这个尺寸 720×1280 中显示完美，在 1080×1920 中看起来也比较清晰，切图后的图片文件大小也适中，应用的内存消耗也不会过高。

Android 的图标尺寸，如表 18-5 所示。

表 18-5　Android 的图标尺寸

屏幕大小	启动图标	操作栏图标	上下文图标	系统通知图标（白色）	最细笔画
320×480px	48×48px	32×32px	16×16px	24×24px	不小于 2px
480×480px 480×854px 540×960px	72×72px	48×48px	24×24px	36×36px	不小于 3px
720×1280px	48×48px	32×32px	16×16px	24×24px	不小于 2px
1080×1920px	144×144px	96×96px	48×48px	72×72px	不小于 6px

Android 上的字体为 Droid sans fallback，是谷歌自己的字体。Android 的字体大小调查结论如表 18-6 所示。

表 18-6　Android 的字体大小调查结论

分辨率	字体	可接受下线（80% 用户可接受）	可见最小值（50% 以上用户认为偏小）	可见舒适值（用户认为最舒适）
安卓高分辨率（480 × 800）	长文本	21px	24px	27px
	短文本	21px	24px	27px
	注释	18px	18px	22px
安卓低分辨率（320 × 480）	长文本	14px	16px	18~20px
	短文本	14px	14px	18px
	注释	12px	12px	14~16px

Android 颜色值取值为十六进制的值。

2. 手势操作标准

（1）基本手势。触屏设备中多样的手势操作都是由如表 18-7 所示 10 种基本手势组合演变而来的。

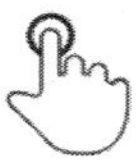

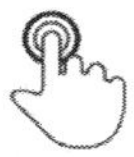

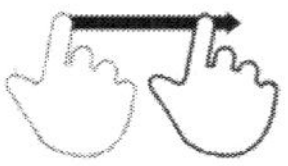

表 18-7　10 种基本手势组合

点击		双击	
拖曳		轻滑	
缩小		放大	
按压		双指点击	
按住拖曳			
旋转			

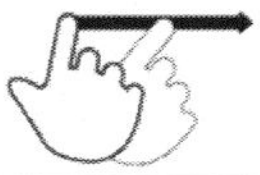

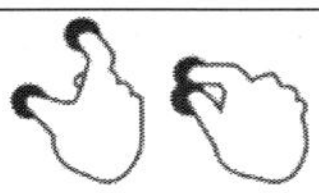

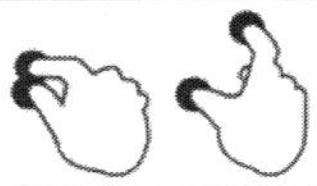

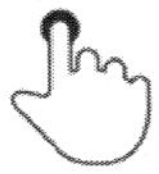

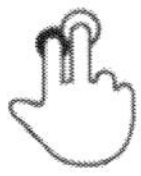

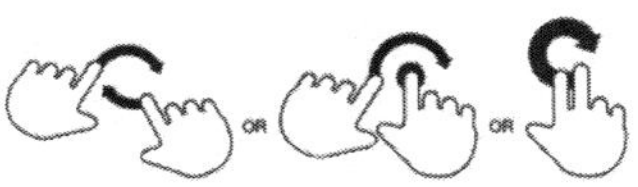

（2）触屏设备常用手指操作，请自行到网上查看相关知识。

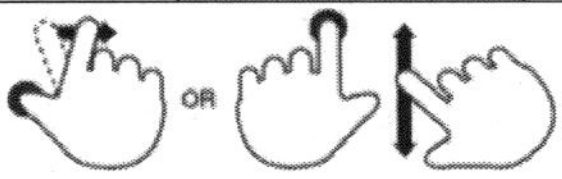

（3）转场过渡。基本转场换，如表 18-8 所示。

表 18-8 转换场

手势	转场	描述	使用场景
点按	快速切换 	视图转换没有任何动画	当两种不同的工具或内容之间变化
点按	直接展开 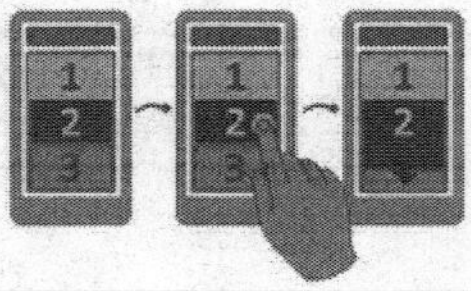	一个项目展开，使所在区块向下扩展	当需要展开的内容在同一区块中
点按	翻转 	视图如转身一般向前翻转	当需要打开的新视图和前面的视图有紧密联系时候使用
滑动	水平滑动 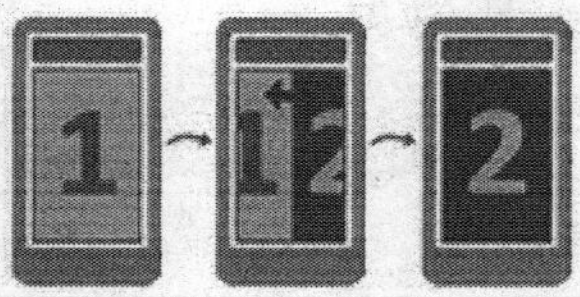	新视图向左或者向右滑动把老视图推出屏幕外	当向前查看新的相关或内容，也可用户返回到前一个屏幕
滑动	水平覆盖 	新视图向左或向右滑动覆盖老视图	当浏览者支持额外内容

以上仅列举少部分，还有非常多的转场效果我们可以选择，最佳选择的标准是引入该转场可以促进交互的一致性。

3. 不同的交互模式

登录、注册和退出。登录和注册对于 App 必不可少，所以我们应该尽可能把过程设计的简单方便。

①自动登录。用户信息首次登录就自动保存在 App 内，以后打开 App 会自动登

录，并更新主页最新消息，这也是在许多社交 App 最常见的模式。

适用：必须登录才能进入主页查看信息，但对安全要求不是很高。

注意：只适用于对信息安全要求不高的 App。

②保存账号和密码。和电脑网页一样，移动 App 也可以采用这种设计，保存用户的账号和密码等登录信息，以便于用户快速登录（见图 18-14）。

适用：需要登录的手机版网页。

注意：尽量减少登录的步骤。

③简单数字密码。涉及交易，金钱的应用，登录的时候手机号输入面板是单独的安全键盘。还可以用一些手势密码，比如滑动连接线，图片拖入之类的。不需要输入冗长的详细登录信息，直接输入一次简单密码，简化登录步骤（见图 18-15）。

图 18-14　保存账号和密码
（图片来源：微信 App 截屏）

图 18-15　按需弹出数字键盘
（图片来源：支付宝 App 截屏）

4. 表格表单

（1）填写表单，保存用户信息。据统计，用户安装的 App 中，竟有 26% 只被打开过一次。辛苦制作了一款 App，好不容易被人下载安装，刚一打开，烦琐的注册表单让用户不得不放弃。人人都讨厌在移动设备上填写表单，特别是根本没针对移动设备优化过的电脑版网页。

保存用户的的登录信息可以节省时间、减少成本，让你的应用和网站更易于使用。对于注册表有3点建议：①最好不要在App首屏出现注册界面；②先体验，后注册；③提供简单便捷的注册界面。

适用：需要用户添加个人信息的网站或应用，比如在购物过程中填写个人资料。

注意：给予适当的安全性。

（2）正确的显示键盘类型。在不同的情况显示与之对应的键盘类型能简化操作，例如输入电话号码时，默认弹出的是数字键盘，输入密码时显示全键盘（见图18-16）。

图 18-16　按需弹出键盘

（图片来源：快手App截屏）

（3）进度提示。在电脑网页中显示进度提示条非常好，它能告诉用户当前的进度，完成了多少，还剩多少。在移动设备中这样设计同样很棒，但由于屏幕大小和比例不同，需要考虑进度条的位置和显示方式。

适用：购物表单或长表单。

注意：不要让它占据太多空间，不然可能会阻碍用户快速访问其他内容，有创意的进度条也能缓解用户的焦虑感。

18.4　移动端产品设计八原则

1. 用户界面的设计基于目标用户的心理模型，而不是基于工程实现模型

就是把后台本来很复杂的事情通过设计，符合用户日常生活中常用的浏览方式或操作方式。针对这一点，我们产品设计要把用户的使用场景和流程逻辑良性的结合在一起。用户的心理模型抓的越准，界面就会越优秀。

如图 18-17 所示，左边界面是大众点评的价格搜索界面，比之前改得更符合用户心理模型；右边界面是食神摇摇的摇动手机找餐厅，更加符合大众用户的心理，大家应该都有那种中午不知道去哪家餐厅就餐，那么就摇一摇来随机抽出一个附近的餐厅的体验。站在用户的角度，移动端又可以借助各种传感器，直接摇一摇就可以生成一个表单。所以右边的体验可能会更优化于左边。

图 18-17　基于用户使用场景和心理模型

（图片来源：大众点评和食神截屏）

2. 培养以用户使用情景的思维方式做原型设计

要做到这个原则其实是很难的，需要长期的实战经验才能做到这点。

3. 尽量让用户减少输入，输入时尽量多的提醒

移动端的虚拟键盘一直是科技界无法解决的一个难题，虚拟键盘的主要有以下缺点。

（1）输入定位无法反馈，所以无法形成高效的盲打。

（2）虚拟键盘的空间限制，手指的点击经常造成误按。

光是上面这两点就让虚拟键盘在输入上大打折扣，所以我们在设计应用程序时，只要遇到 Input Box 的控件，首先就要想到尽量让用户少输入，或者智能的给出参考。

百度地图导航应用在减少输入方面做得比较出色，百度地图拥有 cookies 功能，另外就是百度搜索的技术应用在地名的匹配中也比较好，在用户输入到一半的时候，下面的候选列表就出现了目标地址，用户直接停止输入，点击列表即可。

4. 全局导航要一直存在，最好还能预览其他模块的动态

全局导航在 Web 交互设计中比较容易做到，在手机移动端全局导航要看产品设计的需求，什么功能需要全局导航，社交应用通常是消息、通知、请求；音乐视频应用通常是下载、搜索；播放类、工具类产品经常是核心工具条，比如浏览器、语音助理、音乐识别应用等。

全局导航的价值在于可以让用户在使用过程中不会丢失信息，减少主页面和次级页面之间的跳转次数。

当然，全局导航中的 info-task 工作信息要能在当前页面完成，如果需要跳转到新界面，就会失去全局导航的意义。因为当出现多个 info-task 的时候，就需要用户不停地进入全局导航页面来完成。

微信的朋友查找、消息、通知都是采用全局导航的方式。

5. 提供非弹出框（模态）的反馈，不打断任务流

弹出框的书面名称在 iPhone OS 中称作 Alert-box，在 Android OS 中称作 Pop-up box。我们都知道弹框会打断任务流，所以在有限的屏幕上怎样让这些弹框弱化，或者说优雅、绅士的提醒用户，这个需要设计师来定义。

模态是指界面中只有提醒弹框才具有可交互行为，其他一切都不可操作；非模态不会把提醒做成弹框，可能会处理成清单通知、敬酒名单、提醒名单等方式来提醒用户。

K 歌达人第二版的弹框就是模态处理，界面很不友好，用户在 K 歌过程中要被打断三次才能发表一首自己唱的歌曲，所以降低了用户的参与度（见图 18-18）。

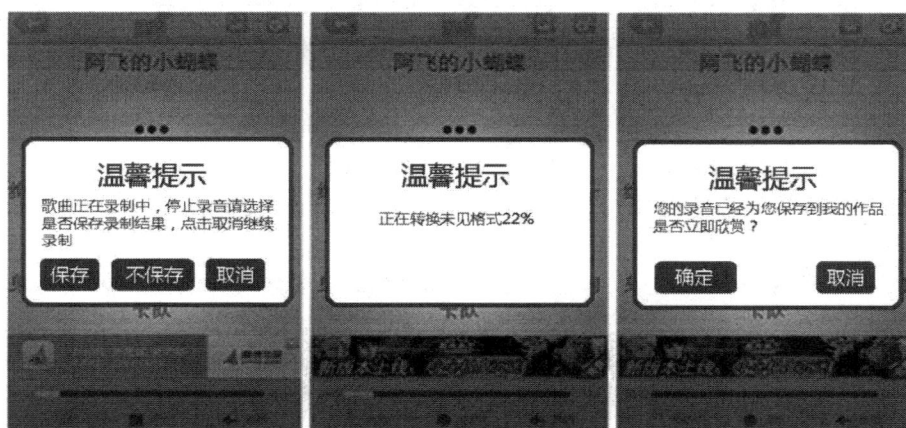

图 18-18　提醒弹框打断任务流

6. 不要让用户等待任务完成，用户还要发现更多有意思的地方

移动互联网的核心就是给用户带来移动体验的方便快捷和高效，这是移动互联网 App 需要考虑的，用户在使用你产品在很多情况下都是碎片时间，所以在设计上尽量让用户在短时间内熟悉我们的产品，知道这个产品的架构，能达到用户的什么需求。特别是某些等待界面需要设计，不能把一个很枯燥的等待界面呈现在用户的面前，那用户很快就会换其他 App。

Instagram 拍完照片点击上传后，它的处理方式是回到首页的位置，告诉你的照片正在提交，并不是显示一个上传进度的界面，让用户看那上传百分比。

米吧设计上传歌曲文件时也只是告知用户后台正在帮你上传，让用户放心，用户自然就会去浏览其他的功能，没有让用户焦虑的等待，等上传完毕时，我们再用用户提醒通知用户已经上传成功，这样把查看上传结果的主动权交给用户。

7. 自动保存用户的输入效果

移动端，由于输入面板的复杂性，而且触摸输入没有物理按键的反馈自然，特别是手机上去输入一段文字或者信息，对用户而言本身就是一件很痛苦的事情；对产品而言，用户在你的产品中输入是一个很值得庆幸的事情，所以设计人员需要让你的 App 自动保存用户的输入成果。

微博官方的手机客户端在用户输入信息后，点击左上角的叉时会弹出 Action sheet 来询问，确认是否要放弃，或者保存为草稿。path 的处理则更为人性化，在处于断网的情景下，用户依然可以发布照片和文字，当然后面联网成功后，系统会自动上传，只是发表时间是联网后发布的时间点。Instagram 的评论也很友好，在断网或者网络情况不稳定的情景，用户输入的评论依然可以发布，后面会有一个叹号提醒用户稍后发布或者重试，提升了用户参与的积极性，同时活跃了社区。

8. 为了程序响应的速度，设计有时候需要担任掩护的作用

技术并不是万能的，技术依然是移动互联网应用程序最需要优化和完善的，作为技术的盟友，设计人员也需要辅佐他们，让用户觉得程序原本就应该是这么运行的。特别是程序响应的速度很多时候不光是技术的问题，与网络环境也有很大的关系，这时候设计人员需要考虑这些客观存在的情况，帮助程序来掩护这些瑕疵，让用户感觉到在使用时是流畅的。

案例1：随后实现。Instagram 帖子"赞"不管对参与者还是帖子作者都是激发其积极性活跃社区氛围的重要功能，所以在程序的响应方面一定要具有可用、易用的特性，我们看左图中，"赞"的按钮已经显示"已赞"，同时我们看红色框内的"菊花瓣"就知道后台在 loading 赞的数据，这就是设计的巧妙之处，先让用户感知到程序是非常快速的，而不是等 loading 完之后再显示"已赞"。

案例2：提前传输。Instagram 中发布帖子的时候，用户处理完照片点击"上传"按钮，就看到中间的界面，这时候界面是让用户去为自己的帖子输入一个主题，或者去设置分享等功能，同时我们可以看到红色框中的"菊花瓣"，很明显后台已经开始传输刚才上传的照片了，所以当用户点击"完成"时，数据只需上传剩下的一

部分，让用户感知上传很迅速。

案例 3：边唱边合成。同步完成边唱边合成，把伴奏和用户的歌声合成为一首音乐时需要后台处理大量的数据，如果分步做就要让用户等待比较长的合成时间，为了让用户不用枯燥的等待合成，我们需要后台在用户唱歌的同时，就已经开始把唱过的伴奏和歌声合成（见图 18-19）。

图 18-19　随后实现 / 提前传输 / 边唱边合成

（图片来源：Instagram 和米吧截屏）

第 19 章　产品经理和数据

19.1　数据分析概述和术语名词解释

互联网平台产品必须以数据利用为出发点，利用这些数据去分析发现用户的访问规律，进而改进提升网站的价值。以用户为中心不是口号，而是一种意识，有了这种意识和认知，下一步就需要通过用户的行为来进行观察。那么用户的行为从哪里来呢？就是我们网站沉淀的大量数据。

以目标为导向。网站的存在是为了盈利，盈利需要目标用户，获得目标用户需要设计出满足用户需求的网站，然后让他们更多、更久、更频繁的浏览你的网站。所以，做数据分析的目的主要有以下几点。

（1）了解用户需求和行为习惯。

（2）了解用户爱好（贡献最大的访问内容），最后砍掉用户不喜欢的。

（3）留下喜欢的，想方设法让用户活跃起来。

1. 大公司的数据分析之路

（1）可视化接口是用户交互接口。用户即数据分析员或产品经理等操作可视化界面，可视化库中软件响应，然后从特征库获取相关数据，通过转换和映射向用户提供可视化结果。

（2）特征库是数据抽取的结构，是商务数据对象的属性值及其关系的集合。

（3）数据抽取是数据挖掘中核心模块，它运用各种模式和挖掘算法来实现对网上各种对象相关数据和特征进行抽取。主要抽取"商品名""型号""产地""价格""属性"之间的联系，还抽取用户的"基本信息""消费记录""购物习惯""用户兴趣"等（见图 19-1）。

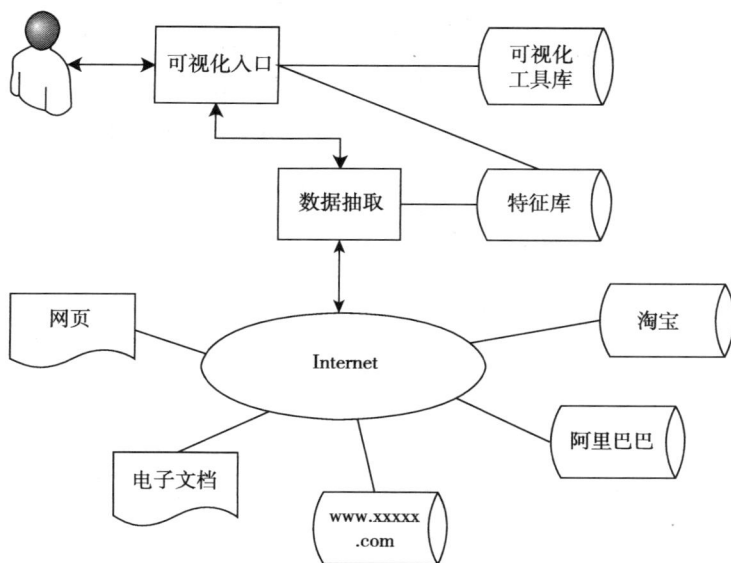

图 19-1　大公司数据分析模型

2. 数据挖掘

数据挖掘分为数据准备、数据分析和分类、知识获取、预报 4 个阶段，如图 19-2 所示。

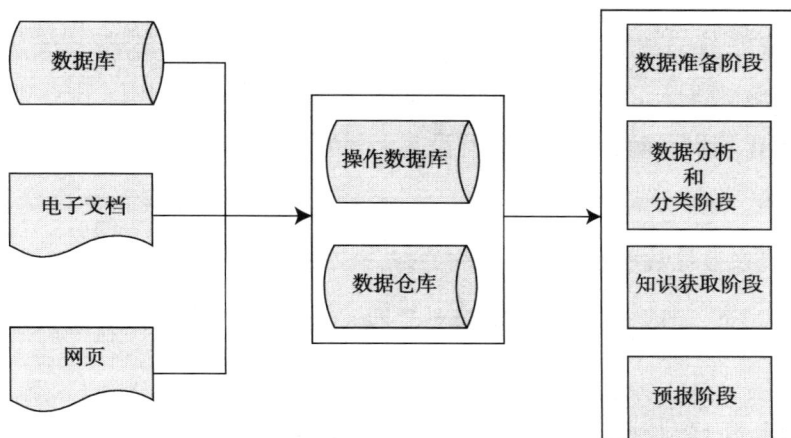

图 19-2　数据挖掘模型

（1）数据准备。主要任务是从数据库选取要抽取的数据集，进行"清理""转换""集成"，并建成数据仓库。

（2）数据分析和分类。对第一步结果数据集进行进一步加工，首先将数据对象分类处理，通过聚类与序列分析把一个数据集分成若干个数据子集，然后分析之间的联系，进行链接分析。根据各种关系图从中获取趋势信息，找出期间的规律。

（3）知识获取阶段。在第二阶段基础上提炼，根据不同的数据集选择不同的应用算法，如"神经网络""决策树""分类""回归树""最近邻居""可视化"等。

（4）预报阶段。利用以获取的结果进行具体的"推测""建模""指导"等。

网站数据分析软件主要功能是获取网站访问量等重要数据，然后对数据进行统计、分析，以便了解网站的"访问效果"和"用户的行为"，并发现现在网站架构的问题，为进一步优化迭代网站提供数据依据和方向指导。

网站数据分析内容包括行业数据分析、竞争对手分析、网站内容分析、用户行为分析和用户需求分析。

3. 数据分析实操步骤

（1）明确目标。

①市场推广是否有效，分析访问入口。

②访问网站用户是否为目标用户，分析访问时长和页面数。

③哪种渠道获取的用户更有价值，分析访问入口。

④用户对网站的整体印象，除了商品外哪些因素影响到用户，做调查问卷投放和分析。

⑤新的市场机会砸在哪里，哪些没有上架的产品能带来更多的商机，做用户一对一访谈。

（2）确定目标数据，数据收集与处理。

①宏观层面，比如国家统计局统计数据、互联网行业发展、相关协会发布的数据。

②消费者生活习惯与媒介习惯，比如新生代市场监测、互联网使用行为特征等。

③网络报告，比如行业研究报告。

④第三方数据收集，比如百度、友盟、Google等。

（3）数据解读与决策。

根据网站类型不同，分析所采用的指标项目也各有不同，通常分为"内容指标"

和"商业指标"两类。

"内容指标"是衡量访问者活动的指标，比如停留页面的时长，观看内容的时长。比如教育类网站，免费观看时长的设置，多久是最好转化注册用户或者收费用户的节点。

"商业指标"指衡量访问者活动转化为商业利润的指标，比如转化率。

4. 相关术语介绍

（1）热点：将页面中包含的各个链接根据功能分类画出若干板块，比如"新闻板块""商品展示板块"等，每一个板块成为一个热点，然后分析该页面上"各个热点"被单击的情况。

（2）网页热点图或鼠标点击图：研究访客鼠标单击坐标形成的热力图。

（3）主页：体现网站类型和内容关键页面，一般指首页。

（4）入口页：又称着陆页（Landing page），是从外部访客点击站外广告、搜索结果页链接或者其他网站上的链接访问到网站的第一个入口，即每个访问的第一个受访页面。

（5）访问入口：往往和某种推广商业活动有关，为了某种商业活动制作的页面。

（6）进入页：访问网站是浏览的第一个页面，可以是任何页面，以访客为单位。用户点击进入一个网站，然后进行的一系列点击。由于网络数据以"数据包"的方式传送，而不是持续连接。当用户在超过系统规定的时间没有再次点击要求数据，下一次点击将被认为另一次访问。

（7）反链数：指从别的网站导入我们网站的连接数。导入链接对网站优化很重要，导入链接质量直接决定了网站在搜索引擎中的权重增加方法，友情链接→单向。软文→转载，软文也要思考一下推广方法和平台。在百度查询网站主题，查看第一名的反向链接。交换链接，增加自己网站百度的反向链接的数量。归根结底就是增加百度搜索引擎对自己网站信息的收录数量，只要百度收录得越多，网站的百度反向链接也就越多。要做到这一点，只有不断地每日规律性地定时上传原创信息到网站上。

（8）收录量：网站获取搜索引擎流量的基础。

（9）曝光数：广告弹出次数。

（10）广告单击数：用户单击弹出广告次数。

（11）返回数：通过电子邮件进行市场推广，用户通过电子邮件中的链接地址访问网站的次数。

（12）返回率：广告弹出后被用户点击的程度，即折返率＝单击数 ÷ 曝光数 × 100%。

（13）客户转化率：

①客户通过广告访问本站，并转化为注册用户，即客户转化率＝（注册数 ÷ 单击数）× 100%。

②客户通过邮件访问本站，并转化为注册用户，即客户转化率＝（注册数 ÷ 返回数）× 100%。

③客户转化行为的次数占推广信息总单击次数的比例，即转化率＝（转化次数 ÷ 单击量）× 100%

目标转化率低的原因有：

①代码埋点位置不正确，访客进入某个路径或目标，然后由安装在这个页面的"百度统计代码"获取。如果某个页面设置为路径或者目标，但是却没有安装统计代码，那么就无法获取此页面的转化数据。

②目标页无法打开。

③目标用户定位不够准确，即各种推广活动带来的用户非目标用户。

④页面设计存在问题，访客进入设置的路径后能否进入下一步，完全取决于访客获取的信息和使用体验。如果这些页面让访客觉得信息没有吸引力或者页面操作复杂，那么访客在中途便会放弃离开。

（14）重度访问用户：按照每次访问的停留时间划分，把停留时间在 20 分钟以上的归为重度访问用户。也可以按照每次访问的浏览数来划分，把一次浏览量超过 10 个页面的归为重度访问用户。

①重度用户比例（次数）=（浏览数 ≥ 11 页面的访问量）÷ 总访问数。

②重度用户比例（时长）=（≥ 20 分钟访问书）÷ 总访问数。

③重度用户访问量比例（≥ 20 分钟浏览数）÷ 总浏览数。

（15）轻度访问用户：每次访问时长不超过 1 分钟的用户归为轻度。

①轻度用户比例 =（0~1 分钟的访问数）÷ 总访问数。

②轻度用户访问量比例 =（0~1 分钟的浏览数）÷ 总浏览数。

（16）过滤页面过滤浏览数：网站中某些页面并不是独立的，而是附属于某个页面。如滚动条就是附属于首页的。用户可以将这些附属页面设置为过滤页面。即过滤页面被访客浏览点击的次数。

（17）有效浏览数：除过滤页面后的所有页面，集有效浏览数 = 浏览数 − 过虑浏览数。

（18）行为或路径：在一次访问过程中，用户访问过的所有页面轨迹。

（19）特定行为：需要埋点获取数据由用户自定义行为，比如付款时的自行定义付款方式等可以让用户自行设计的功能，包含若干行为步骤。可以分析出满足设定行为的发生次数以及各个步骤之间的转化率。

特定行为转化率 = 在特定行为中，两个步骤之间的转化率。

（20）沉默时间：注册后用户一次访问网站到分析日截止日的天数。

（21）沉默用户：在设定的沉默时间为访问网站的用户。

（22）时段：按照一天 24 小时的自然时间段进行划分。

（23）地区：访客来源地区，根据 IP 判断。

（24）趋势：第一种 24 小时内发展趋势，另一种以日为单位的周趋势，以及月或者指定区间的趋势。

（25）特定页面：从众多页面中独立出来需要特定分析的页面，比如环球雅思的老师预售课宣讲页面。

（26）频道\栏目：将网站各个内容根据功能归类，划分出若干逻辑上的频道或者栏目。

（27）热门：最受欢迎的页面或者频道，冷门反之。

（28）广告：在别的网站做的宣传页或窗口。

（29）邮件：即客户邮箱。

（30）搜索引擎：即有变，360搜索，搜狗搜索。

（31）关键字：通过搜索引擎搜索的内容。

（32）认证用户：用户通过注册成为认证用户。

（33）日志文件：在 Web–IA 中指用户。网站访问分析 Web–IA，微软中国选择系统集成工具软件，中国电信"互联星空"网站访问分析工具。深入挖掘站访问信息，改进网站设计，提高网站价值，分析网站的工作日志。

（34）8S 定律：用户接入网站超过 8 秒就会有 30% 用户放弃。

19.2　电商网站数据分析综述

电商网站数据分析包括"流量来源分析""流量效率分析""站内数据流分析""用户特征分析" 4 个部分。

1. 流量来源分析

（1）搜索引擎关键词分析：根据关键词的来源分析查看网站的产品分布和产品组合。如果关键词查询多的产品却不是网站的主推产品，可以进行适当调整。

（2）网站流量趋势分析：流量是否均衡，是否大幅度波动。一般来说流量突然增加，如非特殊事件，所购买的广告位作弊的嫌疑就很大。还有就是被对手恶意点击的可能性也很大。

（3）流量核对：查看莫名流量来源，如果莫名流量来源很大，比如某一个区域突然增大。有可能购买的 CPC 或者其他资源被注水即将广告链接分包给了点击联盟。

（4）推广网站与直接访问比例：直接访问量越大说明网站品牌度越高。网站流量指标 PV、UV、RV 重复访问量，每个访问者的浏览数 PV/UV，某些具体文件或页面的统计指标页面显示次数或下载次数等。

2. 流量效率分析

（1）到达率：从点击广告到落地页的比例，一般到达率为 80% 以上是比较理想的流量。到达率和网站速度有关。

（2）PV/IP 比：有效流量或网站内容比，比较好的话，一个独立 IP 大概能有 3 个以上 PV 页面访问量，如果低于 3 并不代表流量不真实，也可能是网站本身的问题，但是 PV/IP 过高，就存在人为重复刷新的问题。

（3）订单转化率：这个是核心，电商没有订单转化率就是死。

3. 站内数据流分析

（1）页面流量排查看产品详情页的流量，特别是首页陈列的产品详情页。参照最终销售比例，优胜劣汰用以调整销售结构。

（2）场景转化分析，从首页→列表页→详情页→购物车→订单提交页→订单成功页的数据流分析。通过漏斗模型去看每一步的转化率，如果漏斗模型某一环节过窄说明这个步骤的转化率出了问题。

（3）频道流量排名，用来考虑产品组织架构问题。

4. 用户特征分析

（1）用户停留时长：这个放在用户特征分析有些牵强。目前的监控方式是：用户到达时间→用户离开时间，但是数据并不准确，仅供参考。时长越长越好，如果超过一个小时，说明用户忘记关闭网页了。

（2）新老用户比例：老用户比例高证明用户忠诚度不错，但是还要考虑绝对量。不能靠新用户越来越少来衬托老用户的比例。

（3）用户地域分析：用户地域和订单地域基本一致。

（4）用户行为指标，分析用户如何来到网站，在网站停留多久，访问哪些页面。

主要指标包括：

①停留时间。

②跳出率，某个页面跳出率过高，就要警觉这个页面的内容或者架构出现了

问题。

③新访客。

④回访次数。

⑤回访相隔天数。

⑥用户使用的搜索关键词、关联关键词。

⑦不同时段用户访问量。

⑧用户地域分析。

⑨注册用户和非注册用户浏览习惯。

⑩用户来源网站，入口广告或网站入口链接哪种更有效。

⑪用户访问网站流程，分析网站架构是否合理。

⑫页面热力图。

⑬用户浏览网站方式，上网设备、浏览器类型版本、硬件分辨率、操作系统和本版等。

最后，客户期望分析，可通过 1 对 1 访谈，收集用户的目标、观点和行为。1 对 1 访谈操作分析流程如图 19-3 所示。

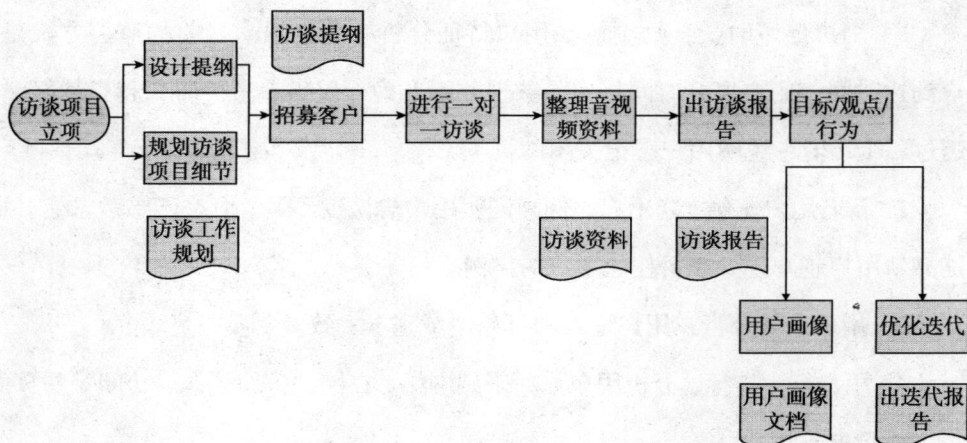

图 19-3 用户访谈流程模型

19.3　网站数据分析

1. 网站数据分析的内容指标体系

（1）PV 数：一个访问者在 24 小时内看了多少个页面。PV 计算当一个访问者访问的时候，记录他所有访问页面和对应的 IP，然后确定这个 IP 今天是否访问了这个页面。如果网站到了 23 点，单 IP 有 60 万条的话，每个访问者平均访问了 3 个页面，那么 PV 的记录就有 180 万条。

（2）独立访客：访问某一个站点或单击某条新闻的不同 IP 地址的人数。

（3）每个访客的页面浏览数：这是一个平均数，即在一定时间内，浏览数与所有访问者相除的结果。即一个用户浏览的网页数量，这一指标表明了访问者对网站内容或者产品信息感兴趣的程度，即"黏性"。

（4）转化率：转化率 = 进行相应动作的访问量 / 总访问量。

指标意义：衡量网站内容对访问者的吸引程度、宣传效果以及架构的合理性。

（5）回访者比例：回访者比例 = 回访数 / 独立访问者。

指标意义：衡量网站内容对访问者的吸引程度和网站的实用性。

指标用法：基于访问时长的设定和产生报告的时间段。这个指标可能会有很大的不同。如果回访率下降说明网站内容需要调整或者更新加强。一旦选定时长和时间段，就要使用相同的参数做后续的报告，否则就失去比较的意义。

（6）积极访问者比例：积极用户比例 = 访问超过 11 个页面的用户数 / 总访问数。

指标意义：多少访问者对网站内容高度感兴趣。

指标用法：如果网站针对正确的目标受众，并且网站使用方便，就可以看到这个指标是不断上升的。如果网站是内容型的，就要针对不同的类别内容来区分不同的积极访问者。这里需要和用户调研结合在一起去区分细分用户群体。

（7）忠实访问者比例：访问时间在 19 分钟以上 / 总用户数。

指标意义：多少访问者对网站内容高度感兴趣。

指标用法：访问时长这个指标应该结合转化率一起使用。

（8）忠实访问者指数：忠实访问者指数 = 大于 19 分钟的访问页总数 / 大于 19 分钟的访问者数。

指标意义：每个长时间访问者的平均访问页数，是一个重要的指标，它结合了页数和时间。

指标用法：如果指数低反映有较长访问时间，但较低的访问页面比如在线学习类，我们可以修改网站增加功能和内容来提高用户的时长和页数。

（9）忠实访问者量：忠实访问者指数 = 大于 19 分钟的访问页总数 / 总访问页数。

指标意义：长时间访问者所访问的页面，占所有访问页面的数量。

指标用法：对于一个靠广告收入的网站，这个指标很重要。它代表总体页面访问质量。如果有 10000 访问页数，却仅有 1% 的忠实访问比例，说明该页面吸引错误的访问者。这时候应该考虑导入的广告词语的修改了，以吸引正确的目标用户。

（10）访问者参与指数：访问者参与指数 = 总访问数 / 独立访问者数。

指标意义：代表着部分访问者的多次访问。

指标用法：与回访者比例不同，这个指标代表回访者的烈度。如果有一个正确的目标受众不断地回访网站，这个指数将大大高于 1，如果没有回访者，指数趋近于 1 意味着每一个访问者都是一个新的回话。这个指数的高低取决于网站的目标。大部分内容型和商业性网站都希望访问者每周、每月有多个回话。客户服务或投诉类则希望这个指数尽可能接近 0。

（11）回弹率：回弹率（所有页面）= 单页面访问数 / 总页面数。

指标意义：代表访问者看到的仅有的一页的比例。

指标用法：这个指标对于最高的进入页面有重要的意义，因为流量就是从这些页面产生的。对网站的导航或布局进行调整要注意这个参数。

（12）回弹率（首页）：回弹率（首页）=仅仅访问首页的访问数 / 所有从首

页开始的访问数。

指标意义：这个指标代表所有从首页开始的访问者中仅仅看了首页的访问者比率。

指标意义：这个指标是所有内容型指标中最重要的一个，通常我们认为首页是最高的进入页面。如果你的网站有其他更高的进入页面，那么也应该把它加入到追踪的目标中，如推广广告等。对任意一个网站，我们可以想象，如果访问者对首页或最常见的进入页面都是一掠而过，说明网站策划时在某一方面有问题。如果针对的目标市场是正确的，说明是访问者不能找到他想要的东西，或者是网页的设计上有问题，包括页面布局、网速、链接的文字等。如果网站设计是可行易用的，网站的内容可以很容易地找到，那么问题可能出在访问者的质量上，即市场问题。

（13）浏览用户比率：浏览用户比率＝少于 1 分钟的访问者数／总访问数。

指标意义：这个指标一定程度上衡量网页的吸引程度。

指标用法：大部分的网站都希望访问者停留超过一分钟，如果这个指标的值太高，那么就应该考虑一下网页的内容是否过于简单，网站的导航菜单是否需要改进。

（14）浏览用户指数：浏览用户指数＝少于 1 分钟的访问页面数／少于 1 分钟的访问者数

指标意义：一分钟内的访问者平均访问页数。

指标用法：这个指数越接近于 1，说明访问者对网站越没兴趣，他们仅仅是瞄一眼就离开了。这也许是导航的问题，如果你对导航系统进行了显著的改进，应该可以看到这个指数在上升；如果指数还是下降，应该是网站的目标市场及使用功能有问题，应该着手解决。将浏览用户比率和浏览用户指数结合起来使用，可以看出用户是在浏览有用的信息还是厌烦的离开。

（15）浏览用户量：浏览用户量＝少于 1 分钟的浏览页数／所有浏览页数。

指标意义：在一分钟内完成的访问页面数的比率。

指标用法：根据网站的目标的不同，这个指标的高低有不同的要求，大部分网站希望这个指标降低。如果是搞广告驱动的网站，这个指标太高对于长期的目标是不利的，因为这意味着尽管你通过广告吸引了许多的访问者，产生很高的访问页数，但是访问者的质量却不高，所能带来的收益也就会受到影响。

（16）访问次数：记录所有访客一天访问多少次这个网站，相同的访客有可能多久访问这一网站。

（17）停留时间：用同一个访问过程中最后一个页面的访问时间减去第一个页面的访问时间，得到此次访问者在网站上的停留时间。

（18）会话、过程、时域：某人来到网站，花一定时间浏览某些内容，然后离开，默认值为30分钟。

（19）跳出率和拒绝率：一次访问只访问一个页面占总访问数的比例。比例越小说明用户品质越高。从某个特定页面进入网站的 visit 访问，有多少百分比什么都没做直接离开了。

拒绝率（一个页面）= 只访问一个页面的访问数 / 总访问数 。

拒绝率（首页）= 只访问首页的访问数 / 总访问数。

跳出率高说明大量用户只进入网站后看了一个页面就离开了。造成这种现象的原因有以下几个。

① 统计代码有问题，只有添加了统计代码的页面才能统计到访问数据。如果仅在首页埋入了统计代码，则只能统计进入首页的量，因此会造成很高的跳出率。

②网站内容单一，缺乏吸引力。

③网站页面仅有一个，比如个人博客页。

④ 访客个人因素，比如收藏后离开。

⑤推广信息与网站实际内容不符合。

⑥内容缺乏。

2. 网站数据分析为数据指标体系

（1）用户行为指标如表 19-1 所示。

表 19-1　用户行为指标

访问频次	UV	新顾客
		老顾客
注册用户		
Pv		
访问深度	平均访问深度	
	新顾客访问深度	
	老顾客访问深度	
	一定周期	TOP10 访问深度页面
		访问深度最低的 10 个页面
		访问深度增加的 10 个页面
		访问深度减少的 10 个页面
停留时间	平均停留时间	
	新顾客停留时间	
	老顾客停留时间	
跳出率	平均跳出率	
	新顾客跳出率	
	老顾客跳出率	
	一定周期	TOP10 跳出率
		跳出率最低的 10 个页面
		跳出率增加的 10 个页面
		跳出率减少的 10 个页面
页面点击	总体点击	
	热力图	
下单次数		
放入购物车次数		
在线支付次数		
转化率	访问到下单转化率	
	下单到购物车转化率	
	购物车到支付转化率	
	下单到支付转化率	
	订单转化率（有效订单 /UV）	

（2）客户价值指标如表 19-2 所示。

表 19-2　客户价值指标

客户指标	独立访问 UV	新客户指标	新顾客数量占总数量百分比	老客户指标	老顾客数量占总数量百分比
	访客获得成本		新顾客获得成本		消费频次
	访问下单转化		新顾客客单价		最近一次消费时间
			新顾客消费金额		消费金额
					活跃老客户数

（3）营销活动指标如表 19-3 所示。

表 19-3　营销活动指标

市场营销活动	新增访问数	新增 UV
		新增访问数
	总访问数	总 UV
		总访问数
	订单数量	有效订单数量
	转化率	新增订单 / 新增 UV
		有效订单 / 总 UV
	ROI	

广告投放指标	新增访问数	新增 UV
		新增访问数
	总访问数	总 UV
		总访问数
	订单数量	有效订单数量
	转化率	新增订单 / 新增 UV
		有效订单 / 总 UV
	ROI	
频道合作指标	新增访问数	新增 UV
		新增访问数
	总访问数	总 UV
		总访问数
	订单数量	有效订单数量
	转化率	新增订单 / 新增 UV
		有效订单 / 总 UV
	ROI	

3. 总体运营指标

（1）流量指标：UV，PV，访问深度 PV/UV。

（2）业绩指标：订单金额即有效订单金额，订单数量即有效订单数量，转化率即订单转化率客单价。

4. 移动应用类数据指标

移动应用主要指标，从获取用户到获得收入基本会经历用户获取、用户活跃与参与、用户留存、用户转化和获取收入的过程，下面依次介绍各个阶段的主要指标。

（1）用户获取阶段：下载量（商店评分和排名）、安装激活量、激活率、新增用户数（一般就是新增设备数）、用户获取成本。

（2）用户活跃与参与阶段：日活跃用户数、月活跃用户数（可表示用户规模）、活跃系数（日活除以月活）、平均使用时长、功能使用率。

（3）用户留存阶段：次日留存率、7 日留存率、30 日留存率。

（4）用户转化阶段：付费用户比例、首次付费时间、用户平均每月营收（月收入除以月活跃用户数）、付费用户平均每月营收（月收入除以月付费用户数）。

（5）获取收入阶段：收入金额，付费人数。

5. 网站分析商业指标

网站分析商业指标，这些指标和运营相关，产品经理仅做了解即可。

（1）平均订货额（AOA）。

计算公式：平均订货额＝总销售额／总订货数。

指标意义：用来衡量网站销售状况的好坏。

指标用法：将网站的访问者转化为买家当然是很重要的，同样重要的是激励买家在每次访问时购买更多的产品。跟踪这个指标可以找到更好的改进方法。

（2）订单转化率（CR）。

计算公式：订单转化率＝总订货数／总访问量。

指标意义：这是一个比较重要的指标，衡量网站对每个访问者的销售情况。

指标用法：通过这个指标你可以看到，即使一些微小的变化都可能给网站的收入带来巨大的变化。如果你还能够区分出新、旧访问者所产生的订单，那么就可以细化这个指标，对新旧客户进行分别的统计。

（3）每访问者销售额（SPV）。

计算公式：每访问者销售额＝总销售额／总访问数。

指标意义：这个指标也是用来衡量网站的市场效率。

指标用法：这个指标和转化率差不多，只是表现形式不同。

（4）单笔订单成本（CPO）。

计算公式：单笔订单成本＝总的市场营销开支／总订货数。

指标意义：衡量平均的订货成本。

指标用法：每笔订单的营销成本对于网站的盈利和。

（5）再次订货率。

计算公式：再订货率＝现有客户订单数／总订单数。

指标意义：这个指标也是用来衡量网站对客户吸引力。

指标用法：这个指标高低是衡量客服的重要指标。

（6）单个访问者成本（CPV）。

计算公式：单个访问成本＝市场营销费用／总访问数。

指标意义：这个指标也是用来衡量网站的流量成本。

指标用法：这个指标衡量市场效率，目标是要降低这个指标提高 SPA，将无效的市场营销费用削减，增加有效市场投入。

（7）订单获取差额 。

计算公式：订单获取差额＝单个访问者成本（CPV）／单笔订单成本（CPO）

指标意义：衡量市场效率的指标，代表网站所带来的访问者和转化的访问者之间的差异。

指标用法：指标值是一个负值。测量从非访问者中获得客户的成本。增强网站销售能力时，CPO 下降，这个差额就会缩小，说明网站转化现有流量的能力增强。

（8）订单获取率。

计算公式：订单获取率＝单笔订单成本／单个访问者成本。

指标意义：这个指标也是用来衡量市场效率。

指标用法：比较为财务人员和管理层理解。

（9）每笔产出（CON）。

计算公式：每笔产出＝（平均订货数 × 平均边际收益）− 每笔订单成本。

指标意义：每笔订单带来的现金增加净值。

指标用法：公司财务总监对这个指标感兴趣，代表公司花多少钱、赚了多少钱。

（10）投资回报率（RIO）。

计算公式：投资回报率＝每笔产出 CON／每笔订单成本 CPO。

指标意义：用来衡量广告的投资回报。

指标用法：衡量广告效果，把钱用在回报率最高的广告。但是这个回报率应当有时间段的限制，比如"25% RIO／每周"和"25% RIO／每年"是有很大差距的。

19.4　数据分析实操

漏斗模型分析转化率，注意图中每一个转化节点的影响因素（见图 19-4）。

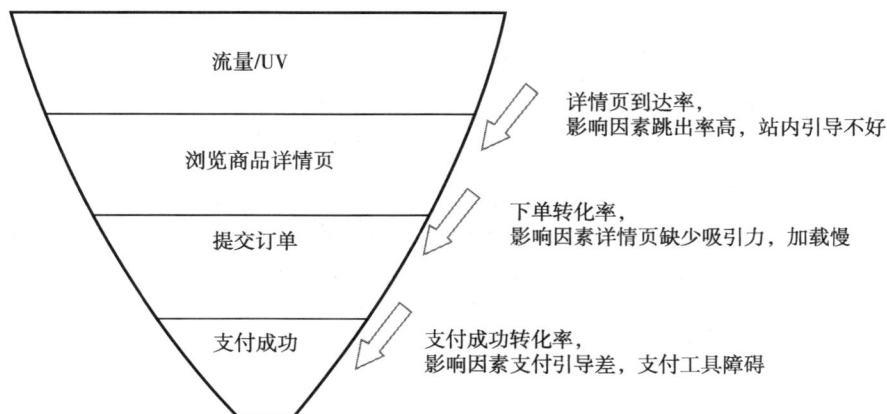

图 19-4　漏斗模型

详情页来源分析如图 19-5 所示。

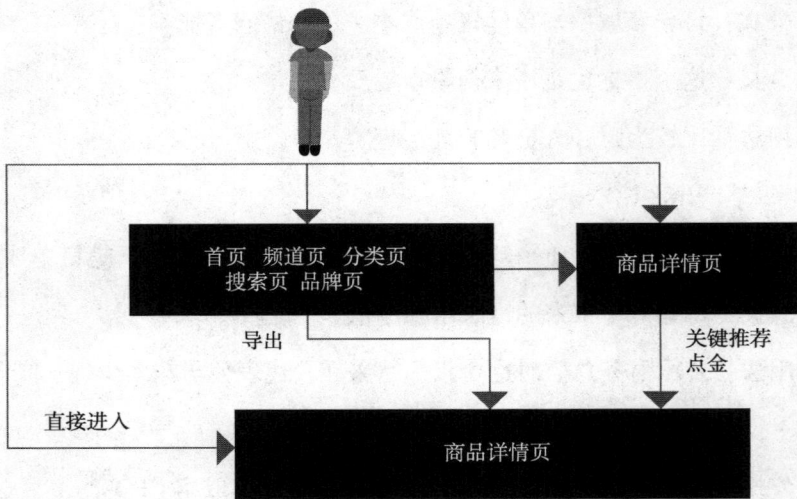

导出率 = 点击该页面上的次数 / 进入该页面的次数
商品导出率 = 在该页面上点击商品详情页次数 / 进入该页面的次数
推荐点击率 = 在商品详情页看到推荐的访客总数 / 点击推荐商品数

图 19-5　详情页来源分析模型

那么，如何提出数据统计需求？

提数据需求是一个"界定产品目的和目标，根据目标提出假设、预判产品效果"的过程，要求对功能目标、功能预期效果有完整且清晰的掌握。一个完整的数据需求包含功能设计方案、功能目的和目标、功能上线后需要跟踪的数据指标及指标确定义。

案例 1：网站注册流程数据

网站注册流程功能的数据统计要求文档包含以下 3 点。

（1）注册流程完整设计文档。

（2）做这个功能的意义：让所有新用户快速完成注册流程，并正确提供所需的重个人信息。

（3）所需指标及定义：围绕 2 中的目标设计所需的数据指标，思考哪些数据指标可以描述目标完成情况。

①每一个注册环节的用户跳出率。

②每个注册填写字段的出错率。

③各类注册错误的出现频次分布。

......

案例 2：网站特定行为数据

网站付款流程功能的数据统计要求。

由用户自定义行为，付款时候的自行定义付款方式可以让用户自行设计的功能，包含若干行为步骤。可以分析出满足设定行为的发生次数以及各个步骤之间的转化率。

（1）自定义流程，完整设计文档。

（2）做这个功能的意义：付款时候用户自行定义付款方式，自行定义选择功能，增加用户的交互体验。

（3）所需指标及定义：围绕 2 中的目标设计所需的数据指标，思考哪些数据指标可以描述目标完成情况。

①自定义环节的用户跳出率。

②自定义用户的交易成功率。

③设定自定义付款方式后又改会系统默认方式的比例。

（4）数据分析当中的"误区"：①忽略沉默用户；②用户迫切需要的需求≠产品核心需求；③过分依赖数据会限制产品经理的灵感；④错判因果关系和相关关系；⑤警惕表达数据的技巧（控制折线图纵坐标范围混淆结论）；⑥不要妄谈大数据。

用漏斗模型衡量获取渠道及渠道质量，如图 19-6 所示。

（1）基本思路：带来多少新访客、浏览深度如何、留存率和转化率。

（2）Web 端：新访客占比，代表渠道拓展用户的能力、跳出率、浏览页面数以及转化率。

（3）移动端：新设备占比、次日留存以及转化率。

（4）访客参与深度：跳出率、浏览页面数、转化率。

（5）转化率和转化漏斗是否流畅：在各个转化节点有无突然收窄的情况，如果有，分析出原因。

有先后顺序的漏斗模型	有参与深度漏斗模型
入站UV	访客数
浏览商品详情页	登录访客数
提交订单	点赞、评论
支付成功	原创

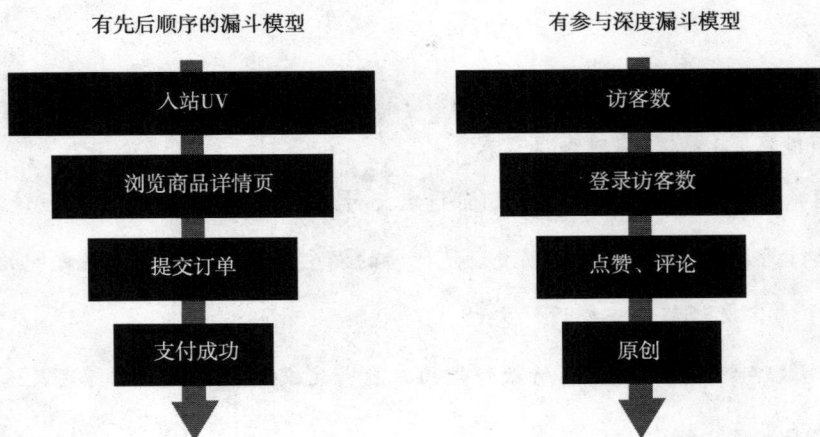

图 19-6　先后顺序和参与深度漏斗模型

1. 漏斗模型的制作

用 Excel 制作漏斗模型，如图 19-7~ 图 19-14 所示。

	首页	浏览商品列表	商品详情页	加入购物车	支付	订单完成
UV	240000	231100	180009	98002	58797	38797
上一步转化率		96%	78%	54%	60%	66%
总体转化率	100%	96%	75%	41%	24%	16%

图 19-7　全选

全选后，在随便空白格子里，鼠标右击→选择性粘贴→选择"转置"。

	UV	上一步转化率	总体转化率
浏览商品列表	231100		100%
商品详情页	180009	78%	78%
加入购物车	98002	54%	42%
支付	58797	60%	25%
订单完成	38797	66%	17%

图 19-8　粘贴

粘贴后，如图插入一个空白列。

8			UV	上一步转化率	总体转化率
9	浏览商品列表	插入一列	231100		100%
10	商品详情页		180009	78%	78%
11	加入购物车		98002	54%	42%
12	支付		58797	60%	25%
13	订单完成		38797	66%	17%

图 19-9　插入一列

做一个"占位"的数据项，为了居中对齐我们的数据。

占位符 =（"固定"第一步的数值 - 当前的数据值）/2。

	占位符	UV	上一步转化率	总体转化率
首页		240000		100%
浏览商品列表	=(C$8-C9)/2	231100	96%	96%
商品详情页	29995.5	180009	78%	75%
加入购物车	70999	98002	54%	41%
支付	90601.5	58797	60%	24%
订单完成	100601.5	38797	66%	16%

图 19-10　计算中间值

"全选"后再"插入"→"条形图"→"堆积条形图"。

	占位符	UV
首页		240000
浏览商品列表	4450	231100
商品详情页	29995.5	180009
加入购物车	70999	98002
支付	90601.5	58797
订单完成	100601.5	38797

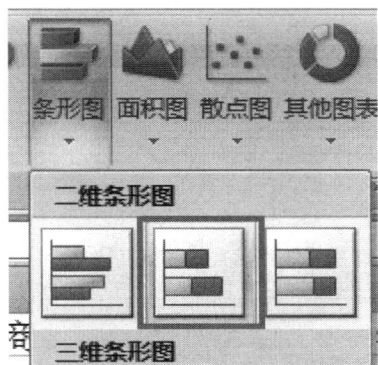

图 19-11　堆积条形图

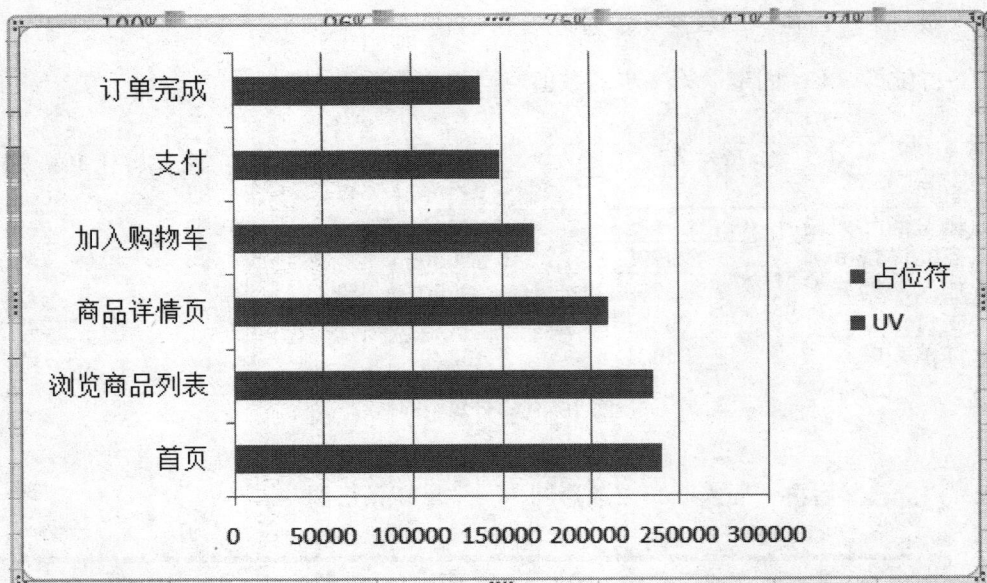

图 19-12　出现金字塔图形

在图形上右击→"设置坐标轴格式"→"逆序"。

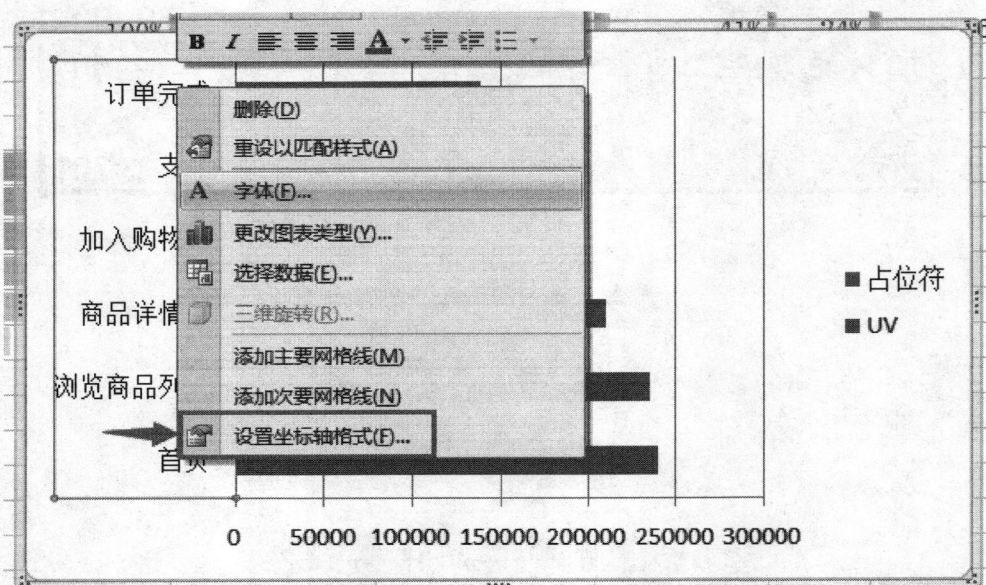

图 19-13　逆序

鼠标选中白色地方，"右击"→"设置数据系列格式"→"无填充"。

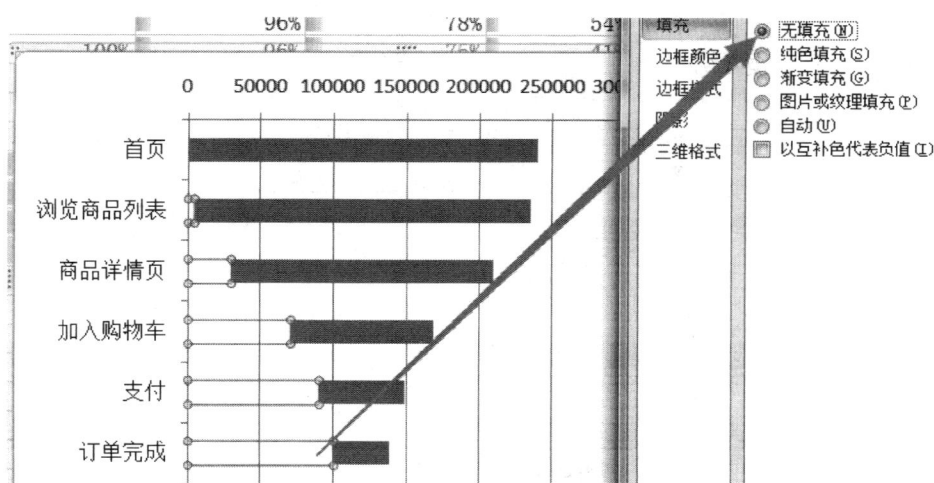

图 19-14　生成漏斗模型

有了漏斗模型之后就可以做趋势分析、比较分析和细分分析。

（1）趋势分析，就是可以叠加时间的维度和变化。他试用对某一个流程或者步骤进行改进优化的效果监控。

（2）比较不同类型产品或者功能，以及使用流程转化率，我们可以发现存在的问题。优化流程是指，例如上图，如果添加或者删除其中的流程，会不会提高最终的目标转化率。

（3）细分分析指区分不同的商品，或者不同的用户，比如卖电子产品或者母婴产品的，他们的漏斗转化率是什么样子的。我们可以进一步的细分。

2. 任务完成率的模型制作

任务完成率→指用户完成某一个事情，达成某一个目标所要完成的动作或流程。

用 Excel 作任务完成率模型，如图 19-15 至图 19-24 所示。

	前端触发控件数量	上一步完成率	总体完成率	错误数	错误率
1 账号名称	1000			0	0%
2 第一次输入密码	980	98%	98%	0	0%
3 第二次输入密码	980	100%	98%	20	17%
4 图形验证码	840	86%	84%	56	47%
5 输入手机号	400	48%	40%	23	19%
6 完成注册	320	80%	32%	20	17%
				119	

图 19-15　在 Excel 导入数据

上一步完成率＝下一步／上一步。

	前端触发控件数量	上一步完成率
1 账号名称	1000	
2 第一次输入密码	980	=C3/C2
3 第二次输入密码	980	100%
4 图形验证码	840	86%
5 输入手机号	400	48%
6 完成注册	320	80%

图 19-16　上一步完成率

总体完成率＝每一步／总体值。

	A	B	C 前端触发控件数量	D 上一步完成率	E 总体完成率	F 错误数	G 错误率
1		账号名称	1000			0	0%
2		第一次输入密码	980	98%	=C3/C$2	0	0%
3		第二次输入密码	980	100%	98%	20	17%
4		图形验证码	840	86%	84%	56	47%
5		输入手机号	400	48%	40%	23	19%
6		完成注册	320	80%	32%	20	17%
						119	

图 19-17　总体完成率

错误率首先计算错误总数，错误率＝每一次错误数／总体错误数。

	A	B	C 前端触发控件数量	D 上一步完成率	E 总体完成率	F 错误数	G 错误率
1		账号名称	1000			0	=F2/F$8
2		第一次输入密码	980	98%	98%	0	0%
3		第二次输入密码	980	100%	98%	20	17%
4		图形验证码	840	86%	84%	56	47%
5		输入手机号	400	48%	40%	23	19%
6		完成注册	320	80%	98%	20	17%
						119	

先计算错误总和

图 19-18　错误率

全选，然后点中一个空格，鼠标右击选择。

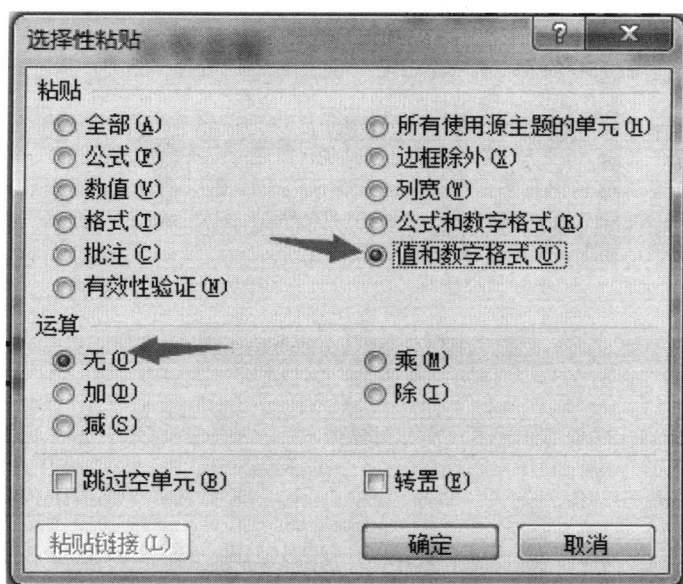

图 19-19　错误率

粘贴后作出数据条。

	前端触发控件数量	上一步完成率	总体完成率	错误数	错误率
1 账号名称	1000			0	0%
2 第一次输入密码	980	98%	98%	0	0%
3 第二次输入密码	980	100%	98%	20	17%
4 图形验证码	840	86%	84%	56	47%
5 输入手机号	400	48%	40%	23	19%
6 完成注册	320	80%	32%	20	17%
				119	

图 19-20　错误率

	前端触发	上一步完成	总体完成率	错误率
1 账号名称	1000			0%
2 第一次输入	980	98%	98%	0%
3 第二次输入	980	100%	98%	17%
4 图形验证码	840	86%	84%	47%
5 输入手机号	400	48%	40%	19%
6 完成注册	320	80%	32%	17%

图 19-21　删除错误数

选择所要展示的数据列表"插入"→"柱状图"→"簇状柱形图"。

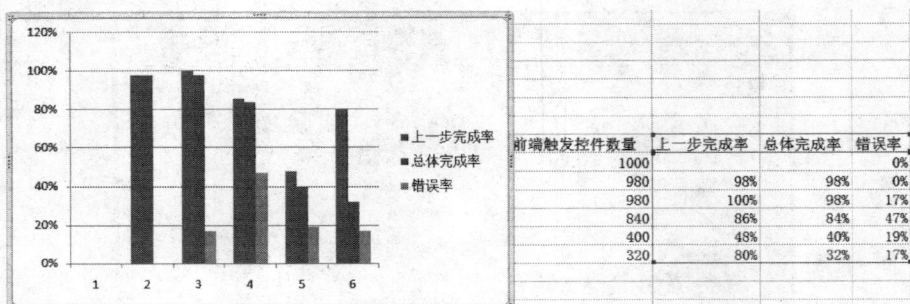

前端触发控件数量	上一步完成率	总体完成率	错误率
1000			0%
980	98%	98%	0%
980	100%	98%	17%
840	86%	84%	47%
400	48%	40%	19%
320	80%	32%	17%

图 19-22　簇状柱形图

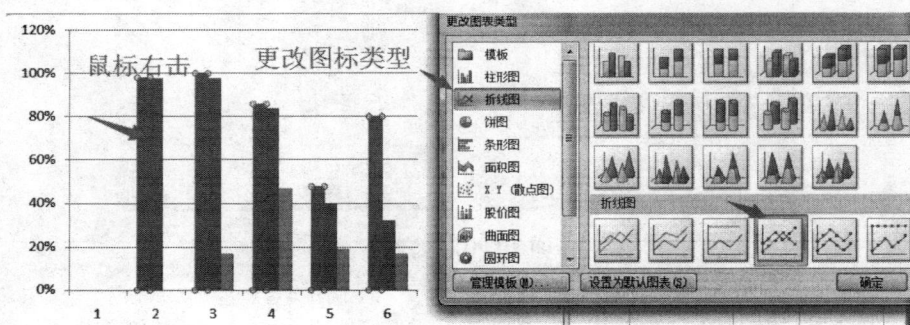

图 19-23　最后选择自己的展示方式

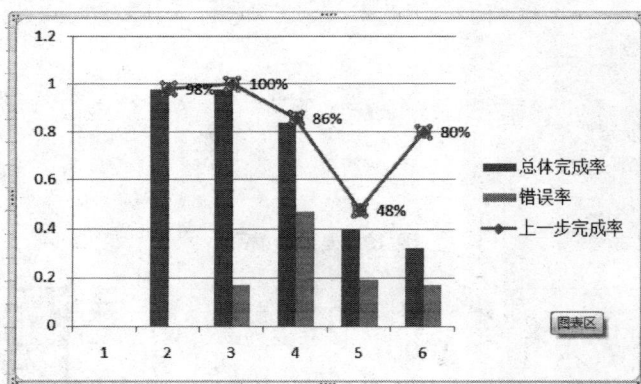

图 19-24　完成任务完成率数据图

数据分析的价值：

（1）监控网站的运营情况。

（2）提升网站的推广效果。

（3）优化网站的用户体验。

（4）迭代的基础。

第 20 章　项目管理系列

20.1　上线之前要做一份上线清单

要上线之前要做的工作是很多的，第一个工作，检查产品是否已经满足上线的标准。也就是上线清单——与产品运营相关的上线清单，另一个是与技术相关的上线清单，两个清单缺一不可。

1. 测试

（1）核心流程、核心功能是否完整可用？

（2）bugslist 清空是否完毕？有没有一级、二级 bug？

（3）上线的时间是不是已经准备好了？

2. 冷启动

（1）资讯类，是否已经有足够多的信息。

（2）交友类，初始妹子的数据是否填充完毕。

3. 文案

所有文案是否明确无歧义，比如"稍后 – 稍候""账户 – 帐户""登录 – 登陆""预定 – 预订"这种类型的错误要仔细梳理。

4. 运营需要的上线物料

（1）比如提供 App Store 里面的各种截图，安卓和 iOS 里面的截图都是不一样的。

（2）使用文档、帮助文档，是不是已经准备充分、是否已经上线了。

（3）应用商店，描述、图片等是否已经准备完毕。

（4）帮助中心的文案是否更新，如果你所在的公司很大，各个城市的分公司都需要熟悉学习新上线的产品，你可以录屏做个教学视频。

（5）有哪些推广渠道？相关物料是否准备好。

5. 给有关的人做培训上线前，给所有相关人员运营、客服、销售做培训。如果不做培训他们会以自己的理解推给用户。

（1）运营团队：多问问自己，是不是已经告知了运营小伙伴、需不需要配合？

（2）客服团队：具体话术、使用教程、培训是否都已经准备好。如果没做你会死得很惨，出了问题肯定是产品经理担责。

（3）销售团队：对销售可能带来的正面、负面的影响是什么？

（4）支持团队：财务、后勤等。

（5）上线后影响：需要哪些人持续支持？明确周期、人和事项。如果是内容型的产品，上线之后必然由编辑去持续支持产生内容，或者有审核人员产生内容的。这些人你需要和他们确定做一段时间内的持续支持。这些内容的维护又由谁来维护、维护多长时间、谁来具体负责。比如环雅即将上支付宝的支付，需要哪些人的支持呢？对于运营推广来说，要不要做返现，要不要做折扣。对于线下服务中心的人来说，要不要做海报，做地推。客服团队的，是不是把问题和答案准备充分培训了，是不是要准备退款，退款的方式是什么？上线后需要出报表，那么这些报表是由 BI 这个数据部门来出的。他们是每月、每周还是每天出？你要明确下来。

6. 预案

（1）如果上线不成功怎么办？回滚会不会影响用户？

（2）用户量暴增怎么办？服务器带宽、程序的支持人员是不是扛得住？

（3）大量投诉怎么办？

（4）回滚策略是什么？滚回到什么位置、什么时间点、数据怎么滚回去？这些策略是由研发来做的，但是你必须要了解。

7. 收拾文档

（1）需求文档是否补充完整，如交互图、设计稿是否已经更新。

（2）需求变更、更新需求文档，如果有补充一定要补充完整。

8. 未实现的需求、bug 的解决方案

（1）变更、遗留的需求，究竟做不做，需要有一个明确的指引。

（2）一级、二级 bug 解决了，三级的不做怎么办？是放着呢？还是马上进行更改？

每一个产品经理都应该准备一个上线清单，便于自检自查，完成一项勾掉一项。

20.2　上线前邮件怎么写

1. 邮件标题

（1）总结与记录：总结项目的过程，便于未来翻查资料。

（2）项目的推动：产品上线后，需要推动、协调各方资源。

（3）团队的润滑剂：给参与者、帮助你的人正向回应。因为产品上线意味着很多人的付出和努力，所以我们要在上线后做一个正向的回应，感谢那些帮助你的同事为此付出的努力。

通常情况下，邮件标题可从"什么产品""什么版本""什么卖点""需要谁做什么"4 个维度去写。

2. 邮件内容

首先，内容清晰。

（1）简要描述一下研发的过程。

（2）简单介绍一下需求背景是什么？

（3）上线的功能清单是什么？

（4）数据对比是如何的，刚上线可能没有，后续补上就可以。

（5）后续的计划是什么？让你的同事们知道做完这个版本之后，下一步要做什么？是这个版本或功能就结束了，还是继续会有迭代的需求？也是给大家打一个预防针。

（6）是否需要同事的支持？

其次，数据有对比。

如果是从零到一的产品那肯定没有了，但是如果是在做原有功能迭代的东西，一定是有数据可以对比的。切记不要只是列举好的，没有达到预期、不好的也要反映出来。

上线当天我们发邮件，如果牵涉数据的，我们可以在上线邮件中注明，几天后会给大家补充一份新产品的数据对比报表，让我们一起共同期待吧……

第三，表扬有技巧。

（1）谁，给你提供了什么，有什么帮助？

（2）在研发过程中，有哪些事情让你很"感动"？

（3）从谁身上、学到了什么东西？

看一下图 20-1 这个上线邮件，有什么问题吗？

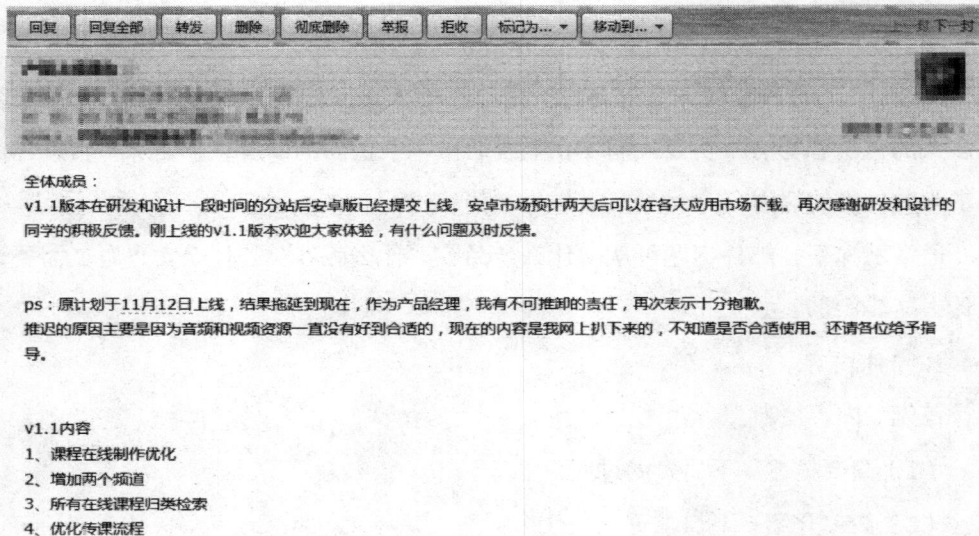

全体成员：

v1.1版本在研发和设计一段时间的分站后安卓版已经提交上线。安卓市场预计两天后可以在各大应用市场下载。再次感谢研发和设计的同学的积极反馈。刚上线的v1.1版本欢迎大家体验，有什么问题及时反馈。

ps：原计划于11月12日上线，结果拖延到现在，作为产品经理，我有不可推卸的责任，再次表示十分抱歉。
推迟的原因主要是因为音频和视频资源一直没有好到合适的，现在的内容是我网上扒下来的，不知道是否合适使用。还请各位给予指导。

v1.1内容
1、课程在线制作优化
2、增加两个频道
3、所有在线课程归类检索
4、优化专课流程

图 20-1　差的上线邮件案例模型

第一个问题，《v1.1 版本上线通知》的标题首先让人不明了。试想你一两个月后写工作总结的时候，回过头来看这个标题，你根本不知道这是什么工作。

第二个问题，你已经提交上线了，但是两天后才能下载。你写上让大家去体验，有什么问题反馈。这是什么意思？我收到这份邮件后，两天后才能去体验。违反了常人的习惯。所以这封信可以在可以下载的两天后再发。

最后感谢的力度不够大，过于泛泛。

本来上线是一个好的事情，这里又说推迟的原因，那么你说推迟的原因情有可原。本来产品经理是要承担责任的。但是你承担完责任了，没有下文了。如果说责任，一定要有解决的办法。你不写解决办法，让大家不理解你下次会不会犯同样的错误，所以这才是关键。

最后没有后续，是迭代还是结束……

优秀的上线邮件模板如图 20-2 所示。

所以，好的上线邮件具备以下要点。

（1）标题直白，《慕课 APP 安卓加 iosvt8.1 版本已正式上线，此版本优化用户上传课程代表逻辑和流程》简单明了。

（2）内容清晰，有背景、有过程、有功能清单、有后续计划。

（3）数据有对比，上线前后的数据对比，说明效果。

（4）表扬技巧，说案例、说小事、说观察。

（5）细节做好，求测试附账号，要推广附内容，有使用帮助。

20.3　怎么做项目总结

如何让项目提速，产品经理管项目最重要的应该是关注什么？

（1）进度：掌控进度、跟进度、保进度。

（2）资源：给兄弟姐妹们争取资源，协调资源。因为在公司中可能只有一个技术团队，做好几个产品经理的需求。那么你这个时候所负责的一块东西，人力资源够不够就要做到心中有数。比如现在一个需求的工作已经到前端手里。那么你就要知道下一步前端完成谁来接手。如果还没有人接，就要提前安排对接的人。不要等到前端做完了，后边接手的人手还没有定，把进度给挂起来了。所以要做到提前与项目的进度安排好对接的人员。

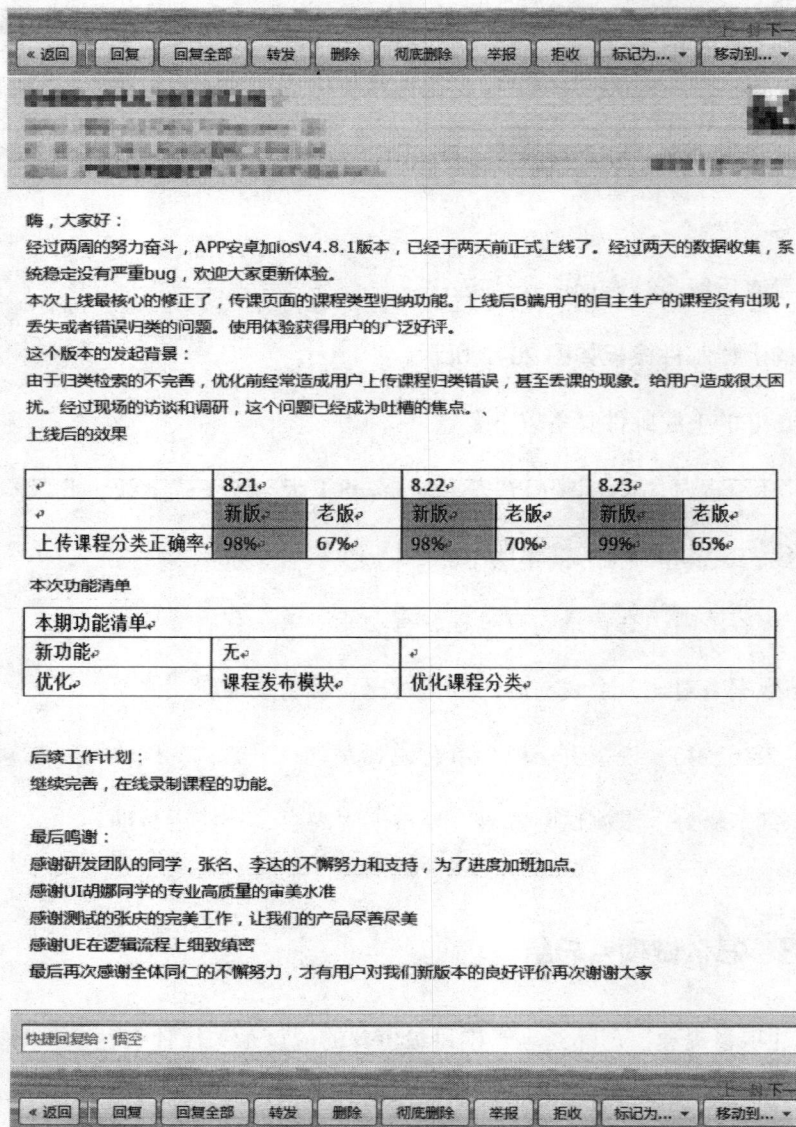

嗨，大家好：

经过两周的努力奋斗，APP安卓加iosV4.8.1版本，已经于两天前正式上线了。经过两天的数据收集，系统稳定没有严重bug，欢迎大家更新体验。

本次上线最核心的修正了，传课页面的课程类型归纳功能。上线后B端用户的自主生产的课程没有出现，丢失或者错误归类的问题。使用体验获得用户的广泛好评。

这个版本的发起背景：

由于归类检索的不完善，优化前经常造成用户上传课程归类错误，甚至丢课的现象。给用户造成很大困扰。经过现场的访谈和调研，这个问题已经成为吐槽的焦点。、

上线后的效果

	8.21		8.22		8.23	
	新版	老版	新版	老版	新版	老版
上传课程分类正确率	98%	67%	98%	70%	99%	65%

本次功能清单

本期功能清单		
新功能	无	
优化	课程发布模块	优化课程分类

后续工作计划：

继续完善，在线录制课程的功能。

最后鸣谢：

感谢研发团队的同学，张名、李达的不懈努力和支持，为了进度加班加点。

感谢UI胡娜同学的专业高质量的审美水准

感谢测试的张庆的完美工作，让我们的产品尽善尽美

感谢UE在逻辑流程上细致缜密

最后再次感谢全体同仁的不懈努力，才有用户对我们新版本的良好评价再次谢谢大家

图 20-2　优秀的上线邮件案例模型

（3）风险：延期、变更风险预警。

（4）效率：想尽办法让效率快起来。经验只有一条，勤跑腿、多关怀、少开会。勤跑腿就是多去技术哪里跑一跑，一来了解项目到哪里了，二来看看有没有什么困

难需要你协调的。

现实中，如果上游的技术速度慢，拖延进度影响到下面对接的同事往往对接的人不会主动去催上游的同事，也不会主动去告诉你"某某某"拖延进度。只有你勤问着，技术才会具体说，还在谁手里。

多关怀，多和技术打成一片。时不时地自己掏个腰包请技术的兄弟们喝个小酒，会有意想不到的效果。

少开会，能不开会别开会，尽量单独沟通。

快起来的第一步：明确目标统一思想

（1）明确目标。要完成什么产品功能，上线后对各个方面的收益。

一定要有完整的"人物画像"。为什么数据分析代替不了人物画像，只是人物画像的一个组成部分，别说什么通过数据我就可以知道、用户年龄、使用行为、可以锁定一个人群。那么再次给强调一下。

首先，数据分析。数据的作用，只能检测到问题的表面现象。

其次，预警滞后。只有用户使用了，你才能知道用户吐槽了什么事情，才能通过比如漏斗模型分析到哪个环节的任务逻辑设计的有问题。那么这个时候你会说："对啊，这不是很好嘛，我已经检测到了，这样我就可以针对性地去改进了。"

在工作中，我们检测到的数据，很大部分已经是付过费的会员，不用可能会损失钱的用户，这类用户吐槽你，他们行为是会在流程逻辑卡顿的时候心里骂着娘，手上还在操作的使用者。那么更大的用户基数是还没有注册只是看一看，用一下基本的、不用付费的功能，觉得不好就走了。他没有时间发评论写留言，甚至打电话。

因为留言、发评论增加了他的时间成本。最重要的是，用户可能同时下载了两个三个应用。你这个体验不好，如果不能第一眼抓住用户，马上他就卸载了，前后时间甚至不超过两分钟。

那么怎么抓住第一眼的感觉？怎么让用户愿意为你传播？通过数据你能分析出来用户的心里所持的观点吗？世界上最棒的计算机，人工智能都不可能做到。

所以，数据分析不是故事，不能引起团队成员的心理"重构与归纳"。

它只是产品上线后的一种监测，亡羊补牢的手段。

数据分析只是人物画像的组成部分，但绝对不是人物画像。

人物画像的原理和定义：人物画像在互联网公司的重要性原因，即为什么我们必须要建立清楚明晰具有典型特点的人物画像。

因为人的大脑最本能的反应是会对某个"真实"人物的故事情节产生反应，并会被情节所带领，进而产生"情节惯性思维"与之产生理解，进而共鸣。并且在叙述归纳某个问题的时候，会无意识或者潜意识的以故事主角的身份进行重述和归纳，也就是站在用户的角度去重述和归纳。

所以这就是一定要在团队中梳理形象鲜明的人物画像原因。因为这个人物画像可以在众多团队成员的脑海中形成这种"情节惯性思维"。用户画像中我们虚拟出来的用户会引起人心里的对这个用户各个维度的数据进行重构和归纳，从而引导团队各个部门不同职责的成员在参与项目的不同维度中能为同一个目标去奋斗发力。

（2）明确时间：开始的时间、预期结束的时间。

（3）明确的回报：设定奖励规则。

快起来的第二步：拆分项目并且公开

大的项目会有长时间的开发周期和难度，就要把项目拆解并且公开，让团队了解明确知道项目的演变路径是什么。

（1）拆分阶段上看板指把项目拆分细化，贴在墙上或黑板上。比如 ToDo 产品经理来管、Doing 研发阶段、QA 测试阶段、上线等。

（2）拆分功能上看板。比如，本项目会有哪些功能点？

（3）功能点责任到人。正在做的功能点都由谁在负责，登记卡片。

快起来的第三步：进度透明

（1）站立会，比如每天晨会，每个人简短通报一下进度，发现一些问题，协调一些资源。

（2）看进度，谁提前，就表扬他，谁滞后，就帮助谁，不埋怨。

总结项目：总结项目中发生的问题，总结项目中那些好的点。

（1）每个项目结束，务必总结，提升合作的顺畅程度。

（2）所有的项目总结，好话和坏话都可以在项目总结大会上说。但是切记一定要保持一个融洽的能促进团队团结的氛围。

解决问题：问题出在哪个环节，哪个人身上？比如某个大型互联网公司的总结案例。项目完成后，总结会上每个人都去写发片，然后根据反映问题类型在白板上归类。最后发现大部分的问题都出在管理的地方。最后梳理出提升的点，然后产品方面要关注的问题（见图 20-3）。

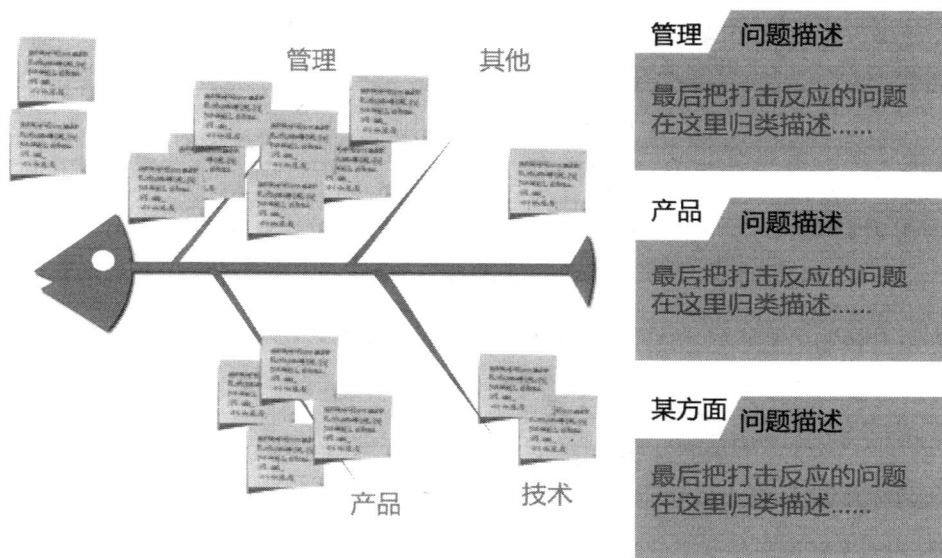

图 20-3　项目完成总结方法

20.4　项目会上产品经理如何避免被吐槽

我们第一个专业素养的体现就是少改需求！你让研发开发一个需求没有问题，让需求开发一个难度很大的需求也没有问题但是你总是不停的让研发改需求，这个是大忌！

怎么做到少改需求呢？就是从需求挖掘、流程逻辑、需求评审、文档等所有能说明问题，减少歧义的方方面面都做到位。这样你的需求改动的概率就会少很多。

要明确版本的 / 功能的重点是什么，需求的有限级是什么？比如你掌握一个非常大的需求池，但是对一些需求池的控制根本没有优先级的概念，这就是一个非常大的问题。

再下来就是要有清晰的流程图、原型图、文档。你的专业素养来自于你的产出，你的产出就是调研总结类文档、逻辑类流程图，展示类的原型。

有了这些，就是组织全员非常认真的需求项目评审。如果评审不认真，最后出现了问题和更改的话，技术要自己承担错误。

如果你有测试的话，测试用例和过程要全程参与。实际从测试角度看的话，有很多点可能都需要到测试。所以具体哪些需要做哪些不需要做，那么是重点要测的但是测试却认为不是重点。那么这中间就会出现偏差。所以如果手里项目不多，没有堆叠的话，最好全程参与到测试中。

提升自己的职业素养，专业素养是指你的专业，职业素养是指你的工作态度。比如有个着急的需求，大家都在加班，那么即便是没有你的什么具体事情，你最好也陪着大家一起加班，给大家精神上的鼓励。

态度上端正，产品经理切忌抱怨。

能做九分，说十分，然后做了八分，时间久了别人会觉得你这个人惯于吹牛逼不靠谱。

从产品的角度看测试过程如何做，如表 20-1 所示。

表 20-1　产品角度的测试

研发自测	保证流畅已经顺畅，功能完备
测试测	测压力、功能、接口、安全
产品测	测流程、功能、交互
UI/UE 测	界面、元素、细节
运营测	测会不会被坑，上线完后就是运营的工作了，所以运营也有自己的角度

产品是可以不参与测试的，但是如果你主动参与会得到更多。

（1）对产品开发的状况做基本的了解。

（2）对产品的 bug 有一个了解和判断。

（3）对 bug 修复的优先级调整。产品经理是最懂你的用户和需求范围的，所以也最能对 bug 的优先级作出调整。

产品经理怎么参与测试呢？

（1）规范需求文档。

（2）回归流程，从流程入手，确保流程没问题。流程做得差，产品不会好。流程画得好，产品一定好。所以回到你的流程中，从你的业务逻辑、任务流程、页面流程中去思考，确保你的流程和跳转没有问题。

（3）从流程中分解测试用例。复现→保留现场→记录→找 QA →找研发。提 bug 的时候一定要区分是 bug 还是改进。有一些是体验上的问题，就是改进。bug 是指你明确要实现的东西，但是没有实现或者实现错误了。对 bug 优先级做一个分类。硬伤——必须改，软肋——可以改，无关大雅——下回改。可以用频次、用户量的四象限图去做区分定级。

如果公司没有，一定要建立一个 bug 管理系统。

20.5　如何做需求评审

什么是需求评审？

（1）统一思想、明确需求，确定实现过程的会议。

（2）俗称挑刺大会。

（3）通常评审会要经过几次，一次完成要拼"专业度"和产品"人品值"。

（4）需求评审过程通常很激烈，通常会有以下很多类似问题逼问产品经理。

①这样做很麻烦？开发难度很大？

②你考虑清楚了吗？真的要这样做吗？

③这个流程太复杂，能不能简单一点？

④你这样根本没考虑到实际情况。

⑤还有一种情况你没考虑到？

如果工作量大于一周的需求，就必须做需求评审。

（1）让所有人都明确需求的背景目的。要会讲故事，让所有人感同身受，要有能把大家讲哭了的能力。

（2）提前确认和统一产品需求实现的过程和方法。

（3）让参与者明确知道工作内容和交付时间。

（4）让研发、测试评估产品开发周期，让产品经理决定。

如何组织一场成功的需求评审会？

（1）确认你的需求、文档、原型都完成了吗？

（2）提前找核心人员小范围沟通，提前消灭掉大问题。

（3）和核心人确定可以出席时间。

（4）至少提前两天发出会议邀请，定好会议室。

（5）会议邀请时主动带上需求文档和原型交互设计稿等相关资料。

（6）提前到会议室演练一下。

评审会现场需注意什么？

（1）不要上来讲功能。

（2）抓大放小，细节上不要争论。

（3）讲需求要有节奏和条理。

（4）记录重要的争论点。

审会后要做哪些工作？

（1）追排期。

（2）整理遗留问题，并拿出解决方案。

（3）发出会议记录，每个问题都有行动计划。

（4）发出修改后的需求文档，并更新到内部系统中。

（5）约下一次的评审时间。

第 21 章　用户心理学

21.1　人脑构成和运行机制综述

脑由新脑、中脑和旧脑构成，如图 12-1 所示。

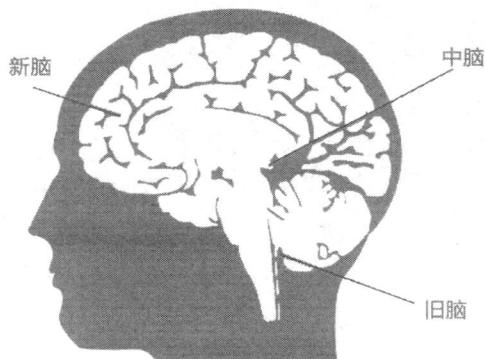

图 21-1　人脑结构

旧脑：最先进化，负责审视周围环境，与我们的生存息息相关，持续审视周围环境，判断什么是安全的，什么是危险。

中脑：处理情感，让人感知事物，也是用户冲动购物的根源所在。

新脑：最后进化形成，语言、阅读、演奏、欣赏、思考等，现在你就是用新脑在看书。

中脑、旧脑的大多数行为都发生在我们意识之外，我们的大脑中，只有新脑在加工我们有意识的部分。

新脑（大脑皮层）尤其是前额叶皮层将我们与动物区分开，推理和逻辑都来自于大脑的这个部分。除了新脑，我们还有产生解读情绪的中脑和为我们的生存时时警觉的旧脑。让我们真正成为人类的是我们的大脑有 3 个部分，并且它们合力为我们工作。

图 21-2　开车中

用开车的场景揭示人脑的运行机制，旧脑驱动肌肉观察道路，新脑处理图像并与旧脑交流确保行驶直线，同时你在思考上周和朋友的争论。你在想那些你该说而没有说的话，因为没有捍卫自己的理论而沮丧（见图 21-2）。中脑：感到沮丧，新脑：在想该说的话，旧脑：依旧在驾驶。

我们的身体以及大脑中控制身体的部分与大脑中管理情感和控制理智的部分紧密相连，这些虽然是大脑中分开的部分，但是它们合力工作。我们的感觉和推理都受到身体活动的影响。旧脑除了审视周围的环境还管理着消化和睡眠，中脑管理着我们的情感，并且影响着消化和睡眠。同时被我们认为是大脑中理智部分的新脑也会影响我们的情绪、感觉甚至消化和睡眠。

所以我们的大脑有 3 个不同的部分，但它们又是互相联系协调工作的。

情感又是如何产生的，比如你的手机响了，你的女朋友突然和提出你分手，你的身体和大脑将会自动发生一系列的反应，最终你意识到你有一种感觉叫做伤心。你回忆起你们在一起的日子，在一起的点滴。如果把你连接到测量大脑的机器上，会发现旧脑和中脑的两个部分很活跃，这就是"类扁桃腺体"（见图 21–3）。

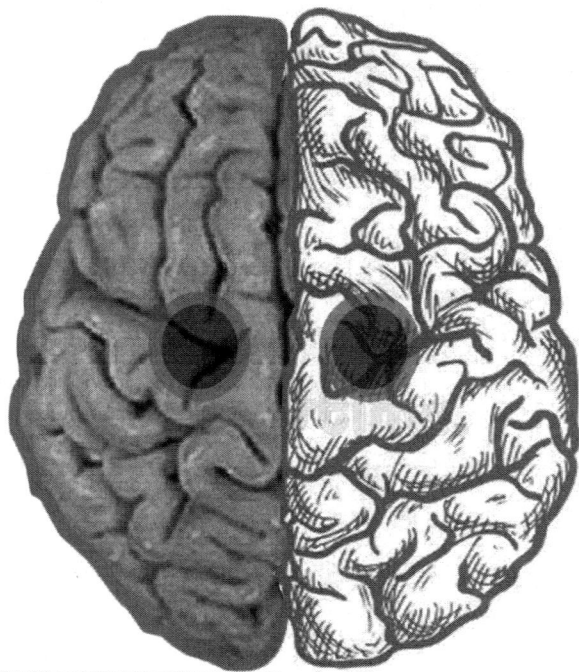

图 21–3　类扁桃腺体位置

它们的大小形状和杏仁差不多，是大脑中管理情感的部分。

当你回忆起和前女友的日子，除了能观察到你的"类扁桃腺体"的兴奋，同时还会观察到你的大脑皮层的活动，测量到你的心跳加速，甚至开始流泪。这是由"类扁桃腺体"支配下的大脑 3 个部分的综合活动。

大脑中发生了很多我们不了解的事情，人们通常认为新脑是大脑中最重要的部分。

中脑（情感）、旧脑（自动动作）的大部分运作是我们意识不到的。但是有趣的是，旧脑和中脑对我们的行为和决策的影响大于新脑。

这意味着我们认为自己理性的决定做什么、如何做，但是事实上我们大多数的决策和行为都是无意识的。但是我们无法区分有意识的行为和无意识的行为。

那么是什么让我们点击网站的呢？

大多数网站的拥有者建立网站是有目的的，他们希望用户有一些特定的行为。

电子商务网站希望我们选择并且购买商品，非营利网站希望我们参与公益活动，靠广告收益的网站希望希望我们访问并且点击广告，想被收购的网站希望获取很多的注册用户。因此所有的网站都有特定目标的，都希望用户有特定的行为。

为了让用户点击，最好的诱导并非逻辑清晰的陈述。虽然我们在设计简单快捷的流程逻辑帮助用户快速的完成任务达到用户自己的需求，是衡量我们设计的平台好坏的一个重要参考指标。但是在设计流程逻辑的时候，我们要加入大量用户心理学的知识。因为用户大多数决策和行为都不是有意识的。这意味着除了"新脑"，还要刺激动用"中脑""旧脑"，让用户自认为自己在做理智的决定，即使其实他们并没有。

最有效的网站是那些让用户动用了"新脑""中脑""旧脑"3个部分的在这些网站上我们会进行点击。

下面我们将深入逐层讲解研究诱导的方法，并把它应用到产品中提高我们的用户点击……

寻找归属，社会认同的作用！

你有没有去过不熟悉的场所，或者参加一次你并不熟悉的教堂宗教仪式。也许你会有这样的感觉，你不确定下一步会发生什么，周围人们好像在用语言反应、祈祷、歌唱、吟诗。他们或坐或站或用各种姿势跪着。你偷偷瞟着身边的人，并且试图模仿他们。如果此时所有人都站起来，手拿着纸袋子在头顶画个圈，也许你也会马上在身边找个纸袋子，然后跟着大家一起做。

大多数人认为自己是独立思考者，然而实施上适应和归属的需求在脑中和生物学天性中根深蒂固。我们希望适应并且融入大众并群居。这意愿如此强烈，以至于人们一旦处于社会群体中，首先会去观察他人以决定自己如何行事。我们这样做的目的就是要让自己快速的融入到一个群体之中。

这不是有意识的行为……

社会认同不仅影响我们的购买决策，也会影响我们其他在网上的行为。比如，展示有多少用户在网站上有特定的行为是很有说服力的。下面这个例子展现了观看特定视频的用户数量，以及展示其他用户都在做什么（见图 21-4）。

图 21-4　观看人数能产生从众效应

小结：当我们知道别人用过同样的产品，在网站上的行为，甚至现在在做的事情，我们会想要行动，会做其他人也在做的事情，归属感对我们吸引力很大。

21.2　用户心理学的具体实操和应用

1. 用户心理学负债感的应用

场景：在一间很热的办公室，进行一场并不存在的"创造力"调查报告（见图 21-5）。

实验者   被实验者

图 21-5 负债感实验

（图片来源：自己绘制）

（1）过了一会，实验者告诉被实验者可以休息 10 分钟。

（2）然后实验者出去买了两听汽水拿了回来，告诉被实验者说："他们太抠门了，这么热的办公室，只给了一杯水，出去倒水，竟然告诉我饮水机坏了，所以只好出去买了两听饮料。我想，这么热的办公室你也很渴吧，来给你一瓶饮料"。

（3）然后过了一会接着进行并不存在的实验，最后实验结束。

（4）这个时候实验者说，我经营一家卖彩票的网站，你愿意在我的网站买张彩票吗？

（5）85% 以上的被实验者会不假思索的答应。

如果你收到别人的礼物或者被人帮助，你会有负债感，会希望通过自己的礼物或者帮助再回报给别人，也许你认为是友善待人。但主要是为了消除负债感——这在很大程度上是一种无意识的行为，而且会非常强烈，我们称之为"互惠"。

负债感是由于对人的生存有益，如果一个人给他人提供"住所""食物"等，就会触发负债感。如果赠予者在未来发现自己有需要了，他也会获得帮助。就相当于你在现实中借给朋友钱渡过难关，你也希望有一天有困难的时候朋友帮助你。这样的"无意识"鼓励群体中的个体互相帮助，这样的帮助才能使群体发展壮大并互相支持。

负债感会有多严重?

互惠不代表我们一旦送出礼物或者帮助就会立即得到回赠,而是我们送出去的礼物会激发对方的"负债感",会激发他们潜意识通过回赠或者帮助来避免这种负债感。有时候他们会忽视自己的感受,但这种感觉是挥之不去的,也许会需要一些时间让他们跟随这种感觉行事。

有意思的是,人们通常会回赠比自己得到的礼物或者帮助更大的、价值更高的东西,否则会依旧让他们觉得有负债感。

实验表明,被试者买彩票的概率是实验者不给被试者买汽水的 2 倍。尽管彩票的价值要高于一听汽水。因为被试者接受了实验者的礼物,所以处于负债感的潜意识,被试者想要通过更高价值的回赠消除这种负债感。

接受别人说"不"其实也是一种赠予。

在一场捐赠的现场,当主持人说为了社区的健身事业,每个人捐赠 100 元的时候会得到很多人的反对,但是如果主持人说,好吧,100 元太多的话我们有一个缩减方案,每个人捐赠 50 元。于是人们纷纷选择了 50 元捐款。

这个就叫"让步",当你对我说"不",并且我接受了,就相当于我赠送了你一份礼物,而你会有负债感,不得不回报。所以这个技巧在于我用一个更高的数额,是为了达到我"赠予你"的心理效果,再用缩减方案达到消除你"负债感"的心理效果。这个技巧也叫"拒绝后让步",发起者往往提出一个大多数人不会接受的方案,在被拒绝后提出更合理的方案,最后获得成功。

让步可以构建承诺。

如果我在街上拦住你,问你是否愿意做一天"义务监护员",带领小朋友去游乐园玩一天,仅有 17% 的人会同意。如果一开始问题变成"你是否愿意每周做两小时小朋友顾问,持续两年",那么每个人都会拒绝,然后再提出第一个问题,50%的人会同意做一天"义务监护员",这就是让步的作用。

有这么多人同意,那么会有多少人真的出现实现承诺呢?

让步组被试者会有 58% 的人真的出现。

没有经过让步的只有 50% 的会真的出现。

结论：经过让步使被试者有更大的概率愿意承诺。

注意一点，在操作"让步技巧"的时候，一开始的条件要合理，如果太离奇第二步就不会起作用。

在网站上的赠送技巧：比如在电商购物，假如你买了 1 万多元商品，网站免除了你的运费，你会觉得被赠予了吗？用户会觉得我买了东西，让你挣钱了，因为买的多你才免除了我的运费，这是交易，不能让用户产生"负债感"（见图 21-6）。

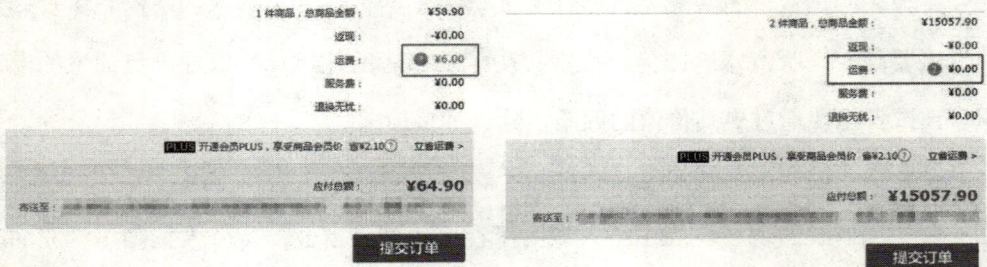

图 21-6　京东免运费并不能达到用户的负债感

有条件的免除运费不能让用户有"负债感"。

在网站上的赠送技巧：

免费的礼物是很有用的，如果网站无条件的为用户提供免费礼物或者服务就会触发互惠。

2. 用户心理学稀缺感的应用

用这个战术最多的就是"小米"和"苹果"。想想那些需要晚上预约才能买到的小米和需要彻夜排队才能拿到手的苹果，你就明白为什么商家喜欢人为营造"稀缺感"来提升自己的产品影响力了。

人们往往对稀缺的东西有一种天生的追逐感，想要得到它，觉得稀缺的东西一定是更加有价值的。

用名额或者数量营造稀缺感——在电子商务网站，往往人为的勾起用户的稀缺感，会促使用户尽快决定下单。比如马上下单，否则优惠就没有。比如图 21-7，赠品是有限额的先买先得送完为止……

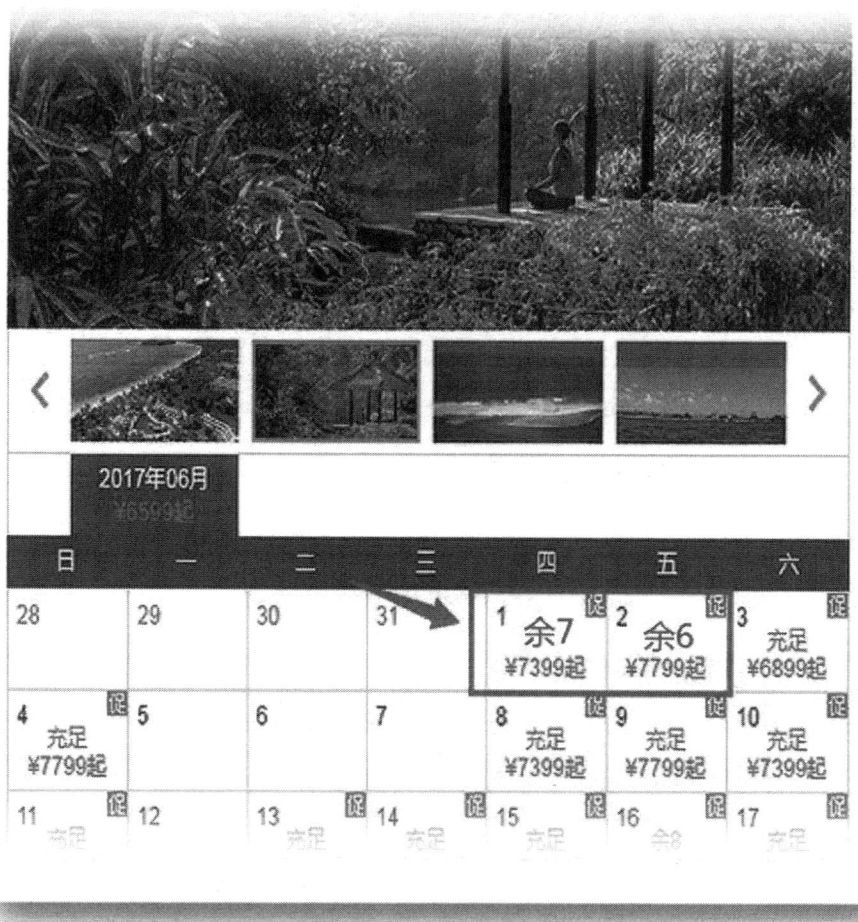

图 21-7　用数量营造稀缺感

用时间营造稀缺感是电商网站通常用的手法，如图 21-8 所示。

图 21-8　用时间营造稀缺感

（图片来源：京东截屏）

仅有少数人能获得权限这个诱惑会很大。如果是免费的且所有人都知道都可以得到，这样的商品价值感就很小。所以让用户觉得获得的商品是有价值的，他才更愿意去帮助你扩散。因为在帮助你扩散的同时可以彰显自己的价值。

如果只有几个选择，我们会希望选择越多越好，但是研究表明，选择的增加并不像我们想象的那么好。更多选择并不会让我们做出更好的决策，太多的选择只会让我们驻足不前然后不作任何选择。

美国斯坦福大学的心理学教授马克·莱珀和哥伦比亚大学商学院的席娜·艾扬格教授共同进行的研究表明，选项越多反而越可能造成负面结果。

研究发现，过多的选择使人们变得保守，不愿意为极可能获得的收益冒风险。这种情况下人们可能采取一种简化策略，要么随便选一种，要么什么都不选。

21.3 用户心理人物角色的生成原理和应用概述

我们心理的人物角色有多少个？

什么是我们的内心人物角色？我们先看图 21-9 所示。

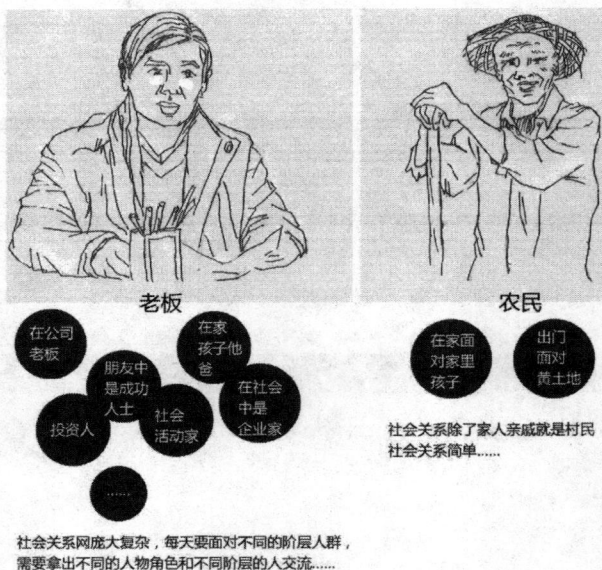

老板

在公司老板　在家孩子他爸　朋友中是成功人士　社会活动家　在社会中是企业家　投资人　……

社会关系网庞大复杂，每天要面对不同的阶层人群，需要拿出不同的人物角色和不同阶层的人交流……

农民

在家面对家里孩子　出门面对黄土地

社会关系除了家人亲戚就是村民社会关系简单……

图 21-9 我们心理的人物角色

心理人物角色指人在生产生活中，不断磨炼和积累的经验的归纳和总结。这些经验聚类在一起，逐渐形成一个特定的人物角色。

比如你正在家里教育孩子，这个时候你是父亲或者母亲的人物角色，突然电话响了，你一看电话号码是你的老板给你打电话。你赶紧接通电话，瞬间把心里另一个人物角色给调动出来，也就是下属打工者的人物角色去和你的老板谈工作。老板和你通完话之后，你毕恭毕敬的和老板道了声晚安，小心翼翼地挂了电话，心里想着还好这么晚来电话并不是因为我的工作出了差错。

这时候你刚放松下来，突然电话又响了，你心头一紧，马上拿起电话，一看发现不是老板，而是你公司关系不错的同事。你长长地舒了一口气，然后接通了电话，骂到，你吓死我了，我以为是老板呢。然后和你的朋友聊起白天公司的种种事情。

以上一段话，这个主人公，分别用了 3 个人物角色去进行交流。分别是家长、下属打工者、同事。

以上就是人心理角色的具体表现。

这就是为什么我们和农民兄弟聊天会觉得他们单纯。那是因为他们长期的生产生活中，由于社会关系简单，工作环境独特，并没有在他们心里积累形成过多复杂的人物角色。所以农民兄弟和你聊天的时候会让你觉得单纯，甚至觉得他们有些傻呵呵的。这也是为什么我们在城市和人接触往往觉得不容易交往，感觉人都是戴着面具，觉得人好复杂的心理原因。

讲到这里我们首先要明白，人物角色的生成机制。是被外部刺激后，我们心里逐渐积累形成。

这个刺激的特点是多次、持久的刺激。只有在多次、持久的刺激过程中，心里才能逐渐形成一个完善的心理角色。

这个原理放在互联网产品架构设计中同样有效。

任何一个用户在初次访问我们网站，使用我们 App 的时候，他的心理人物角色都是空白的。这是最关键的时期。从用户接触你的网站一刹那，我们对用户的心理刺激就已经开始了。如果这个刺激是正向的，那么随着用户越来越多次上我们的网站用我们的 App 就会在其心理形成我喜欢、我认可，最后我信任。

如果我们成功的让用户心理建立起一个信任的角色和我们交流。那么我们的网站发展就会越来越好。

反之如果用户从接触我们网站的一刹那开始，接触的刺激是反向的。那么随着用户越来越多次的上我们网站用我们的 App，最后在其心理形成我讨厌、我不认可、不信任的人物角色。最后如果一旦有可以替代用户达到目标的网站或者 App 应用出现，他就会毫不犹豫的抛弃你，并且在以后的日子里，也会向别人传达这个网站的种种不好。

所以不懂用户心理学，不会从用户心理的深层角度去设计互联网产品架构，那么最终开发出来的产品后续发展就会遇到很大的瓶颈。因为用户才是我们最核心的核心，所有的产品架构流程逻辑都是围绕用户去做的工作。

用户的心理认可级别有以下几种。

（1）觉得不错→用户上你的网站，快速地达到他们的目的。

做好这点，考验用户调研的能力，流程逻辑的设计能力。

（2）觉得很好→用户上你的网站，快速地达到他们的目的，并且超出他们预期。

做好这点，考验用户调研的能力，流程逻辑的设计能力，考验服务的能力。

（3）觉得离不开→用户上你的网站，快速的达到他们的目的，并且超出他们预期，并且能随时解决他们新的问题。

做好这点，考验用户调研的能力，流程逻辑的设计能力，考验服务的能力，考验价值观的设计和传递能力。

做好这三点很简单，因为所有答案都在这本书里，需要你彻底理解和掌握。

本书的整套理论也同样适用于传统行业。当客户第一次进店门，就相当于到了一个网站平台。服务人员的引导就相当于网站的流程和逻辑。我们店里陈设的商品，相当于网站内容，必须能让客户快速准确的看到自己想要的商品。我们在店里放置的广告，也必须是用户关心和想要看到或者有指引意义的内容。最后我们的价值观要和用户的观点相契合。所以用户的目标、观点、行为 3 个关键维度同样是传统行业所要探究清楚的。

　　"一切的信任，是以帮助用户解决问题为起点的，而不是以挣钱为起点。搞清楚这一点，你才能正真的做好互联网产品的规划和设计！"这句话放在传统行业同样适用，这句话放在人与人的交往中也同样会让你成为一个受人尊敬，朋友众多的人。

　　这本书到此就全部结束了，同学们在学习过程中遇到任何问题，可以加老师QQ137365077 与老师进行讨论。

附录：面试技巧和面试实录点评

面试是转行新人面临的一个门槛。因工作经验缺乏，很多新人在面试时，因紧张造成很多失误，导致失败。本书最后我们以案例为基础，给大家讲一下如何面试。

首先是准备工作。接到一个面试邀约后，一定要按照老师列出来的维度去做面试前准备工作。

（1）掌握对方公司所有产品和服务。面试官很喜欢问你对他们公司产品的了解之类的问题。

（2）掌握对方公司的目标用户群体和产品满足的用户需求。面试官也喜欢问你对他们公司的用户定位及需求是什么。这个问题一定要站在面试公司的产品角度去回答，不要东拉西扯。

（3）掌握对方公司的发展历程。通过梳理发展脉络，判断对方未来的发展计划。你就能在面试中前瞻性的和对方沟通，获得对方的认可。

（4）掌握对方公司竞品公司情况。面试官经常会和你沟通竞品公司的情况。比如我们的竞品公司是某家，你怎么看对方，我们产品层面怎么和对方竞争之类的。所以面试对象的竞品公司情况也是你必须掌握的。这部分掌握的好，会向面试官传递你对这一行很熟悉很有经验的印象。如果谈不出来，甚至一问三不知，面试官认为你对这一行不了解，经验不足，对你是否能胜任工作产生怀疑。

（5）掌握公司领导层个人履历。这个是加分项，特别是面试到最后和老板或者决策人面谈的时候，如果你了解他的个人履历和背景，会很减少你的盲目，同时也会在聊天中预判出对方和你谈话的范围和方向。

前四项是面试前必须要做到位的调研工作，第五项是加分项，只针对小微创业型公司而言，面试大公司这个工作不用做。

下面是 1~3 年经验产品经理面试实录加点评。

面试官："简单介绍一下你自己。"

应聘者："我最初是做 UI 设计，最早是做平面设计的。后来转互联网做 UI 设计。一直到 2016 年，开始做产品经理，有一年多的产品经理经验。啊、嗯、是因为在做设计的时候，也做前端代码，这些都了解，跟团队合作前端、后端，这些都有交互功能。那么整个在后面，我就对产品特别感兴趣，后来就转行产品经理。做产品经理的时候就把这些用户调研，需求都相对的学习了。我在上家公司做的电动车充电桩的业务，包括网站和 App 应用。"

老师点评：整段话没有切中要点，语言啰唆。面试官问你过往经历，是想通过你的描述判断你能否胜任所应聘的工作。而不是你怎么转行，怎么喜欢上产品经理工作的。应聘者没切中要点，大篇幅的强调过往历史，只会让面试官质疑你。

"快乐学产品"线下实体班在讲用户心理学的时候讲到过，你在和任何陌生人初次接触的时候，你在对方心里是一张白纸。那么接触交谈完成之后，你的种种言谈和举止，会刺激对方心理构建一种面对你时，他的心理人物角色是什么？

虽然面试官有心理优势和角色——我是来当考官的，但是他并不知道应聘者的深浅。所以你的言谈举止，就是在一步步刺激他完善对你的认知。

如果你的刺激是正向的，让对方觉得你很专业，无懈可击。那么对方就会建立一种与你平等交流、甚至向你学习的人物角色。即便他是考官，你也会打破他的心理优势，与他平等交流。

如果你的言谈举止是反向的，刺激对方建立一种对你的不信任的人物角色，那么面试就会越来越难。如果越往后对方的这种不信任的心理人物角色越强，就无意识地越想通过各种方法，找出他认为的你的弱点，去证明自己的判断你不行。

那么面试到这里，就变成你想要极力的证明自己行，对方想要极力的证明你不行的辩论会了。这样的局面成功概率就很小。

所以面试开局很重要，要很短的时间说重点，建立自己工作能力的专业性和权威性，刺激对方心理针对你建立一种觉得你很专业，想要向你学习讨论的人物角色去与你交流。

另外，在说话中最好不要停顿的时候伴着"嗯""啊"，从心理学角度讲，当你说的事情不是真实的事情，或者自己没有把握的事情的时候，就会在语气上出现断断续续，并发出"嗯""啊"的声音。虽然老师不在现场，也能猜出来，应聘者此时的眼神也是游离，不自信的状态表情。

这个问题首先把自己的成长经历用一句话带过，重点讲一下自己是怎么做产品经理工作的。面试前把咱们课上讲的产品经理工作流程和实操项目结合起来，组织成逻辑清晰的语言。

这种问题面试官基本都会问到，所以不能掉以轻心。

面试官："你这些项目都是从零到一的吗？"

应聘者："我做这个电动车，是属于第三期的改版"

老师点评：因应聘者回答第一个问题时，没有说到他想听的重点。所以才会有引申出来，你做过从零到一的产品项目吗。因为问从零到一的项目经验，也能通过应聘者的描述反映出你工作能力是否全面。

面试官："那你有没有做过零到一的项目？"

应聘者："零到一的没有，到那个公司就从中间开始。"

老师点评：应聘者还是没有回答出面试官想听的，所以他会进一步追问。

遇到这样没做过零到一的项目，又要通过描述反映自己工作能力全面的问题可以这样回答。

如果做过，就把项目的过程简明扼要地讲一遍。

如果没有，要肯定的回答"没有做过"。这不会让面试官觉得你的能力不好，反而会让面试官觉得你这个人真诚。会让面试官旧脑跳过新脑产生无意识的反应，放松对你的警戒，结束面试官自我无意识的心理对抗状态。

没有做过从零到一的项目，具体可以这样回答，首先明确自己没做过，但是我做的某某项目也是比较复杂全面，能反映我整体的工作能力。我就讲讲这个项目吧。

因为面试官没有选择，所以都会同意你继续往下详细的讲一下你的项目经验。

面试官："那你说一下中间你这个项目的过程？"

应聘者："这个项目是，进了团队以后，因为这个项目是汽车充电桩App，通过竞品公司的应用进行了一些参考。没有做用户调研和竞品分析，就直接别人做什么他们就模仿着做了一套。然后我们公司属于国家电网，有很好的电力资源，所以做这个App应用也是基于我们有很好的充电桩资源，做这种市场。但是我在使用他们App的时候，发现他们没有针对用户的角度去把他深入优化，只是觉得自己家大业大有充分的资源，然后模仿着做了这么一套。然后我到他们公司做接手做的是第三期的改版，是重新通过对用户的梳理，还有通过对其他App竞品的分析总结，再加上他们产品的交互体验进行一下整改。就是这样"。

老师点评：面试者依然在了解你的产品经理具体工作方法和能力。但是应聘者却用大量的篇幅去说老东家各种弊端。这点就文不对题了。最后绕了一个大圈子，总算说回来了。结果寥寥两句，也没说在点上，只是蜻蜓点水般的点了一下用户梳理和竞品分析。

回答的技巧应该是，首先简单一两句话总结之前不足的地方，切记要委婉的评价不足。不要吐槽、不要说之前公司不好！因为你在面试官面前言语过于激烈，会让人觉得你这个人不好相处，团队凝聚力差。切记凝聚力是产品经理优劣的重要指标。

简单评价完不足后，最重要的是能精准的定位问题出在哪里。这个能考验出产品经理梳理定位问题的能力。你要讲出是通过什么方法精准定位出问题所在，并且又提出了哪些方面的整改方案，最后是怎么一步一步执行的。顺着这个脉络讲下去，才是面试官最想听到的。

核心词就是，定位问题→提出方案→执行方法

因上面没有说清楚，才有了面试官下面继续的问题，那你们充电桩的核心功能是什么呢？

面试官："充电桩的核心功能是什么？"

应聘者："就是电动陈扫码充电。"

面试官："核心就是扫码充电，它的技术难点在哪？"

应聘者："它是用的高德地图导航定位，定位是一块，到了地点之后，扫码充电链接……"

面试官："支付呢？"

应聘者："对，还有支付，都有一种是通过预额，另一种是通过第三方。"

那么整个上面的一问一答，都是因为应聘者传递的内容模糊，没有说到要点，导致面试官一再的追问。

面试官："你这个 App 里面也没有太多的内容啊？"

应聘者："恩，您指的是哪方面的内容？"

面试官："栏目。"

应聘者："啊，栏目，因为解决的是电动汽车充电的问题，所以在北京市甚至全国各地都有充电桩分布，它解决了这个用户的定位寻找，以及我找到这个桩之后快速的通过扫码充电，充完电之后根据时间和金额来进行付款，付款这一环节就是我可以预存一些钱到里面，作为余额，这样的话我可以享受一下优惠活动。如果直接现结呢，就是我充多少电，通过第三方或支付宝付多少钱，里面还有一个用户使用完了之后的反馈，评论，都加进去了。"

老师点评：当面试官对你之前做的项目评价是没有太多内容时，其实他想说，你这个 App 频道太少，很简单，不能证明你有多么强的能力。这个时候应聘者就不能硬往里面拗。越往里继续强调，越显示出自己的怯懦。

这个问题的回答应该是从互联网产品架构和用户两个方面去切入回答。

具体如下"我觉得一个产品优劣，不能武断地从简单或复杂轻易衡量。快手也没有几个频道但是用户量上亿，日活高的惊人，你能说快手因为架构简单就不好吗？摩拜、小黄车也是同样道理。所以衡量一个产品的好坏，我们产品经理是有具体维度和指标的。

第一，产品或服务，能解决哪类细分用户的什么痛点。

第二，产品和竞品相比，优势在哪里。

第三，产品如何建立的可持续发展的生态环境。"

如果面试官还想往下听。就把咱们课上讲的公司产品决定细分用户群体，用户边界的界定方法，用户边界决定了互联网平台架构的边界，以及平台的获取、分发、转化的逻辑怎么锲合用户目标、观点、行为的属性，如何追踪用户需求演变路径。最后在总结一下你的APP所承载的角色、位置、关系三者的流程逻辑模型。

面试官："你们技术团队有多少人？"

应聘者："恩，一共是12个人。"

老师点评：回答问题不要"嗯""啊"的。面试官会想，你到底干过没，这还用想。

应聘者："包括技术总监、Java、前端、UI。"

面试官："如果真有从零到一的产品，你打算从哪里点入手去做，直到上线。"

老师点评：从这里可看到，从一开始是面试官想要了解应聘者的整体能力。但是一直没有得到他想要的答案，所以再一次问道从零到一你该怎么做。

应聘者："嗯，从零到一的话，实际就是从用户分析梳理这方面开始做。然后去找竞品，因为我们要快速的入手的话，首先分析竞品，他们做什么功能，我们根据我们现有的资源是否能做。因为这个做的时候，一定要考虑我们自己本身有多少资源，我们团队成员力量，资金能力。因为我们只能做一些，我们适合作的事情。如果我们摊子铺的特别大，但是我们的人力资源、物力财力资源跟不上的话，那就是，那就是在漫谈对吧。所以我们首先要知道自己的资源优势。然后通过竞品去分析，他们那点做了，那点没有做。我们去打市场差异化。那如果说在这个期间，哎……如果发现对方有一些应用，或者网站有一些体验上流程上的额问题。我们可以针对这个地方在进行优化。就是他们没有做好的我们就把他详细的做好。所以说首先是从竞品分析开始做，然后呢逐渐通过这个用户体验的话，收集数据通过数据来进行迭代开发。"

面试官："你做产品几年了？"

老师点评：这段话暴露了应聘者对工作流程不熟悉的弱点。所以说完之后，面试官马上就跟着问了一句，你做产品几年了。应聘者这段话主要毛病是逻辑混乱，绕来绕去没有说到关键问题上。

面试官："之前是做 UI 的？"

应聘者："对，UI 和前端。"

面试官："H5 能写吗？"

应聘者："写过一些活动页面。"

面试官："做过 PC 吗？"

应聘者："做过。"

面试官："原型的话你能画到高保真吗？"

应聘者："我在上一家公司的时候，高保真还没有画过。"

老师点评：重申下产品经理的核心工作，抓用户群体、定位需求，规划架构、梳理流程逻辑，这才是重点。我们即便能画高保真也最好不要画。你的高保真原型会让 UI 兄弟产生很大困扰。

所以在回答这个问题的时候，你要反驳一下高保真会给 UI 工作带来困扰，自己不建议这么做。当然如果公司项目紧缺少 UI，我有 UI 工作经验，可以把这部分工作暂时承担起来。

这样回答既展现你的专业性，同时也展示你愿意承担额外工作的良好品质。

面试官："黑白灰呢？"

应聘者："这个做过。"

面试官："平时也是用 Axure 去画的？"

应聘者："嗯……是这样，就是说起这个应用 Axure，首先是要把这个流程逻辑梳理清楚以后，先画手稿，最后咱们项目评审会都确认下来之后，再用 Axure 去做。要不前期有变数的话，在软件上在修改起来很麻烦。"

面试官："不加链接的话改起来不麻烦，像你们搞 UI 出身的就比较爱，画手稿，像手稿的话，有时候字段的话改起来也比较乱，你用铅笔涂来涂去的……"

应聘者："这样的话，我们在评审之前还是手改比较快的，因为在应用上……"

面试官："比如说一个列表页设计涉及十几个字段，你手写的话，不是很麻烦吗？"

应聘者："嗯……先把这个页面流程给梳理出来……"

面试官："流程肯定要 Visio 去画吗，但是原型你要画手稿的话，那里面涉及到很多字段怎么去搞？"

应聘者："这个没有，没有在手稿上表现出来，还得在 Axure 做。"

老师点评：这段话应聘者犯了一个错误，本来这个问题可以很简单的回答，会奇异且用的很熟就可以了。但是应聘者又节外生枝引导出一些流程图之前的沟通梳理的工作，话题引出来之后，又对纸面原型工作的真正含义不甚清楚，似懂非懂，结果最终在和面试官的辩论中败下阵来。

面试官一直都在揪一个字段的问题。所以我们学生还是要把课堂讲的工作流程学习清楚。为什么在用 Axure 绘制原型之前要画纸面原型？那是因为通过纸面原型可以方便快速地沟通逻辑和流程，并不是去确定里面的细枝末节。我们把流程逻辑沟通清楚了，团队成员大方向没有歧义了，就可以上 Axure 去绘制原型展示细节。

所以这里应聘者的错误犯在应该简单回答的问题，结果节外生枝。但是自己引出来的问题，自己又不很清楚，所以最后让面试官抓住了小辫子。

面试官："Axure 联动你能做几级？"

应聘者："交互、联动这些都可以。"

面试官："有带作品吗，看一下。"

应聘者："带了。"

面试官："稍等，我去拿个电脑。"

应聘者："坏了，……原型图忘记拷贝了。"

面试官："这是 UI 吗"

应聘者："这是业务流程图，还有分析文档。"

应聘者："这个是竞品分析报告，这个是用户访谈报告，一对一访谈的。"

面试官："我觉得充电桩那个应该不是很复杂吧，它应该类似于 ofo 之类，也都是定位扫码……"

应聘者："对，是这样的。但是他这个属于工具类的应用，也就是在人有需求的时候去用。然后我没有需求的时候，我可能就不用。另外在里面展示的问题就是一个资源的共享。因为还有很多充电桩建设单位，都是相互贡献头享的。所以这里面就是需要一些用户的互动，增加用户的黏性。"

面试官："其实，这种应用增加黏性很困难。"

应聘者："我们第三期的改版加了一些电动车的资讯。"

面试官："据我了解，这些资讯也是别人的"

应聘者："对，没有自己生产。"

面试官："就是为了增加而增加。真正看的人也不多。"

应聘者："对，所以这一块需要深入的再优化。"

老师点评：因为这个面试官业务水平一般，所以才有他的论断"说什么他了解这些工具类，添加资讯只是为了增加而增加……"他犯了这么低级错误，应聘者应该抓住机会好好展示一下自己产品经理的专业素养。

应聘者不应该顺着说，应该明确指出面试官，为了资讯而资讯的观点不对，然后用扎实的理论功底去讲清楚他错在哪里。

要讲清楚原来项目充电桩应用 App 必须放置资讯，是基于产品功能和细分用户需求决定的。

一个用户画像承载一个细分用户群体。针对梳理细分用户群体的目标、观点和行为、我们可以清楚定位每一类细分用户的需求。我们加资讯，是因为我们充电桩 App 平台不但承载了有车用户这一细分群体，满足他们充电的刚需，还承载了另一个类现在无车计划三五个月后买车的细分用户群体，他们的需求是通过我们 App 能了解掌握他们关心的资讯信息。比如关于充电车能否满足他使用的周边资讯。比如我家周围充电桩的建设，比如北京市放开没放开个人充电桩的共享，再比如我该如何自己建设充电桩等。

所以为了资讯而资讯，观点不对。用户想看什么内容，这才是核心，用户不会管资讯哪里来的。用户只关心这条信息对他有用没用。

再往后就是应聘者开始软件现场实操了……

基本上这是一次不算成功的面试。整场回答让面试官对应聘者业务产生疑问，再加上面试者资料没有带全，重要的原型没有带，所以面试官需要让应聘者在现场实操一下软件。他想通过应聘者软件使用熟练程度，再一次考核一下应聘者的工作能力。

这次面试很有代表性。基本上所有公司在面试1~3年经验的产品经理时，都会聚焦在产品经理工作基本技能上，包括各种调研、分析的方法，流程、逻辑的设计、软件的使用，以及对于项目整个工作流程上的熟练程度。

通过这次面试可以看出，只要把咱们快乐学产品 www.kuailexue.net 线下实体课程讲的知识都熟练掌握，并且项目实操踏踏实实完成，完全没有问题。因为咱们线下实体班的课程设置高于招聘公司对1~3年工作经验产品经理工作能力的要求。

快乐学产品课程培训体系，让您不但业务工作能力高于招聘公司的需求，还具有一定的项目管理能力，为您职业后续发展打下坚实基础。

www.kuailexue.net 快乐学产品个人培训工作室，是零基础朋友，系统深度学习、快速转行的最佳培训模式。